企业案件管理

价值塑造与实现路径

QIYE ANJIAN GUANLI
JIAZHI SUZAO YU SHIXIAN LUJING

曾靳 —— 著

法律出版社 | LAW PRESS
北京

图书在版编目（CIP）数据

企业案件管理：价值塑造与实现路径 / 曾靳著.
北京：法律出版社，2025. -- ISBN 978 -7 -5244 -0497 -2
Ⅰ. D922.291.914
中国国家版本馆 CIP 数据核字第 2025NX2222 号

企业案件管理:价值塑造与实现路径
QIYE ANJIAN GUANLI:
JIAZHI SUZAO YU SHIXIAN LUJING

曾 靳 著

责任编辑 赵明霞 魏艳丽
装帧设计 鲍龙卉

出版发行 法律出版社
编辑统筹 法商出版分社
责任校对 李慧艳
责任印制 胡晓雅
经　　销 新华书店

开本 710 毫米 × 1000 毫米 1/16
印张 21.5 **字数** 320 千
版本 2025 年 8 月第 1 版
印次 2025 年 8 月第 1 次印刷
印刷 固安华明印业有限公司

地址:北京市丰台区莲花池西里 7 号(100073)
网址:www.lawpress.com.cn
投稿邮箱:info@lawpress.com.cn
举报盗版邮箱:jbwq@lawpress.com.cn
销售电话:010 - 83938349
客服电话:010 - 83938350
咨询电话:010 - 63939796

书号:ISBN 978 - 7 - 5244 - 0497 - 2
定价:78.00 元

序　一 PREFACE

时隔三年，再次收到曾靳的新书，我很欣悦。从一人法务成长至今，从个人公众号到第二本专著问世，他在企业法务从业路上勤恳耕耘，宁静致远，在繁忙中依然坚持写作，恪守法律研习的初心，难能可贵。由此，我感受到了所熟悉的青年学者那种对法学研究和法律实务不倦追求、臻于至善的学术精神。

常言道，与不同人分享交流，切入点和侧重点应各自不同。与检察官交谈要从身边的事实说起，与法官交流则应结合法院判例，从判例中引出理论。与企业法务分享交流，则应考虑这个群体的立场和使命。企业法务作为法律职业共同体的重要组成部分，在改革开放和市场经济发展中承担了防控风险、解决争议和保障发展的重要使命。故企业法务不应过于拘泥于法律概念，而应运用法律思维去解决法律实务问题，创造经济与社会价值。运用法律思维的目的在于公正，即平衡当事人之间的利害关系。民法理论认为公正是法律所蕴含的价值之一，也是社会应然的根本价值理念。企业法务若能突破零和博弈的思维误区，检视法律适用的逻辑，在衡平利益后得出符合法律根据的实质价值判断，得其所应得，则可最大限度促进社会公平，回归商业理性，规避业务风险，消弭交易争议，保障企业可持续发展，体现法务工作的终极价值。

我一向认为，能将研究成果写出来是一件不容易的事情，能让大家读明白则更是一件了不起的事情。《企业案件管理：价值塑造与实现路径》将利益衡量的规则方法导入企业法务管理的语境，赋予法务管理与法社会学、法经济学等学科研究互动耦合的机会与可能，凸显了制度设计与理论研究殊途同归的内生互助关系，为企业法务提升公司法务管理水平提供了有益的借鉴。

写书与做学问一样，都要讲社会责任。曾靳先后在中南财经政法大学和武汉大学法学院深造，受过系统良好的法学方法训练，投身法务工作后，依然严格地将公正、严谨、批判和理性等要素内嵌于法律思维中，让这份对法律的热爱和忠忱幽然生花，熠熠生辉。于此，我欣喜地看见本书的诞生，关注着他的不断成长，希望他继续心怀使命、笔耕不辍，为构建法律职业共同体承担属于自己的那份责任。

是为序。

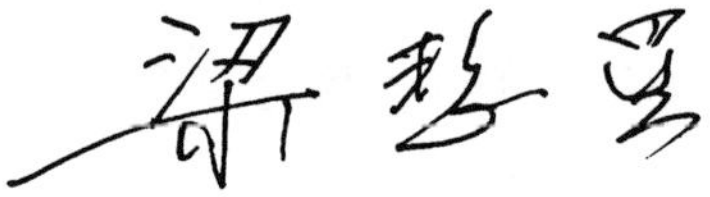

中国社会科学院学部委员

2025 年 6 月

序　二 PREFACE

从事企业法务工作的人员基本都认同商事案件管理对企业法律事务乃至企业发展的重要意义。当前，部分企业法务人员往往谈单个商事案件正面应对处置的多，推进各类商事案件多元化解和系统管理的少，常常执着于案件胜诉挽回损失，却忽视如何更好服务企业高质量发展。《企业案件管理：价值塑造与实现路径》一书以深刻的笔触，揭示了被个案法律事实所掩盖的商事案件管理本质，聚焦企业高质量发展这个根本目标，诠释了全生命周期案件管理体系，值得众多法务同仁一阅。

从矛盾论看商事案件管理。商事案件在一定程度上是企业经营管理矛盾的产物。每个案件都是一块棱镜，折射出企业内部管理、市场竞争、经济利益及法律环境之间错综复杂又彼此交会的矛盾簇群。商事案件既是法律法理的对抗，更是利益诉求与 ESG 责任履行的战场。法务管理者需要刺破商事案件的表象，深刻把握纠纷的主要矛盾与矛盾主要方面，从全局的视角推进商事案件矛盾的解决。

从企业发展看商事案件管理。坚定地站在保障企业高质量发展的战略高度，切实维护企业资产安全，凸显商事案件管理的价值创造功用。采取诉讼到底或和解调解等解决策略，都应统一服从于企业高质量发展的大局。综合企业战略、合作关系、品牌形象等多重因素来权衡抉择，以高质量的商事案件管理推动企业高质量发展。

从源头治理看商事案件管理。立足于商事案件源头防治，才是主动进击型的管理。通过完善企业治理结构，强化合规管理，健全规章制度，实施科学决策，预先拦截、清除大量的风险和纠纷因子，实现从标准合规、运营合规向过程合规、治理合规的转变。在坚持全生命周期风险管理的前提下，主动前移关口，做好源头风险防治。

从多元化解看商事案件管理。学习“枫桥经验”，落实习近平总书记关于“把非诉讼纠纷解决机制挺在前面”的重要指示精神，依法运用调解、和解等多元争议解决方式，避免风险纠纷升级恶化和不必要的诉累。始终坚守合法合规底线，坚持企业利益最大化，以降本高效为导向，有效化解难解死结，共促社会和谐稳定。

从优化管理看商事案件管理。案件纠纷不能一结了之，而要继续榨尽案件的“剩余价值”，着实改进所暴露的企业管理问题，实现“解决一个案件，完善一套制度，堵塞一批漏洞”。形成案件管理与长效经营的正向互动，以案促管、提质创效，持续推进企业治理体系和治理能力的现代化。

本书可读性很强，大量的重要内容还是留待读者自己去赏析。作者是长期致力于国企法务理论实践深层研究与交互验证的青年专家。本书是他八年潜心研究商事案件管理体系的感悟结晶，也是继《成就卓越法务：50个价值成长秘诀》之后推出的又一力作。相信本书诸多观点、方法，将为企业法务人员提升商事案件管理能力带去许多启发和帮助。商事案件管理作为企业管理的重要组成部分，是一门法律的技能，也是一门程式的艺术。在持续精进商事案件管理艺术的道路上，广大企业法务同仁完全可以大显身手，大有作为。

国家能源投资集团有限责任公司

总法律顾问兼首席合规官

2025 年 2 月

本书赞誉

曾靳同志是中央企业法务管理者中的青年才俊，笔耕不辍，已出版多部法务管理方面的专著。乙巳蛇年开年，就收到他的新作（《企业案件管理：价值塑造与实现路径》）样稿，倍感欣喜。

在企业管理中，案件纠纷管理是最能体现企业法务特质和价值的工作，也是最不可能被企业的其他管理所取代的专业性工作。案件处理、案件管理是企业法务人员的基本功和看家本领。

当一个企业法务人员在处理一起具体纠纷案件时，他是以一个公司律师或代理人的身份在办案子，要关注案件的事实调查、证据运用、代理意见、庭审程序、法律适用等，通过个案处理实现企业挽损和创效。但当一个企业法务人员要处理两起或更多起案件时，他就不仅要以公司律师、代理人身份办案子，更要以管理的身份和管理者的视野来管案子，从而发挥案件管理对企业风险防控、提质创效方面的价值创造作用。

从办案子到管案子，对企业法务人员来说，是工作视野的拓展，是思维方式飞跃，更是工作价值的提升。曾靳同志的这部著作，恰恰为我们找到了探索、前行的路径。作者从战略层面的办案理念、目标、管控的顶层设计，到战术层面的风险化解、个案处置、支撑保障、奖励考核的业务操作，阐述了如何在案件管理中，实现企业管理和企业治理的大价值。

——杜江波　中国石油化工集团有限公司原总法律顾问、首席合规官本书以企业高质量发展为商事案件管理的根本目标，采撷大量案例，研析案件本质，融汇法商智慧，阐述如何有效管控个案时间进度、费用成本、处置质量和维权效益等关键问题。以贯穿全生命周期的商事案件系统管理理念，科学统筹个案处置的“小周期”与多案管理的“大周期”，实现了商事案件的全过程、标准化管理，为商事案件管理提供了措施务实、方法管用的综合解决方案。作者以担当之心，否定了案件管理“只求无过”的消极思想，在保障员工合规履职与维护企业长远利益之间找到了最大公约数。成书立意高远、角度新奇，是当下法律论著中不多见的佳品，值得广大有志于提升案件管理水平的公司法务人员细细品阅。

——张　华　中国航空集团有限公司（中国国际航空股份公司）总法律顾问、首席合规官

本书区别于律师谈单个案件代理技巧，按照全生命周期项目管理思维，以服务企业高质量发展为目标，从价值理念、组织架构、制度体系的顶层设计，监测预警、多元化解、策略制定的处置方法，以及员工代理、信息系统、考核评价的支撑保障等方面，讲述了法务管理者如何系统管理成百上千件案件，为商事案件管理价值创造提供答案。

——李朝晖　中国核工业集团有限公司总法律顾问、首席合规官

处置一个案件和管理成百上千件案件，区别很大。本书以服务企业高质量发展为目标，独辟蹊径地揭示了商事案件管理的本质，提供了科学管理案件的思维、方法和有效路径。

——胡振杰　全国律协公司律师专委会主任　中国铝业集团有限公司原总法律顾问兼首席合规官

案件管理在企业法律管理工作中占据重要地位，其重要性不仅体现在个案应对中的胜败得失，更体现在通过个案举一反三，从中汲取应对经验、提升企业案件风险管控能力。本书从对案件管理的价值创造功能的肯定、到对案件全生命周期管理的强调，再到案件应对中的证据准备建议，无不体现作者丰富的实践经验和卓越的思考总结，给出了一份全面系统且务实有益的参考指南，相信读者能从本书中获得宝贵的启示和实践指导。

——岳文军　中国五矿集团有限公司法律合规部部长

跳出个案，系统审视各类案件，才能看清案件管理的重点所在。跳出部门，站在管理者视角，才能找到案件管理的价值所在。本书揭示了企业案件管理的本质，铺就了管理价值创造之路。

——汤建新　中国钢研科技集团有限公司原总法律顾问

商事案件管理是为了获得胜诉判决，还是服务企业高质量发展？本书详细解答了案件管理的诸多疑问，直击要害、看透本质、指明路径。

——张向南　中国有色矿业集团有限公司总法律顾问（首席合规官）

每一个案件就是一个项目。如何运用成熟项目管理思维，整体管控大量案件的时间、成本、收益，实现全过程、标准化管理？本书提供了科学方案。

——赵　勇　中国中车集团有限公司总法律顾问兼首席合规官

每一个案件都是一本生动的教科书，本书以服务企业高质量发展为目标，遵循商业逻辑，运用管理方法，为商事案件管理开辟新视野，为企业法务和外部律师提供新思路。

——陈世奎　中国铁路通信信号集团有限公司总法律顾问、首席合规官

曾靳先生的这本书，从理念到方法，从业务到法律，从宏观到微观，全面阐述了企业商事案件管理中的各种问题，填补了企业案件管理书籍的空白，具有开创性意义，非常值得一读！

——徐永建　中国航油集团有限公司原总法律顾问

企业法律纠纷案件管理，需要深厚的法学专业基础理论支撑，但在个案处理实务中，经验至关重要！作者基于公司法务实践过程的深度思考，梳理解析案件管理的一些规律性经验，乐于分享，是难能可贵的。

多年来的一线实务体会，案件管理必须是基于企业全员、全链条、全周期的基础管控，不能寄希望于一时一式，更不能单单压给内部法务或外部律所。

提升企业法律纠纷案件管理水平至关紧要，关乎合规管理，关乎价值实现，关乎高质量发展！

——王书宝　中国电力建设集团有限公司党委委员、总法律顾问、首席合规官

商事案件管理工作，既依赖于企业治理水平，也能推进企业治理体系和治理能力现代化。本书解答了案件管理的很多困惑，为企业高质量发展提供了价值创造方案。

——秦铁平　中国能源建设股份有限公司法务与合规部总经理

这是一部很好的法律用书，具有很强的针对性、实务性和系统性，其源于商事案件管理的实践，相信也一定能为所有从事法律纠纷案件管理的同仁，带来工作质效提升的价值！

——赵玉阜　南光集团（中国南光）原总法律顾问、首席合规官、董事会秘书

（以上顺序不分先后）

CONTENTS
目录

02 第二章

案件管理目标

03 第三章

案件管控模式

第三篇 要素保障

06 第六章

案件支持系统

07 第七章

案件管理赋能

第四篇 价值升维

08 第八章

以案促管提升企业管理水平

附 篇 点滴思考感悟

第一篇
顶层设计

PART 01

01 第一章

案件管理理念

第一节　预防风险远比案件处置更有价值[①]

很多企业都比较重视商事案件管理，花了很多的时间在商事案件处置的工作当中。但是，聚焦案件处置，特别是个案，就能做好商事案件管理吗？我们是不是应该跳出案件本身来看？怎么来抓好案件管理工作，除了“灭火”，我们是不是还应当进行“防火”？这样的话，才能实现更加主动的案件管理。然而，关于案件处置和预防案件，一些企业具体怎么在做，有没有本末倒置，或者说用力不均呢？

一、重处置、轻预防现象

当前存在一个现象，就是很多企业确实很重视商事案件管理，但是在风险预防方面可能没有投入大量的时间精力。可能企业自身的案件确实比较多，然后就投入了2/3甚至百分之八九十的精力，用来处置案件。

有的领导特别重视解决当前历史遗留问题，希望法务人员能够集中精力干出成效，及时把这些“脓包”消掉，给法务人员造成了很大的压力。法务人员不得不花更多的时间精力扑在案件的处置上。

如果一个企业有大量的案件的话，法务人员会因为这些重大案件、“疑难杂症”的案件被压得喘不过气，没有精力往风险预防前端走。有的领导特别重视案件，受领导的重视和压力，以及来自业绩考核的压力，法务人员没有动力再花更多时间去做风险预防的工作。在这种情况下，风险预防的大门基本上就相当于敞开着。那样的话，各类风险就会不断地涌进来，乘虚而入，后面就会变成不断爆发的案件。

① 本文发表于《法人》杂志2023年第9期，有修改。

二、重处置、轻预防原因

（一）案件处置是显性成绩

有的法务人员认为，案件处置比较容易立显成效，能够让企业主要领导看到法务人员的价值，因此也愿意花时间精力在案件处置上。案件处置的成效比较容易量化，消掉了多少案件，挽回了多少损失，都是很容易用数据体现出来的。企业往往对法务部门有量化考核，这个考核的压力也逼迫着法务人员更加重视案件处置。然而，对于风险预防来说，企业往往很难进行当期的量化考核。

（二）风险预防短期难见效

预防风险，需要久久为功，方能展现成效。风险预防很难在短期之内看见或者评价风险预防所带来的工作成效。有的法务人员认为，即使当前的风险没有防范好，由于项目履约往往有一个时间周期，一般都到两三年之后才会爆发成案件，与当前的法务工作关联度没那么大。甚至，法务人员侥幸地认为，到时候已经不在这个岗位上了。所以说，一些法务人员会主动或被动地把这些难以及时显现出成效的工作往后面放。另外，难免有人急于求成，对于短期难见效的工作不那么重视，喜欢工作在当下，成效显现在当下。

（三）风险预防本身存在风险

有的过滤器宣称过滤的效率达 99.995%，但几乎没有企业敢宣称达到100%。风险预防工作，不是说做了就能够管控住所有的风险。很多风险，由于缺乏全面的风险评估，人员配备不足，工作经验、能力有限，技术手段不完善，缺乏有效监测机制，风险预防方案不完善等原因，导致做了大量风险预防工作却仍然会“放跑”很多风险。于是，有人就会抓住那些暴露的风险，认为风险预防工作有漏洞、防不住。

（四）风险预防评价考核难

风险预防工作的成效比较隐性，难以直观地呈现。即使法务部门表示预防了一个重大风险，但没有实际爆发，往往也难以反向证明危险会发生、危害有多大，导致很难“记功”。风险预防不像商事案件有那么多数据可以进行历史对比，难以量化工作成效。导致企业对于风险预防工作难以科学评价，也很少纳入业绩考核，难以通过考核约束引起重视。

（五）法务办案件有存在感

很多法务人员认为，工作能力的锻炼必须去“战场”上。只有在“战场”上才能展示自己平时所学的技能，才有一种存在感。没有案件处置的话，法务人员的价值无法体现。很多法务人员希望自己“能文能武”。“能武”的处理案件，更能够协调律师，找企业领导汇报，得到广泛重视，很有存在感和价值感。没有参与案件处置的话，单单法律审核几份合同，审查几份制度，是难以得到有效锻炼的。有人认为，法务人员能力的提升，其实是靠案件“喂”出来的，就像律师提升办案能力水平一样。

三、重处置、轻预防危害

（一）企业不停产生“火灾”

如果一家企业把大量的时间精力放在当前案件处置的话，那么它的后方一定是虚弱的、失守的，很多的风险就会乘虚而入。那么，这家企业可能就会不断地“起火”，不停地爆发案件，星星之火终以燎原。

（二）投入更多精力“灭火”

假如企业轻视风险预防，那么就会不断地产生更多的案件。从单独的个案上来说，本来花一分的精力就可以预防住案件的，可能要花十分的精力去处置案件。从整体上来说，由于案件会越来越多，盘根错节变得更加复杂，处置大量案件需要花的时间精力也会成倍增加。

（三）影响正常生产经营

很多的案件不仅会对法务人员的工作带来影响，还会对整个企业的生产经营带来巨大的影响。比如，有的商事案件会造成企业重要资产、银行账户等被查封，对企业的生产经营造成严重的影响。又如，股东之间的纠纷甚至会造成企业的股东会、董事会无法作出正常决策，日常的生产经营也难以为继。再如，企业和一些重要客户之间的争议纠纷，会造成企业战略客户的丢失，对重大项目也会构成严重的威胁。

（四）企业权益受损严重

从个案来说，有的重大案件，一个案件就能够对企业造成“灭顶之灾”，造成无法挽回的损失。有的重大案件是必须要严防死守、严格防范发生的。另外，案件处置很可能会造成企业权益受损，需要向对方支付大量的违约金、赔偿金，甚至引发企业破产等严重后果。重案件处置轻风险预防，最大的受害者其实是股东，股东权益会遭受重大的负面影响，资产缩水、权益减少。

四、预防风险的重要意义

（一）对于企业发展的意义

1. 降低企业管理成本

预防风险，不仅能够腾出企业领导和业务人员、法务人员的很多时间和精力，节约无形的成本，还能够减少案件发生，至少能够节约律师费和诉讼费。另外，预防风险能够避免企业银行账户被查封、资产被冻结等。这样的话，企业也能够维持担保能力，节省融资利率。

2. 优化企业经营管理

预防风险能够提高企业的精细化管理水平，优化企业治理水平。通过风险预防，能够推动企业生产经营各项制度更加规范，流程更加科学，管理更加精细。这些能够有效地增强企业在市场竞争中的相对优势，打造企业的软实力。

3. 锁住企业利润权益

企业去开拓市场、获取项目、赚取利润，是十分不容易的。因此，企业既要会赚钱，更要能够守得住利润，不然赚取的还没有流失的多，这样的企业很难长期生存下去。通过风险预防，能够有效地锁住企业赚取的利润，同时能够积极维护企业应该得到的合法权益。

4. 提升企业良好形象

一个纠纷缠身的企业，多数情况不是一个良好的企业，甚至是一个“病态”“重病”的企业。很多投资人在进行对外投资的时候，会进行尽职调查，查看投资对象涉案涉诉的情况。另外，作为老百姓而言，也会关注很多公众企业的一些重大案件。如果重大案件很多的话，企业的品牌价值肯定会大打折扣的，甚至会被认为其社会责任履行不到位。

（二）对于法务管理的意义

1. 法务工作更加主动

一个每天忙于处理棘手案件、疑难杂症案件的法务人员，很难说他不是疲于奔命的。假如一个法务人员每天都把大量的时间花在这些案件的处置上，那么他的时间一定不由他自己自由支配，往往被对方当事人、律师、法官等所牵制。这样的法务部，往往也会存在人手不足、预算超支等问题。但是反过来，如果风险预防到位，可能法务人员就相对游刃有余，能够自己有效地控制时间精力，把握工作的重心，调整工作的节奏。

2. 避免风险放大恶化

平时大家都喜欢说大事化小、小事化了，如果小事的时候就能够控制住的话，才能够更好地避免这个事情被闹大、风险被放大。风险越小越好处理，风险越大越被动。通过风险预防，能够有效地避免小风险演化为大风险，个别风险演化为综合风险，局部风险演化为系统性风险。能够掐断案件爆发的导火索，避免小风险变成大风险，大风险变成重大案件。

3. 大幅减少案件规模

想要有效控制案件的规模，除了积极地化解现有的存量案件，其实更有效的办法是控制案件的源头。如果能够有效地预防住风险，很多的案件就能够避免，重大风险就能够变成小风险，小风险变成无风险。这样就能够把案件的“水龙头”关上，就能够有效地减少案件规模。

4. 避免事后补救困难

一些重大案件的处置可能要花十分的精力，但是做好前期的风险预防可能只需要投入一分的精力。很多重大案件的处置是十分困难的，牵扯企业生产经营的方方面面。生产经营过程中，如果企业不从源头斩断风险，全靠法律途径的事后补救，不仅要花费大量的人力和财力，结果上也很难完全弥补企业所遭受的损失和负面影响。

五、如何有效预防风险

（一）合理分配风控与案件管理时间

企业如果想要做好案件管理，不能只聚焦案件处置，而是要跳出个案处置，往前端走，做好风险的预防。假如 80% 的精力放在案件处置上，20% 的精力放在预防风险上，那么可能产生越来越多的案件，需要投入越来越多的人力、物力等去处置案件。假如 80% 的精力放在预防风险上，20% 的精力放在案件处置上，那么风险预防工作就越来越主动。这个涉及短期利益和长远利益的考量。假如一家企业的当期案件比较多，可以短期以治标为主，首先投入“重兵力”，抽调人员组成专门处置小组；其次借助外部律师力量，及时清理化解，迅速处置案件。但是缓过气来之后，一定是要以治本为主，反思出现如此众多案件的原因，梳理是否还存在新增案件的风险，思考下一步如何有效预防，制定出切实可行的整改预防方案，从而达到既治标又治本的理想效果。

（二）风险预防关口前移前移再前移

风险预防，管的是前端的风险，那么一定要往最前面走，不能仅仅管住案件爆发前那一刻的风险，而是要像一个冲锋的士兵一样，不断地往前线去。不仅要管争议纠纷的风险，还要管合同履约的风险，管合同签订的风险，管合作客户选择的风险，更要往前面走，考虑这个业务准入模式的风险，考虑战略层面有哪些风险，考虑公司成立时治理结构有哪些风险。越往前走，风险防控工作越主动、越轻松。

（三）紧贴业务流程全过程防控风险

假如业务是一条电缆的话，那么风险预防就应该是外面的绝缘皮。哪里有业务，哪里就应该做好风险预防，把业务严严实实地包裹在里面。当有一处破洞的地方，那里就会产生触电风险。预防就是要紧贴业务，全程紧贴、全面紧贴。风险预防要融入企业业务流程中，成为其必要一环，而不是游离于企业日常的经营管理行为。其必须渗透到企业运行的方方面面，贯穿企业生产的全过程，构建常态化的风险预防工作机制。

（四）压实业务部门的风险防控职责

孤兵难以作战！风险预防工作，光靠法务部门一个部门是难以完成的。春江水暖鸭先知，业务部门更靠近风险，第一时间就能知道风险信息，也方便及时作出风险预防的决策。因此，我们应当严格遵守三道风险防范理论，让业务部门首先承担起风险防范的主体责任，让每一个可能触碰到风险的人更加审慎应对。规范风险防控的流程，切实夯实业务部门的第一道风险防控职责，让业务部门在冲锋的时候戴上“防弹衣”，手持“护卫盾”，做到有进攻、有防守。

（五）以案为鉴紧盯爆发问题防风险

每一个案件都是一本生动的教科书，都是一个个“血淋淋”的教训。每一个案件背后都有可以利用的价值。我们要“榨干”每一个案件的价值，做好以案为鉴工作。通过每一个案件来反思我们的企业管理问题，反思风险管理存在的问题，查找制度漏洞、合同漏洞，反过来更好地做好风险预防工作。要把每一个案件当作一次“打补丁”的机会，才能实现风险的严防死守。

加强案件管理，功夫在案件之外。必须往前端走，只有风险预防到位，才能有效地管控住案件的源头，才能有效地控制住案件的规模，才能让案件管理更加主动，才能让企业管理更加优化，企业治理更加科学。

第二节　案件管理多个维度创造巨大价值[①]

很多人说法务部门是成本部门，不直接创造效益，使得法务部门很焦虑、很被动。这导致法务部门在很多场合，从不同的维度努力地论证自己是价值创造部门。法务部门特别喜欢拿案件维权来论证法务部门创造了多少价值。除了案件维权，法务部门有没有想过，企业究竟希望法务部门通过案件管理来创造什么样的价值？法务部门如何更好地实现价值创造的目标？

一、法务认为案件处置创造什么价值

有的法务人员谈案件处置，喜欢聚焦个案谈案件处置，把每个商事案件单独看待，计算每一个案件挽回了多少损失，从而衡量案件处置的价值。那么案件处置究竟能够创造什么样的价值呢？

（一）挽回或避免损失

谈到如何通过案件处置创造价值时，法务人员往往都能够想到通过案件处置挽回损失，或者避免损失。对于主动起诉的案件，法务人员会想着如何更早、更多地挽回损失。对于被动应诉的案件，法务人员会尽量避免损失。对于挽回损失或者避免损失来说，其价值都十分容易进行直观地衡量。通过挽回损失或避免损失，能充分维护企业的合法权益，保障企业的利益。

（二）化解遗留案件

很多企业都有一些历史遗留的案件，这些案件往往还是一些重大案件，

---

① 本文发表于《法人》杂志 2023 年第 10 期，有修改。

可能都累积了三五年甚至更久的时间，领导也换了很多任，但是案件一直难以最终结案。这些案件涉及方方面面的因素，可能盘根错节，甚至打了“死结”。面对这些难啃的“硬骨头”，法务人员有创造价值的用武之地，能找到一种存在感、价值感。一个历史遗留案件就像一座山头，攻下来效果特别明显，大家也都能高度认同。

（三）减少维权成本

大家说法务部门是成本部门，其中的成本很大一部分可能来自律师费用和诉讼费用。因此，很多法务人员为了改变这个形象，会积极地节省一些律师费用和诉讼费用。一些法务人员会亲自代理案件，从而节省相关的律师费用。通过谈判、和解、调解，达到效果后主动撤案，或劝对方当事人撤案等方式，有效地节省一些诉讼费用。通过节省费用的方式，间接地去创造一定的价值。

二、企业希望案件管理产生什么价值

企业希望案件管理能够创造什么价值呢？肯定不是单单地处置个案，而是希望通过案件管理，能够往前端走，更好地预防风险，优化企业管理，服务和保障企业高质量发展。

（一）有效预防案件发生

企业肯定不希望案件管理总是去“灭火”，而是应当承担预防的职责，能够构建企业的“防火墙”，抵挡很多的风险。另外，企业希望案件管理能够及时发现“火苗”，迅速把“火苗”掐灭。预防案件发生，主要体现在两个方面：一方面，积极预防风险；另一方面，万一产生了一些有争议的事情，能够有一些处理预案，能够大事化小、小事化了，把争议纠纷变成没有问题，避免纠纷形成案件。预防风险的终极目标是让企业不“带病”上路，能一身轻松往前跑。

（二）创造良好发展环境

因为一些案件的影响，企业往往会被对方当事人申请查封财产，导致企业的银行账户被冻结，一些重要的资产、设备也会被查封，然后企业的融资担保能力将受到极大影响，对企业的生产经营也会造成严重损失。另外，由于一些重大案件的存在，会牵扯领导和业务部门大量的时间精力，如果案件能够管理得好，重大案件很少甚至没有，那么大家都能够腾出时间，集中精力谋划发展。

（三）提升企业竞争实力

每个案件都有价值，案件处置完了之后还可以"榨干剩余价值"，检视案件暴露的问题，强健企业"体魄"。通过案件发现并整改战略问题、决策问题、交易结构设计问题、履约管理问题等，优化企业经营管理，提高企业的竞争实力。通过良好的企业管理，能够实现风险更少爆发，风险成本更小，抗风险能力更强，风险溢价能力就更强。这样，别人不敢做的业务，我们企业敢做。比如，别人毛利率10%才能覆盖个别的风险项目损失，实现勉强赚钱的，我们价格低5%也能赚钱。这样就能大大增强企业竞争实力。

三、如何通过案件管理创造更大价值

要想案件管理实现更大价值，法务人员必须要心怀企业，关起门来当企业家，跳出每个案件处置本身，以管理者的视角、商业的思维融入生产经营的全过程，服务和保障企业发展。

（一）合规更要心怀使命尽责

有人把个人利益放在企业利益之前，严格保护个人的履职安全，绝对不做一点不确定的事情。比如，当出现和解调解机会的时候，适当地减少一点违约金、利息，对方当事人就能够及时归还本金。但有的案件处置人员认为这样减少的利益说不清楚、怕担责任，认为没有合规依据，怕不合规被追责，不敢接受本金，导致案件迟迟无法得到有效处置，反而增大了很多不确定性，甚至造成无法挽回的损失。案件处置人员合规了，可能和解调解机会就丧失了，企业利益就受损了。我们要有效避免这种“合规式”的不作为。在案件处置方面，合规不等于问心无愧。因此，案件处置人员要有责任心、使命感，把企业利益看得更重，当作自己利益来维护。企业维权导向还是个人合规导向，这是一个问题，需要体制机制保障。作为企业而言，也需要为案件处置人员营造一个良好的办案环境。

（二）超前迅速化解争议纠纷

案件管理要实现更大的价值，一方面是处置案件，另一方面就是加强事前风险预防。另外，在案件将发未发之际，要及时地做出果断处理。比方说，对方当事人已经到行政机关去投诉了，有一些群体性的上访事件，或者对方当事人已经多次找我们进行谈判了，那么我们就应当关注相关的争议纠纷，研判是否可能产生案件。假如产生案件的话，对我们会有哪些损失？对我们的生产经营是否会构成负面影响？要拿出一个科学合理的方案，及时地跟对方当事人进行谈判，同时做好纠纷处理预案，能够主动积极地化解相关争议纠纷，实现大事化小、小事化了。

（三）抓住时机提高处置效率

很多主动起诉的案件，企业希望能够得到及时有效的处置。因此，我们需要抓住时机，及时做好对手的财产保全工作，包括诉前、诉中和法院强制执行前的财产保全，确保将经济损失降到最小。对于一些被动应诉的案件，特别是我方的银行账户、重要资产被查封冻结，或股东之间僵局影响企业生产经营的，企业往往也希望能够得到及时有效的处置，早一点结案。有时候处置时机的把握比搜法条、找证据显得更为重要。因为有时候时机转瞬即逝，对方的核心诉求消失了，或者有其他第三方在前申请法院强制执行，可能就丧失了谈判、和解、调解的基础了。案件处置要学会运用好冰棒理论。对方当事人的资产就像在太阳下的“冰棒”，随着时间不断融化，必须尽快启动维权措施，否则后期对方当事人的资产就恶化、申请破产了，“冰棒”就融化没了，最后可能一分钱也难以要回来。

（四）规范标准提高处置质量

每一个案件都有其独特的特性，每一个案件的处置过程都很难说能完全地复制，但是每一类案件处置都有一定的共性之处，可以总结成一定的规律，提高我们规范化处置案件的能力和水平，进而保证我们的办案质量。关于案件处置的风险，我们可以建立全过程案件处置风险防控指引，从最开始管辖地点的约定到最后的案件档案的管理，都进行全过程的风险管控。比如，对于房地产企业而言，可以对阶段性担保的案件建立相应的案件处置指引，提高类案的办案质量。各企业可以根据实际需要，建立财产保全指引、证据管理指引等。有效规范案件处置工作，能提高案件处置的整体质量，从而更多更快地挽回损失，有效维护企业合法权益。

（五）汲取教训反哺风险管理

有人开玩笑说，每一个案件都是风险管理的“漏网之鱼”。海恩法则指出：每一起严重事故的背后，必然有29次轻微事故和300起未遂先兆以及1000起事故隐患。可见，每一起爆发的商事案件背后都代表着我们在风险管理方面有很多需要加强改进的地方。案件管理，是全面风险管理的重要组成部分。我们应当通过案件来倒查之前的风险管理存在的具体问题或者漏洞。比方说，制度的制定执行是否有漏洞？工作流程是否科学有效？决策是否存在盲区、空白？商业合作伙伴的选择是否存在风险？合同条款是否存在漏洞？合同履约的过程是否疏于管理？俗话说，找准问题就找到了一半的答案。通过案件排查，能精准地找到漏洞，从而积极地完善风险管理，推动风险防控向更前端走，更好地全过程防控风险，避免、减少今后再次发生同类的案件。

（六）剖析案件优化企业管理

企业的任何管理问题，最终都可能以诉讼案件的形式呈现，这对案件管理提出了很高的要求。作为法务人员，应当从更高的视角、更大的格局来看待案件管理，把案件管理当作优化企业管理、提高企业治理水平的有效手段。应当跳出个案分析整体案件，找出案件背后暴露出的企业管理问题。应当提出优化企业管理的建议，以提高企业的精细化管理水平。比如，对于有的建设工程企业而言，工程分包案件相对集中，可能反映出商业合作客户选择、业务经营模式出现了问题。那么，法务人员就可以针对案件爆发的相关问题，提出相应的改进建议，从而提高企业的生产经营能力和核心竞争力。

第三节　管理案件要树立全生命周期理念

全生命周期管理是管理学概念，最初是指将产品的生命周期细分为导入、成长、成熟、衰退等若干阶段，并在每一阶段跟踪介入，以全过程管理保证产品质量，进而提升企业竞争力。全生命周期管理的理论和技术，在很多行业已经得到了娴熟运用。工程建设、健康管理等行业，都在积极地推行全生命周期管理。

全生命周期案件管理，是指法律事务机构及法务工作人员对企业的商事案件进行事前预防、事中控制以及事后反馈的全周期动态管理，以最小的成本将案件影响控制在企业可承受的范围内，实现对企业案件的风险控制。企业商事案件存在明显的周期性，涉及案件爆发前的事前风险防控，案件爆发时的事中案件处置，以及案件结案后的企业优化管理。案件全生命周期管理是企业优化案件管理工作的核心方法，是全面风险防控闭环管理的重要手段，更是服务和保障企业健康发展的重要法宝。

然而，实践中，往往没有对整体案件管理实行全生命周期管理，没有把单个案件处置当作一个项目实行全生命周期管理。现实中，一些法务人员习惯按照法律规定和法院的程序、时限对具体案件实行管理，没有把案件管理视为企业管理行为之一，没有从时间、成本、绩效等维度进行管理，而是作为纯粹法律诉讼事务在操作。其不懂得从企业发展大局把握案件解决方式，没有思考清楚是和解、仲裁还是起诉，不懂得运用时间管理工具控制案件处置进度，不懂得运用成本管理工具控制案件各项费用支出，不懂得运用流程和信息系统规范案件决策和过程控制，导致很多企业案件管理存在律师当主导、进度不确定、费用常超支、结果不理想的被动局面。可见，实行全生命周期案件管理迫在眉睫、势在必行。

一、全生命周期管理的普遍特点

（一）整体性

传统的项目管理，往往是分段式、阶段化的管理，个人只考虑自己的“一亩三分地”，很少考虑整个项目的整体性。但是要加强项目管理，必须把整个项目的各个阶段、各位人员、各个要素当作一个整体来进行考虑，实现人员、要素、信息等在各个阶段的无缝对接，实现整体效益的最大化。

（二）全程性

既要把整个项目当作一个整体来看，也需要拆开来看各个环节，两者并不矛盾。把项目拆分成一个一个具体的细节，对每一个环节都进行精细化的管理，避免环节管理上出现空当。对各个环节实行精细化、全过程的管理，是全生命周期管理的精髓所在。

（三）协同性

全生命周期管理不是某一个人或者某一个部门的事情，而是整个企业全体人员的事情。既然考虑了项目的整体性、全过程，那么就应当考虑“人”这一管理主体的协同。全生命周期管理要发挥作用，关键在人，关键靠人。项目管理不能单兵作战，必须要大家一起发挥协同效应，充分做好协调沟通配合，加强信息的交换和共享，对管理行为进行动态的调整和监督。

（四）前倾性

全面风险管理在事前需要投入大量的时间精力，要把重点放在管理的前端上。比如一项建设工程，在设计阶段可能控制 80% 的建设成本，后面再精细化的施工管理，也只能管控 20% 的成本。因此，在项目立项阶段就要考虑实施阶段的需求，减少实施阶段的变更、修改、补救。案件管理也必须要往前端走，重点是预防风险，避免案件处置耗费企业更多人力、物力、财力。

（五）技术性

一些商事案件所涉项目的技术性、专业性很强。案涉项目所涉工艺复杂，科技含量高，各个流程、环节一环套一环。其中的某个环节出现技术问题，最终的产品就会出现问题，可能就会引发争议纠纷。案件管理应当尊重所涉项目的专业技术，遵循相关技术工艺流程和管理的必备程序。

（六）价值性

全生命周期管理的魅力在于它的价值创造，实现经济效益价值的最大化。全生命周期管理必然会考虑各个阶段的成本，实现整体成本的最小化，同时会考虑效益的整体最大化，最终实现投入产出的最大化，从而发挥全生命周期管理的最大价值。

二、全生命周期管理案件的鲜明特性

（一）全要素

全生命周期管理案件，要求在管理上做到“横向到边、纵向到底”，既不忽视每一个阶段和环节，也不放过每一个细节和漏洞。主体方面，企业内部涉及企业领导、业务部门、法务部门、监督部门及其他职能部门，企业外部涉及合作客户、争议对象、案件当事人、双方律师、法院、仲裁机构等。客体方面，涉及合同、制度、文件、函件、邮件、聊天记录、会议纪要、现场签证等。信息方面，涉及资质、证照、财产状况等资信信息，涉及股东、实控人、董事、高管等人员信息，涉及价格、成本、质量、时间进度等业务信息，还涉及起诉状、答辩状、举证质证、司法鉴定、案件执行等案件信息。当然，全要素不是平均用力，而是不忽略每一个要素和环节。

（二）系统性

全生命周期管理案件，把每个阶段都视为全生命周期中不可分割的一部分，把案件管理的各个阶段都看成完整的链条，从全过程进行整体设计，进而形成完整、系统、协调一致的案件管理体系。对于一个案件的处置工作，需要考虑法务部门与业务部门、企业领导、外聘律师的协同配合；对于所有案件的管理工作，需要处理好整体与部分的关系，合理做好顶层设计，跳出一个个具体的案件，避免“只见树木，不见森林”。对于企业经营管理而言，需要把案件管理作为企业经营管理的一个部分，不能把案件管理孤立于企业经营管理之外，更不能对立起来。案件管理工作要服务于企业的经营管理，以企业经营管理的目标、要求指导案件管理工作。

（三）连续性

全生命周期管理案件，要求在案件的各个阶段之间进行有效衔接和过渡，以确保信息的顺畅传递和资源的有效利用。每个阶段都是前一个阶段的延续，也是后一个阶段的基础。比如，诉前准备阶段出现瑕疵，一审庭审阶段、强制执行阶段、应对再审阶段等就可能很被动。全生命周期管理案件，需要充分考虑不同阶段之间的联系，尽量加强前瞻性研究，前移工作关口，充分预测未来可能发生的问题。要加强案件闭环的连续性，对于处于后端环节的案件暴露的问题应当反馈到前端环节的风险预防，确保信息和资源的有效传递和利用，实现循环上的连续性。

（四）动态性

全生命周期管理案件，需要根据每个阶段、每个环节出现的变化，随时调整案件管理的具体措施，以便做到灵活性和适应性。比如，密切关注对方财产状况，本来的策略是本金加利息、违约金等都准备通过法院执行回款，但得知对方出现重大负面舆情、实际控制人涉嫌刑事犯罪、大股东处于破产边缘等情况时，就很有必要动态调整案件策略，能够执行和解抓紧把本金回款就是很好的案件策略。全生命周期管理案件，要求动态地调整案件管理措施，不能一劳永逸地解决问题，不能“刻舟求剑”等着预期的案件结果顺理成章地出现。

三、全生命周期管理案件应当转变观念

（一）由“单兵作战”管理转向“协同作战”管理

案件管理不是法务部一个部门的责任。法务部想仅靠自己部门来做案件管理的话，是很难真正管理好的。那样很被动，效果也不好。从全生命周期管理的特性来看，必须依靠企业领导、业务部门等一起进行协同管理，一起加强前端的风险预防，一起商讨案件处置的目标，研讨处置策略，多方收集证据，从而确保案件管理的效果。

（二）由被动处置案件转向主动管理案件

案件管理必须改变过去对一个一个的案件进行单独处置的被动局面，绝对不能陷入个案处置之中。这样难以形成案件管理的丰富经验，也难以摸透案件管理的规律所在。因此，必须从个案的被动处置转到整体案件的主动管理，把企业所有的案件通过大数据的分析进行整体的管理，分析案件暴露出来的一些规律性的问题，从而整体性、系统性地进行整改。

（三）由应对案件处置转向全面风险管理

过去我们就案件谈案件，甚至还追求案结事了，想着案件办完之后就万事大吉了，一个工作就告一段落了。但这样只能简单地处置存量案件，可能会造成不停地发生“火灾”，然后再被动地“扑火”。以个案处置为中心的模式是被动的、不可取的，案件管理必须从“扑火”转向预防。在处置存量案件的同时，更加需要做好风险预防，从而预防新增案件的发生。

（四）由解决案件问题转向优化企业管理

有人认为解决案件问题就发挥了法务工作的价值。其实，每一个案件结案后，还有大量的剩余价值。我们应当“榨干”案件“剩余价值”，在治标处置案件的同时，更要治本优化企业管理。避免损失、挽回损失、减少损失，是案件处置本身的价值所在。对案件暴露的问题进行整改，推动企

业优化管理，更是案件管理的价值所在。甚至某种程度上说，通过案件管理推动企业优化管理，比个案处置创造的价值更大。

（五）由单纯案件维权转向服务企业发展

法务管理的目的是服务和保障企业发展，案件管理也是为了实现这个目的。案件维权能够维护企业合法权益，案件管理更应当服务企业的发展。通过案件管理扫清企业发展的障碍，提升企业管理能力、水平，提高企业的核心竞争力等，都能够有效地服务企业发展。全生命周期案件管理，必须考虑服务企业发展这个核心目的、最终目的。

四、如何做好全生命周期案件管理

全生命周期案件管理，关键在“全”，落脚点在“管理”。要更加注重治理的系统性、整体性、协同性，切忌“头痛医头”“脚痛医脚”，防止顾此失彼、按下葫芦浮起瓢。

（一）项目式管理思维

每个商事案件就是一个项目。我们要用项目式管理思维来管理每一个具体的案件。项目式管理思维是指应用系统化方法、工具和技术来计划、执行和控制项目，以实现特定目标和满足项目要求的一种思维方式。其核心要素包括目标明确、资源优化、风险管理、进度控制、沟通协作。目标明确是项目式管理思维的首要任务，要清晰地定义项目的最终目标和里程碑。资源优化是确保项目在时间、预算和人力资源等方面得到最佳配置，避免资源浪费。风险管理则是提前识别潜在风险，并制定应对措施。进度控制确保项目按计划进行，避免延期。沟通协作则是项目成功的关键，确保团队成员和利益相关者之间的信息流通顺畅。

通过运用项目式管理思维，改变过去案件处于时间不确定、支出不确定、结果不确定的状态。利用项目管理工具，对每个案件进行时间管理、流程管理、成本管理、挽损管理、绩效管理等。从整体、宏观的案件管理来看，也需要将其当作一个大的整体的项目进行管理，对费用成本控制、人才资源管理、风险控制、质量管理、信息技术管理、采购法律服务等进行有效的整合管理。

（二）全要素多维覆盖

管理要素的“7M”，包括人员（men）、资金（money）、方法（method）、设备（machine）、物料（material）、市场（market）及士气（morale）这7个要素管理。对于案件的全生命周期，需要管理包括主体信息、市场环境、法律政策、授权管理、合同管理、款项收付、证据资料、司法文书、案件数据、案件档案等要素，由企业各个部门对要素进行不同维度的管理。另外，对于一些与引发案件关联度高的要素，做好案件监测工作。比如，重点监测以下风险要素信息：国际国内市场环境变化；法律、法规修订、废止，或新法颁布；国家或地方政府政策发生调整；企业发展战略转型；商业合作伙伴经营状况严重恶化；与其他股东产生重大矛盾；等等。

（三）全流程管控案件

从企业管理周期角度而言，全生命周期管理需要对企业设立、章程制定、战略制定、业务模式研讨、重大经营决策、规章制度制定、产品生产、营销运营、交货验收、售后服务等全过程进行高维度的风险管控。就项目经营角度而言，全生命周期需要对业务准入、客户选择、合同签订、管辖约定、信件签收、争议纠纷、立案应诉、策略制定、庭审应对、结案执行、复盘优化等全过程进行严密的风险管控。万一发现流程出现漏洞，要及时进行流程再造，实现流程一环扣一环，严密无死角。

（四）全员工精细管理

全生命周期案件管理，人是最重要的因素，往往也是最不确定的因素。案件管理，不仅仅是法务部门或法务人员的责任，员工的各类行为问题，最终都可能以案件的形式呈现。每个员工都可能产生案件风险，也都能对案件处置产生影响。因此，有必要对各类主体、人员进行规范管理，包括企业领导、业务人员、法务人员、监督人员、合作伙伴、中介人员等。要以案为鉴，把典型案件当作增强风险防控意识的生动教材，通过分析案件大数据，向全体员工揭示风险问题，引导各个部门员工加强职责范围内的风险防范。

（五）全过程成本管控

每个案件的处置，都需要考虑投入成本，需要考虑律师费用、诉讼费用、保全费用等与实际挽回损失相关的情况。还需要根据案件进展考虑和解、调解、撤案等处置方式对于纠纷化解、挽损比例的性价比，实现全过程的成本管控。从更大的视角来看，需要从全生命周期角度考虑案件预防和处置的成本，考虑风险预防成本、案件处置成本、案件实际损失（赔偿损失 + 查封冻结损失 + 企业形象损失 + 生产经营损失）、案件管理成本（如法务团队薪酬绩效、领导时间精力成本）等，而不仅仅计算每个案件显性的财务费用成本。

（六）全方位效果管理

一是挽损避损效果。在认真分析案情的基础上，考量法律和商业的平衡，通过比较诉讼成本、胜诉率、可能的责任及结果，选择诉讼方案，制定效益最大化的诉讼策略。二是风险承受程度。全生命周期案件管理，不仅仅要看裸露出来的案件，更要看风险资产的情况。按照风险程度，关注和评价正常类、关注类、次级类、可疑类和损失类五类资产的情况，检验风险管理的实际效果。还可以通过涉诉案件金额占企业净资产的比例，评估企业的风险承受程度。三是保障发展效果。评价涉诉案件金额占企业营业收入、净利润、经营性现金流的比例，评判企业“身体素质”是否处于“亚健康”状态。比如，考验在企业各项经济指标增长的同时，案件指标增幅能否低于前者甚至绝对下降。评价案件处置工作对于企业融资担保能力、接受投资、业务拓展等的影响。

第四节　企业管理能力左右案件管理效果

有的企业对于商事案件管理工作有一些片面的认识，认为企业只要产生案件就是法务部门的问题，案件处置不好也是法务部门的问题。反问，法务部一个部门能否把案件管理好？案件管理是否能够脱离企业管理而独善其身？

一、案件管理水平属于企业管理能力之一

案件管理本来就是企业管理行为之一。换个角度说，案件管理并非独立于企业管理的，而是企业管理的一个部分。“如果一家企业的管理规范有序，案件管理工作大概率也会轻松且高效。”[①] 如果一个企业的管理工作做得不够好，商事案件管理工作是很难一枝独秀的，肯定是难以做好的。如果说想脱离企业管理实际搞好案件管理，那也是不现实的。反之，如果企业管理工作做得好，权力制衡、风险预防以及部门协同都相对规范有效，那么案件管理工作大概率也会做得相对比较好。

二、企业管理问题最终都可能呈现为案件

（一）企业管理问题产生大量风险

一个企业的战略、人力资源、财务管理、市场营销以及企业运营等诸多方面，都存在不同程度的风险。企业只有管理做得好，才能有效地控制住企业方方面面的风险。如果企业管理得不好，那么各方面都会不同程度地“冒泡”，产生或大或小的风险。很多风险还伴随着法律风险的产生，或者最后演变、呈现为法律风险。

① 渠洋、李辽：《曾靳：探索风险控制“最优解”》，载《法人》杂志2025年2月，第54页。

（二）企业管理问题累积造成案件

如果一个企业管理得不好，就会造成很多的问题。但问题并不会无限地“1+1”式堆积下去，而是堆积到一定的程度，就会量变引起质变，以一定的方式进行呈现或者爆发。不论是市场营销的问题，还是财务管理的问题，抑或人力资源的问题等，最终都可能以纠纷案件的形式呈现在企业面前。由此也可以看出，如果一家企业案件很多的话，很难说它的企业管理是十分良好的。

（三）企业管理问题影响案件处置

企业管理不好，不仅会导致商事案件越来越多，还会对案件的处置造成很多的麻烦。比如，在处理案件时，需要通过证据去维护企业的权益。如果企业管理不好，往往较难发现平时的各种证据，材料很难收集。各个部门之间信息不对称，档案管理也不规范，会造成案件处置十分被动。另外，各个部门基于部门利益考量，例如业务部门可能会因为绩效考核不想起诉，甚至想通过案件“合规”支付款项，与法务部门的案件处置目标并不相同。

三、做好企业管理利于提高案件管理水平

案件管理的问题从深层次上说，其实都是企业管理的问题。大量的案件问题也可以通过加强企业管理进行预防和控制。

（一）权责清晰形成制衡

一个管理良好的企业，一定是权责清晰的企业。不仅仅“四会一层”是权责清晰的，各个管理层级也是权责清晰的。对于经理层而言，总经理和各副总经理是分工清晰、配合有效的，不会存在管理空白。对于各部门而言，各个部门之间也是分工明确的，并且能够在一定程度上互相制约。不会说某一个人的权力很大，搞所谓的“一言堂”；或者说某一个部门的权力很大，凌驾于其他部门之上。母公司和子公司之间的权责边界往往也是

很清晰的。母公司既能有效地制约子公司，也能够充分地授权放活子公司的生产经营。这能从根本上预防大量案件发生。

（二）决策流程科学规范

一个管理良好的企业，能够有效地推进决策的规范化、科学化，不会因为一个人的意志而左右很多的重大决策。能够实现对重大决策的事前充分地酝酿沟通，会上充分讨论、发表意见，会后坚决贯彻落实、有效推进。企业会有一整套制度体系，构建一个科学决策的架构。不满足制度规定的，很难进入企业集体决策的环节。要让制度来规范决策，而不是单靠几个人的智慧来决策。一个管理良好的企业，一定会有规范严格的决策流程，让决策事项在严密的流程上进行层层质检。比如，对达到什么前置条件才能提交决策、由哪个主体决策、会议如何主持召开、如何发表意见、如何形成决策结论、如何落实决策等，都有明确的要求，能够通过一套有效的决策“生产线”，确保产出的结果相对科学。

（三）内部控制扎实推进

一个管理良好的企业，不是说它仅仅重视法治建设，而是对于企业各方面的管理控制都是相对规范的。比如，其会管理产品质量，规范财务报表，保密客户信息。企业会要求各个部门对自己职责范围内的工作进行比较规范的控制和管理，实现对各项工作的全流程、全过程的规范管理。如果一个企业内部控制相对规范，那么其就能够避免很多问题的产生，很大程度上就能够有效避免各个问题不断地演变、放大，最终衍生成为商事案件。

（四）各类风险有效防范

一个管理良好的企业，一定是注重风险防范的。企业既会关注政策风险、市场风险等外部风险，也会管理来自企业内部的市场营销、财务管理、融资投资、安全生产等各个方面的风险，还能够管理控制来自合作客户方面可能产生的风险。企业会建立一套风险防控体系，形成从企业领导、部门负责人到员工，全员防范风险的一个良好局面。通过有效的企业管理实现风险的有效预防，能够让案件管理工作更加主动有效。

四、案件管理水平反向作用企业管理能力

企业管理对案件管理产生作用，案件管理对企业管理也能产生反作用。案件管理的最终目的是优化企业管理，服务、保障企业发展。案件管理要充分地发挥价值，推动企业管理上更高的台阶，更好地实现企业的健康长远发展。

（一）揭示企业管理问题

商事案件虽然说给企业造成了很多的麻烦，但是也能直观反映企业管理当前存在的问题。很多时候，企业管理者或者各个部门都自我感觉良好，而案件恰恰是企业管理漏洞的一个“放大镜”。我们要深入挖掘案件价值，积极地发现企业管理各个方面、各个流程存在的问题，还可以对一些易发高发频发的案件做专题的分析报告，向企业管理层汇报企业管理当中存在的一些主要问题，让企业管理层对企业管理当中存在的一些重大问题有一个清醒认识。

（二）推进全面风险管理

案件管理，是全面风险管理的重要手段。案件管理不仅能够发现已经暴露的企业管理问题，还可以追根溯源、向前端走，发现企业管理当中存在的各种风险隐患。案件管理工作有责任，也有优势推动企业的全面风险管理。比如，对于企业大量案件的对方当事人进行分析，发现一些对方当事人与企业合作经常产生案件时，可以建议相关部门以后再合作的时候采取相应的风险防范措施。另外，通过提炼易发高发的案件风险点，制定风险防范的清单。联动各个部门加强风险预防，采取相关的措施。推动各个部门出台职责范围内的风险预防制度，压实第一道防线责任。通过一个案件的“点”上的改进，推动风险管理“面”上的优化。

（三）提出优化管理建议

商事案件的产生既然与企业的管理密切相关，那么我们就可以通过案件来查找企业管理当中存在的问题，及时有效地优化企业管理。案件管理的闭环，终点是优化企业管理，服务和保障企业的健康长远发展。对于案件暴露的问题，比如有一些虽然跟风险管理无直接关系，但是背后会反映出企业的管理效率低下，各个部门协同配合不够，存在推诿的问题。还有一些案件暴露的问题，可能会反映出企业战略存在偏向，对市场的反映不够及时灵活。案件管理工作有义务提出优化企业管理的建议，从而提高企业管理的质量和效率。

02 第二章

案件管理目标

第一节　无讼不能作为企业管理目标

孔子曾经说：“听讼，吾犹人也，必也使无讼乎。”大意是说，“审理诉讼案件，我同别人也是一样的。重要的是必须使诉讼的案件根本不发生！”想要控制案件根本不发生，初衷是好的，但对于企业而言却是难以做到的，也违背当前全国案件发生的实际情况。

一、全国法院办理案件现状

经查询国家统计局官网，查阅《中国统计年鉴》①，通过对2018—2023年全国各级地方法院案件数据进行摘录，能够展现近年全国案件数据变化（见图1、图2、图3）。

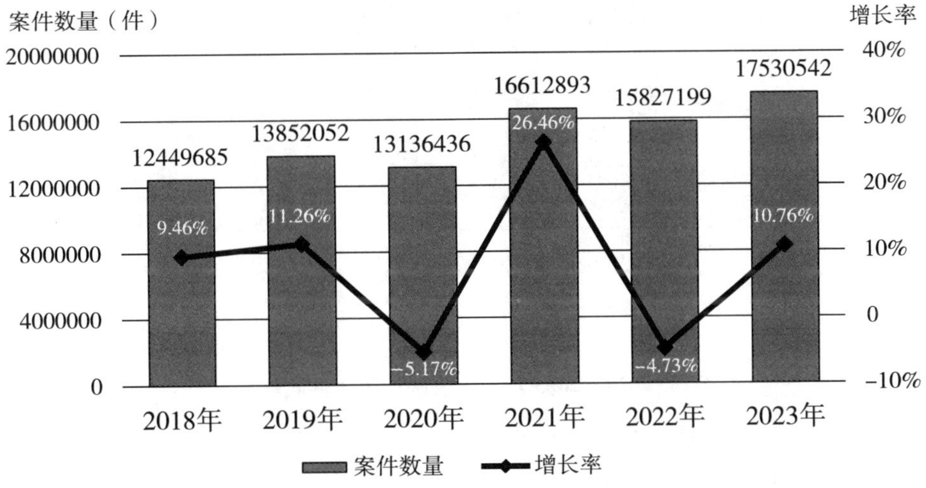

图1　2018—2023年人民法院一审民事案件收案情况

① 《中国统计年鉴》，载国家统计局网，https：//www. stats. gov. cn/sj/ndsj/。

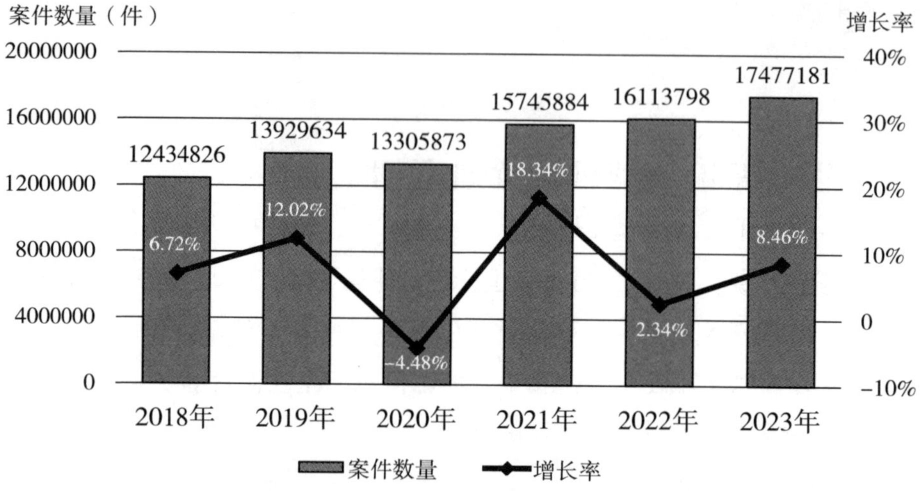

图 2　2018—2023 年人民法院一审民事案件结案情况

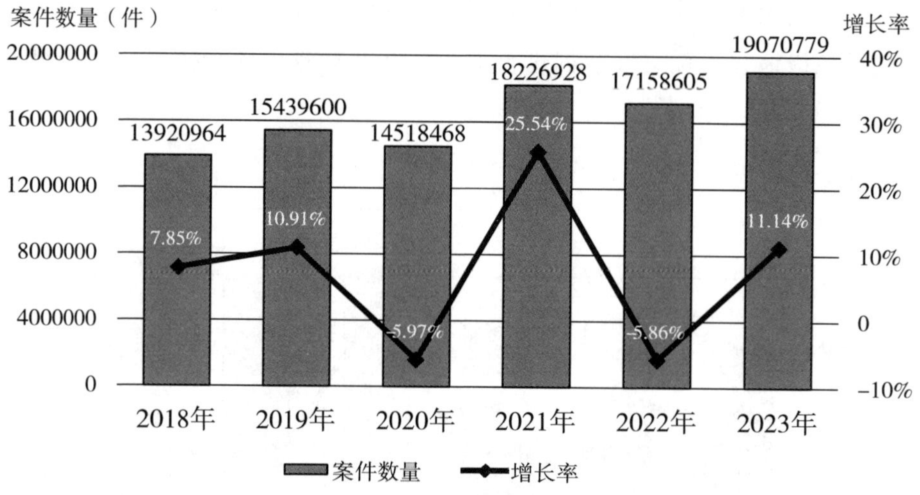

图 3　2018—2023 年人民法院一审案件收案情况

从这三张图来看，2018—2023 年，无论是一审民事案件收案和结案情况，还是一审案件收案情况，虽然 2020 年、2022 年有的数据较上年有所下降，但降幅也都低于其他年份的涨幅，整体还是呈现上升趋势的规律。从长远来看，未来案件可能仍整体呈现上升态势，不可能“无讼”。在全国案件整体呈现上升态势的大势下，企业追求“无讼”是违背规律的，也是很难实现的目标。

二、追求无讼十分不现实

（一）经济社会发展多种业态碰撞

经济社会发展是一个动态且多维度的过程，其中业态的演变与革新是这一进程中的重要组成部分。随着科技的进步、消费者需求的多样化以及市场竞争的加剧，业态的复杂性与多样性日益显著，旧业态细分加剧，新业态层出不穷，各业态之间出现争议的概率大大增加。一方面，新业态以其创新性和灵活性，对传统业态构成了挑战，迫使后者进行转型升级；另一方面，旧业态凭借其深厚的基础和丰富的经验，也在积极寻求与新技术的融合，以焕发新的生机。这种碰撞不仅体现在市场竞争上，更体现在理念、文化、价值观的碰撞与融合中。

（二）法治营商环境越来越好

商事案件与社会经济发展总体水平、法治水平、信用体系密切相关。随着全面依法治国工作深入推进，坚持依法治国、依法执政、依法行政共同推进，法治国家、法治政府、法治社会一体建设，全国法治环境越来越好，立法工作也更加科学化。随着大量新法律法规的颁布实施，增强了相关法律关系的可诉性，畅通了当事人以诉讼手段实现权利救济的渠道。近年，各级地方政府高度重视法治化营商环境，也为企业保护自身合法权益创造了良好条件。

（三）依法维权意识越来越强

过去法治意识不强，可能很多事情不知道法律怎么规定的，也不知道通过什么渠道维护合法权益，想着私了或者独自忍受。但随着社会进步、法治化水平提高，全国普法工作深入推进，各类法治宣传、法治教育深入企业、深入社区、深入家庭，企业、居民的法治意识也在不断增长，大家对于法律法规也越来越熟悉，懂得运用法律武器维护自身合法权益。随着合规要求越来越高，监督问责越来越严，很多企业、个人选择通过合法裁判而不是协商和解的方式，合规地解决争议纠纷。

（四）权威组织调停越来越难

计划经济时代通过政府协调、行政命令、权威组织调停息讼止争的方式，已经不能适应现在的市场环境。过去，很多争议纠纷通过权威组织的调解，双方各让一步能够化解。但现在，大家法治意识、维权意识逐渐增强，更加希望合法、公正地解决问题。另外，过去靠有关行政机关与法院协调解决问题的方式已经变得不可行。行政机关基于依法行政理念或者担心干预司法，往往不会针对企业协调有关案件。据统计，各地国有资产监督管理委员会（以下简称国资委）帮当地国有企业协调案件的情况大幅下降。

（五）商业竞争容易引发矛盾

在商业交易中，各方主体有着不同的利益诉求，利益冲突在所难免，发生纠纷不可避免。当前，社会分工越来越细，市场主体间的交易更加频繁，同行业之间竞争越来越激烈，交易结构更加复杂化、多样化。市场创新让过去的交易习惯和方式变得不再稳固，随之而来的争议也日益增多。近年，国际局势变得更加复杂，国内经济形势变化，市场流动性有所下降，很多市场主体资信不断恶化，导致争议纠纷逐渐增多。

（六）多重法律关系争议难免

每家企业都会涉及不同主体之间的多种法律关系。法律关系多了，想要平衡多个主体的利益就变得更加困难。企业在接受行政监管过程中，需要遵循行政法律法规；在市场交易过程中，需要遵循《民法典》等法律法规；在与股东、管理层打交道过程中，需要遵循《公司法》等法律法规；在聘用员工过程中，需要遵循《劳动法》等法律法规。企业比居民所涉及的法律关系更多更复杂，受多方主体的影响，利益更难协调，争议纠纷必然更多。

（七）改革开放国际元素增加

随着改革开放的深入进行，中国不仅在经济上取得了举世瞩目的成就，也在国际舞台上扮演了越来越重要的角色。这一过程中，国际元素的不断增加和国内外经济交流的日益频繁。但是，国际政治环境的变化可能对国际经贸合作产生影响，不同文化背景下的商业习惯和沟通方式可能存在差异，不同国家的法律体系存在差异，各方在利益分配、市场准入、资源利用等方面可能存在竞争和冲突。

三、追求无讼带来的危害

估计很少有企业单纯追求绝对的无讼，但一定有很多人希望企业在发展更好的同时追求案件更少。很多人希望企业营业收入、利润等上涨的同时，案件规模还要下降。这要么证明之前案件管理水平没有现在高，要么只是一个努力的方向。诉争是必然事件，一味追求无讼，不能面对客观规律和现实，不能正确、客观配置企业资源，一旦有诉争发生，必将造成更多损失。

（一）扰乱企业经营决策

如果企业领导或法务部门对于商事案件规模没有一个正确的认识，比如要求案件数量、案涉金额要绝对下降，不考虑企业营业收入、利润同比增长的指标要求，那么企业的经营决策一定会扭曲变形。法务部门基于领导要求和部门利益，一定会把风险容忍度调得更紧更低。风险匹配收益，容易赚钱但风险相对较大的项目，肯定会被法务人员想方设法否掉，至少没那么容易顺利通过。容易做大营收规模但风险小、不赚钱的项目，法务人员会大开绿灯。企业会在追求收益还是控制风险之间难以抉择，显得无所适从。

（二）难以开展市场合作

如果一家企业追求无讼，单纯地希望案件规模小，那么那些能够有高收益的项目一定是被拦在门外的。风险与收益相伴相生，不存在只有收益没有风险的项目。那么，之前的大量优质客户、战略合作伙伴，可能就会再难合作。企图寻求高收益但低风险的项目合作，往往只能是一厢情愿，很可能是在合作时我方没有充分发现风险而已。企业很可能会被逼到低收益、低风险的项目上开展合作，沦落到“赚吆喝”“干苦力”的地步。

（三）引发业务部门强烈反抗

业务部门是以企业利润导向的，基于绩效、奖金、工资等因素，还有个人成就感等因素，一定希望获取、实施越来越多的项目。如果法务部门说这个项目有风险、那个项目不能做，那往往就会成为业务部门的“拦路虎”。特别是当业务部门听说被企业“毙掉”的项目掉头在其他企业成功实施了，法务人员可以想象业务人员内心的怒火。法务部门的工作环境必然会越来越差，难免遭到业务部门群起攻之、企业领导的批评训斥。

（四）抑制我方维护权益

若一味地追求无讼或少讼，在严格的管理考核压力下，法务部门会感到巨大的压力。对于本该主动起诉维护我方合法权益的案件，可能会适当放弃权益，选择不起诉，以免形成案件。至少基于当年案件考核压力，法务人员会决定先拖延到明年再看是否起诉，导致贻误起诉维权的良机。对于对方即将起诉我方的纠纷，为了避免形成案件，我方迫于案件考核压力，立即付钱了事，没有充分地维护我方权益。

（五）无法提升案件管理能力

如果法务人员一味拒绝风险，时间久了就无法精准判断风险大小，更无法判断风险对企业生产经营可能产生的实际影响，法务人员就难以在权衡风险与收益之间得到有效锻炼，商业思维、管理思维无法得到有效提升。案件管理工作，需要企业领导、业务部门的大量支持配合。若法务工作受到大家抵触、厌恶，企业法治建设工作必然受到扭曲，案件管理工作成效也很难实现，无法真正发挥服务和保障企业发展的核心目的。

高风险高收益，这是难以打破的商业规律。企业想要发展，必然要与风险相伴。如果一家企业单纯地想追求案件规模低，那最终的结果必然是企业发展受到严重阻碍。科学管理风险，通过风险管理实现更高溢价，反而是很多企业实现发展的重要手段。

四、合理考量诉讼的规模

（一）考虑企业发展实际需求

有的企业，基于战略考量愿意接受产生案件的风险。比如，美国联邦快递在大城市经常因为违停受到处罚，但并没有因此选择放弃中心城区快递业务。有的企业为了快速获取市场，能够容忍短期内产生一些案件，占领市场后再逐渐规范。案件管理，既不能销号清零见底，也不能过于谨慎而对小风险、暂时的风险零容忍，而是要对案件规模有正确的认识，积极服务企业的发展需求。案件管理，要基于企业长远、整体利益的考量，而不是单纯考虑法务部门的部门利益。

（二）考量风险与收益的平衡

有的企业会利用资质通过分包或合作方式实现一定的收益，但分包合作项目往往也容易产生案件。这样的模式如果在企业能够长期坚持，那一定是企业经过理性选择的结果。企业作为商业主体，不是追求零风险，而是追求风险与收益的相对平衡。当收益大于风险，又不违反刑事、行政法律规定，企业是能够也愿意接受风险带来的损失的。企业对于商事案件管理，可以考虑案件规模占营业收入比重，或案件损失占净利润的比例，确定一个合适的比例值。只要不越过阈值，案件管理就是有成效的。

（三）掂量企业整体承受程度

案件管理，虽然能容忍一定的风险，但是必须考虑企业的整体承受程度。有的重大案件、重大损失，是一定要尽量避免的。比如，一个重大案件的损失会超过企业的净资产，那一定是要尽一切可能避免的。可以用业务规模乘以发生案件的概率，再乘以造成损失的概率，与企业的营业收入、资产评估值、净资产等进行比较，确定一个合理的风险偏好阈值。当整体案件临近阈值时，就需要更加严格地管控案件规模，确保案件管理能够实现抗风险的效果，保障企业的大船在风浪里正常航行。

（四）不得放弃维护我方权益

要坚持把维护我方合法权益放在管控案件规模之上，作为更高位阶的追求。应当把维护我方合法权益看得比控制案件规模更加重要。对于需要及时起诉维权的，必须毫不犹豫马上起诉，采取财产保全措施，充分维护我方合法权益。不能单纯考虑是否增加了案件数量、金额，而放弃权益或拖延起诉。对于与对方的争议事项，该应诉就应诉，绝对不能通过马上付钱息事宁人。对于对方诉求没有道理的，或者没有按合同履约的，必须积极进行抗辩，有效避免损失。

第二节　诉讼不是企业维护权益的首选

近年来，越来越多的企业看到，法务部门通过诉讼为企业挽回了大量的损失。很多人也越来越看重诉讼手段，希望通过诉讼为企业维护更多权益，甚至在和对方当事人产生纠纷扯皮的时候，有人就希望一律马上通过诉讼的手段进行维权。我们需要思考一下，是否应当把诉讼手段放在企业维护权益的优先序列呢？

一、诉讼是企业维权的重要手段

企业通过诉讼进行维权，案件进入了法院的立案、审理、裁判、执行的各个环节，充分借助了国家的司法力量。通过诉讼的方式还可以合法地界定双方的责任，把过去双方扯皮的事情合法地予以解决，合法地划清双方的权益。

有人说通过诉讼追回的损失就是企业的净利润。一定程度上，诉讼能将本来业务部门要不回来的钱追回来，还可以将对方当事人没有理由索要钱款的行为予以合法拒绝。法务部门通过起诉挽回损失或者在应诉案件中避免损失，确实能够为企业有效地维护合法权益。

二、诉讼不是企业维权的首选

（一）风险预防才是更安全的保障权益

虽然很多人想到维护企业合法权益，首先想到的是通过诉讼手段。上医治未病，真正维护企业合法权益的，是防患于未然。诉讼维权存在很多的不确定性，也会有很多的成本和麻烦。只有做好风险预防，才能高质量地保证企业权益不受威胁、不受损失，才能筑牢维护企业权益的坚固长城。

（二）规范履约才能防止权益损失

我们应当尽量地为企业健康发展做好日常的保健工作，而不是去“治疗重病”。把合同签订好、履行好，才能有效地防止与合作客户产生纠纷扯皮的事情，才能有效避免形成诉讼案件。把履约工作做好，能够有效地控制项目的成本，管控项目的时间进度，保证项目的效果。这才是从企业的中心工作出发，实实在在地维护企业权益。

（三）早期化解争议纠纷成本更小

通过诉讼的手段化解争议纠纷，成本往往更高，还增加了很多不确定性的风险。如果能够通过非诉方式化解争议，就可能推进双方继续良好合作，也不会延误项目进展，避免了合作项目的失败结局，还能够节省一笔诉讼费用和律师费用，能腾出可能用在案件上的大量时间和精力。因此，不要有了争议就起诉维权，而是应当先谈判、多沟通。

（四）通过诉讼维权或有负面影响

通过诉讼维权，就像是治疗重病。有的大病即使能够治愈，也难免会留下后遗症或者产生副作用。有一些诉讼案件，只要起诉了，就可能破坏原本良好的合作关系，就会造成“有了案件、丢了客户”的不好结果。甚至，因丢失客户造成的经济损失比一个案件诉求得到全部支持的结果更坏。另外，一些股东之间的诉讼可能把股东之间的关系闹得更僵，严重的会影响生产经营和企业治理。

三、如何正确看待诉讼维权

（一）以企业需求制订诉讼方案

诉讼是工具，是手段，但不是企业的目的！因此，法务部门不能过于喧宾夺主，不顾企业经营目的，不能一味地认为只要有了诉讼案件就必须打赢。有的案件只是为了以打促谈，通过查封冻结或影响声誉等方式，想把双方再拉回到谈判桌上。还有的可能是想通过诉讼方式，影响对方的产品研发，牵扯对方的精力，为其他事情拖延或争取一定的时间。由此可见，企业诉讼并不一定只是为了挽回损失。所以，法务部门在案件处置的时候，一定要从企业的实际需求出发，科学制订诉讼方案。

（二）尽量化解争议而不是诉讼

非诉化解争议的成本和副作用往往比诉讼要小很多。因此，我们应当积极地、尽早地化解争议纠纷，尽可能地避免争议纠纷酿成诉讼案件。当发现争议苗头的时候，就应当积极地进行沟通。当发现纠纷扯皮的时候，就应当进行有效的谈判。对于涉及金额大、负面影响大的一些争议，鼓励由企业分管领导甚至主要领导带队进行谈判沟通。要避免业务部门不想化解争议纠纷而一味推给法务部门作案件处置的情况，坚决避免一诉了之这种对企业不讲感情的行为发生。

（三）看准时机主动和解调解

诉讼是维护企业权益的重要手段，这句话不假。获取胜诉判决能够锁定企业合法权益，但适时的和解调解也能够高效地维护企业的合法权益。有的诉讼案件，眼看对方资产正在快速恶化，可能马上就要破产了，我方必须想尽办法尽快地收回资产。当然，有的人怕和解调解方案没有合法的依据，为了个人的合规不敢、不愿和解调解，而选择机械、被动地等待法院的一纸判决。这种行为是不可取的，毕竟我们要的是实实在在的权益，而不是只有判决书这张纸。我们要抓住时机和对方进行和解调解，尽早地在了结案件的同时，更好地维护企业的合法权益。

（四）避免赢了案件挽回不了损失

有的法务人员太想赢得案件，坚持将案件进行到底。明明有和解调解的机会，但还是把一纸判决书看得过于“神圣”，必须拿到生效判决。但是等待法院判决需要时间，有时候没有和解调解来得快。然而，在等待判决的过程中，可能出现了其他债权人申请法院强制执行，也可能出现债务人资产迅速恶化的情况。导致赢了案件却要不回钱，无法为企业有效挽回经济损失。应当把挽回损失放在赢得案件的上位优先序列，理性看待诉讼维权。

（五）避免赢了案件却输了品牌

在诉讼维权的时候，需要做好维护企业正当利益与保护企业品牌形象之间的平衡。舆论环境是我们企业营商环境的重要组成部分。一些案件会对企业的品牌形象、声誉产生负面的影响，在案件处置过程中，我们一定要关注其是否会影响企业的品牌价值。若品牌价值的损失大于案件维权效果，那么这一笔案件处置就是失败的。企业诉讼维权有时候面临一些现实的困境。有的正当诉讼行为也会受到负面的舆论压力。比如，某白酒巨头曾因打赢了网红侵权官司而反遭网友质疑，甚至引发股价下跌。有观点认为，赢了官司也“错在强者欺负弱者，有失强者风范”。

（六）利用起诉搞责任划分不妥

诉讼维权本来是企业维护权益的一个重要的手段，但有时候也变成了进行责任划分的工具。有的案件纯粹是为了界定工作责任，明知会败诉还坚持要起诉。有的怕案件了结后作减值计提，明知赢不了还一味拖延时间。有的为了避免了结案件后被追究损失责任，硬着头皮诉讼，还通过管辖异议、司法鉴定、执行异议等类似方式故意拖延时间。比如，有些旷日持久的境外案件，诉讼费、律师费可能与诉讼标的金额不相上下，企业宁愿支付大量费用，也不愿意结案后有人被追责。当然，为了保护个人履职安全，完成任期业绩考核，这无可厚非，但还是建议要敢于担当，积极地寻求上级的指导和支持。控股股东或上级监督考核单位有必要正确地看待和处理历史遗留问题，为担难破难的干事者提供政策支持和良好环境。

（七）维权效果或不体现在挽损

有的案件并不一定会挽回损失，但是能够在为重大案件取得证据方面发挥重要的作用，或者能够积极维护企业品牌形象。还有的案件明知会败诉，但是还是会选择起诉，目的是防止客户和员工进行逆向选择。比如，保险公司对于汽车保险的理赔案件，大多会选择诉讼的方式进行解决，目的是倒逼理赔程序更合法，促使投保人审慎保管自己车辆，提供公安机关出具的事故鉴定书证据，防止投保人骗保。保险公司内部规定，拒绝调解处理，当理赔金额超过一定额度时必须以法院判决书作为理赔依据。保险公司即使知道官司必然会输，也要走这个程序，目的是防止内外勾结导致额外受损。

第三节　胜诉不是案件处置的唯一目的

越来越多的人意识到了商事案件维权的价值，这也有效地提高了法务部门在企业的地位。于是，法务部门受到鼓舞，希望在更多的案件中胜诉，更好体现法务人员的专业价值。但是，静下心来想想，案件处置的目的一定是胜诉吗？

一、单纯追求胜诉的副作用

（一）企业形象可能受损

有人说，吃药有副作用。案件处置也像是吃药治病，同样可能产生负面影响。一些案件只要发生了，不论胜诉、败诉，都可能会影响企业形象。例如，某深受年轻人欢迎的白酒企业，起诉了一名当红男主播。该企业认为男主播在直播中发表的“×××（该企业品牌）不是白酒”的相关言论对其品牌形象产生了严重的负面影响，并且拒绝接受该主播及其所在公司的书面致歉，坚决起诉。起诉的消息一经曝出，立刻引起大量关注。截至笔者结稿之日，该案件尚未判决，但从社交平台舆论来看，该“受害方”企业不仅没有获得广泛同情，反而收到消费者的大量吐槽，引燃了一场品牌危机。

（二）商业合作关系受损

夫妻关系中，随着一次一次的吵架，感情可能走向毁灭。双方的商业合作也是一样。有的争议，本来磨合磨合可能就化解了，或者双方彼此自我消化了。为了保持彼此良好的合作关系，双方也不愿意“撕破脸闹僵”。但是，一旦有一方选择了起诉，对方就很可能十分恼火，认为其不顾合作情感，不讲长期合作的情面。本来很多事情可以双方心平气和地坐下来沟通协商，而且化解问题的成本小、效率高。但是，对方看到了起诉状，不论案件后续进展如何，客户很可能就不愿意再进行友好谈判，更不会新增合作项目。从这个角度看，不论案件是否胜诉，项目合作肯定是“失败”了。

（三）生产经营受到影响

案件产生了，法务部门希望加快推进诉讼进程，但业务部门多半还是希望业务能够继续正常推进。对于工程建设项目而言，双方产生纠纷案件后，可能就不会正常施工了。双方往往难以理性地把经营与案件两件事情分开，很难一边握手一边“拼刺刀”。对于采购销售项目而言，产生案件后可能上游供货商就断货了，流水线可能就无法正常运转了。若是股东之间产生案件，可能企业的很多重大决策就无法有效形成了，企业再想融资、作担保，可能对方股东、董事就不签字了。有时候，即使案件完全胜诉挽回损失，可能无法弥补因此对生产经营造成的重大损失。

（四）挽回损失良机贻误

案件胜诉和回款到账，大家更愿意选择哪个？不论法务人员如何选择，企业肯定是希望回款到账、落袋为安的。若法务人员一味追求胜诉，希望拿到法院的胜诉判决，可能就会耗费更长的等待时间。追求胜诉不妥协，无可厚非。若对方偿还金融机构借款利息都已经比较困难，可能即将“爆雷”，还要不要等法院的胜诉判决？到时候可能拿到的就是一张书面判决，背后代表不了真金白银的执行回款。胜诉只是手段、过程，不是案件处置想要的最终目的。若因为追求胜诉而贻误了谈判、和解、调解以获得回款的机会，那么这个案件处置就是失败的。

二、如何理性看待案件胜诉

（一）辩证看待眼前利益与长远利益

法务人员也是企业的员工，需要站在企业的角度思考案件，而不只是单纯地站在法务部的部门利益，或者员工个人发展的角度来看待案件。长远利益是“聪明的远虑”。法务人员有责任、有义务维护和保障企业的长远利益，应当在做到处理好眼前利益的同时，为更长远的利益打下基础、做好准备。有的案件当前肯定能胜诉，还能挽回不少损失，但很可能因为一个案件就丢失了一个大客户，丢失了一个可以长期深度合作的战略级客户。为了长远发展的需要，舍弃眼前的案件利益，这种眼前的利益和长远的利益相比，后者可能要大得多。当然，既要考虑长远利益，也不能过于牺牲眼前利益，要把长远利益和眼前利益更好地结合起来。

（二）辩证看待部门利益与整体利益

在企业内部，法务部门和业务部门经常有不同的立场，背后也有不同的利益考量。比如，法务部门为了更好体现价值、创造作用，更多地挽回损失，可能主张进行案件起诉。业务部门对于要不回来的应收账款，可能也希望法务部门进行起诉，尽早地胜诉挽损，从而完成业绩考核指标。可能对于某一个业务部门而言，这有效地保障了该部门的利益。但是起诉有的客户，可能造成企业内部的其他业务部门无法再与其进行合作。这样就可能出现涉诉案件所涉部门的利益得到有效的保证，但是企业的整体利益受损的不利局面。对于案件管理工作而言，必须要把整体利益放在部门利益之上，从整体利益角度出发，考虑要不要起诉维权乃至获得胜诉、挽回损失。

（三）辩证看待案件利益与企业利益

我们不能就案件谈案件，不能单纯地考虑案件的胜诉为企业所维护的合法权益，必须跳出案件来看企业的整体利益。当案件利益小于企业整体利益的时候，对于案件应当坚持适当的调整策略。当案件胜诉挽损会对企业利益造成损害的时候，我们应当综合考虑案件产生的利益与对企业的负面影响孰大孰小。比如，案件起诉虽然能够追回一些经济损失，但若对企业形象造成的损害更大，那么这个案件起诉就是失败的，也是不应该的。因此，必须遵循整体利益的原则，让案件利益服从整体利益。

（四）辩证看待合规利益与最佳利益

现在大量的企业合规管理做得越来越规范，监督执纪问责工作也越来越严格。在保持惩治腐败的高压态势下，企业员工对自己行为的合规性要求也越来越高。对于案件处置工作而言，企业领导和法务人员也会进行合规处置。有人会片面地认为，案件和解、调解没有合法合规的依据，存在履职的合规性风险。这导致对案件处置有决策权的一些人员被动等待法院判决，不敢抓住最佳有利时机灵活应对。比如，对于担保代偿案件，担保权人胜诉往往是没有问题的，但钱能否追回来往往是有很大的问题的。对案件处置有决策权的人员不能单纯地为了追求所谓的合规，而被动地等待一纸书面的胜诉判决。合规不等于问心无愧！必须抓住最佳时机，积极和债务人进行谈判，寻找时机快速追回资产，避免债务人资产状况恶化，或者大量的其他债权人群起而攻之。

三、如何正确对待案件胜诉

怎么看待案件胜诉，是一个需要冷静理性思考的问题。首先，不能完全以法院的判决作为是否胜诉的标准，不能说诉求得到法院100%支持才算胜诉。其次，达到企业案件处置目的就是胜诉。不能以挽回损失金额的多少作为判断企业是否胜诉的标准。最后，案件处置也是企业管理行为的体现。只有企业利益最大化才是企业所希望看到的真正的胜诉。

（一）跳出眼前利益，谋划长远发展

对于企业而言，案件管理的目的并不是胜诉。商事案件管理服务于企业改革发展，就要从企业的整体战略层面进行全盘的考量。有的案件起诉是为了引起消费者关注，甚至是为了通过“博眼球”，方便在一个地区进行市场营销和业务拓展。有的知识产权案件是为了影响对方的科技研发，防止对方形成有竞争力的产品。有的案件是阻击对方在经营模式上对我方的侵犯，保住我方的市场份额。以上几类案件，目的都不是胜诉或者挽回一定的损失。相关的案件，从某种程度上来说，都会从战略层面对企业产生

巨大的影响。案件管理必须服从和服务于企业的整体战略，要从企业的长远利益出发，考虑具体的案件诉讼策略和应对方案。比如工程设计行业，建设单位经常会要求设计单位反复地修改图纸，甚至进行重大设计变更，推倒重来从零开始。但很少看到设计单位因为建设单位违约而起诉。这也是设计单位为了长远发展，经过理性判断之后作出的选择。有些是长期战略合作客户，为了企业长远利益的考虑，不要计较单个项目的损失，不要企图通过单个案件为企业避免损失。

（二）跳出案件维权，聚焦企业目的

服务商业目的，最大限度维护企业利益，才是案件维权的目的。当产生案件时，应当考虑案件是否具有什么特殊性，是否可能造成负面舆情，是否对产品上市等构成影响。要找到企业在案件中的核心利益，分析清楚企业是希望获取经济利益，还是维护品牌声誉；是希望结案越快越好，还是希望拖延时间争取其他机会；是以打促谈、施加压力，还是为了界定双方责任或是获取证据。需要有预见性，考虑案件对企业自身的商业利益、品牌形象、商业机会、核心技术等将产生什么影响，对企业的合作伙伴、股东、高级管理人员（以下简称高管）或员工将会产生什么影响。如果有上述重大负面影响，有时候应当放弃案件的起诉或者对应诉案件寻求和解调解。对于影响企业生产经营、账户被查封、资金被冻结的案件，应当追求早结早了。只要案件拖久了，就是企业的“败诉”。

（三）跳出单个案件看待案件胜诉

商事案件管理的重点不是个案暂时的胜负，应将其置于企业经营管理中进行综合考量。案件管理不能单纯地看待一个个的案件，而是要考虑这个案件是否会产生其他的案件，或是对其他案件的影响。比如，连环案中，有的案件或许只是为其他案件搜集证据，不追求胜诉。而有的纠纷一旦变成第一个案件，可能会激发群体之间的矛盾，可能会引发系列诉讼。我们要预判是否会发生系列诉讼，以及我们是否能够承受系列诉讼所带来的负面影响。另外，对于可能产生的群体性诉讼，为了防止“破窗效应”，要不

惜代价实行首案必攻！对于正在进行的群体性案件，实行各个击破，个案及时和解，息事宁人，而不是追求个案的胜诉。除此之外，对于各地党委、政府高度关注的案件，不能单纯考虑胜诉或挽损。

（四）跳出胜诉表象，努力维护权益

纸面的胜诉判决，不一定能让企业利益最大化，不要追求胜诉这一过程性、阶段性结果，而要抓住时机和解调解，把最大限度挽回损失或避免损失作为维护权益的具体体现。有些利益的维护，不一定是靠裁判结果。单纯等待裁判结果，被动等待法院判决，可能会贻误处置良机。另外，不要把法院判决结果作为衡量案件胜诉败诉的唯一标准。不用追求法院认定的胜诉判决，而要考虑企业利益是否最终得到最大化保护。跳出案件的一纸判决，从立案之初就考虑最后的执行回款风险，从而在初期就通过财产保全、和解调解、加快推进等方式，尽快推进到执行环节或彼此谈妥后迅速回款，确保最大化维护企业利益。在企业利益面前，不把法务部门的胜诉“颜面”看得那么重，不以胜败论英雄，而把最大化维护企业利益当英雄。

第四节　案件管理核心目标是企业高质量发展

有人说，做事情之前首先要考虑清楚为了什么而做，想清楚了做事才有动力，也才能够让行动的方向不脱轨。对商事案件管理而言也是一样，需要先考虑好案件管理的核心目标究竟是什么。只有清楚了核心目标是什么，我们才能更好地聚焦核心目标，让案件管理更好地实现核心目标，充分发挥案件管理应有的作用。

一、哪些不是案件管理的核心目标

（一）节省成本

有人说，案件管理要让更多的法务人员亲自去代理案件，甚至有的企业把不聘请律师作为荣耀，认为法务人员代替了律师，节省了很多的律师费，可以以量化的方式体现法务工作的价值。还有的企业对于律师费用严格管理，通过风险代理的方式实现律师费用性价比更高的效果。但是案件管理的目的既不应当是节省律师费，也不应当是代替律师。

（二）提高效率

有的企业认为，案件管理的目的是提高案件处置的效率。其认为，对于主动起诉的案件需要快结快了，尽快地结束案件；对于被动应诉的案件，应当尽量地拖延时间，争取其他的机会。有的企业为了提高沟通的效率，减少与律师之间的沟通成本，尽可能提高法务人员代理案件的比例。毕竟，法务人员与业务部门之间的沟通更为便利，其对于企业文化、工作流程都十分地熟悉。但是案件管理的目的远远不只是提高效率那么简单。

（三）挽回损失

有人说，案件管理的目的既不是节省成本，又不是提高效率，那挽回损失肯定是案件管理的目的了吧！但是，有的案件明知打不赢，还是会主动地起诉。还有的案件虽然法院判了败诉，但企业认为虽败犹荣。另外，有的案件虽然挽回了经济损失，但是对于企业的生产经营、商业合作、品牌声誉造成了更大的损失。这样的挽回损失，是我们案件管理所需要的目标吗？

（四）防控风险

有人说，案件管理是为了通过发现风险点，更好地实现风险预防的效果。但是案件管理和风险预防，谁是目的，谁是手段？案件管理需要做好风险预防，风险预防有利于做好案件管理。当然，案件管理做得好，反过来也有利于做好风险预防工作。案件管理应当与风险预防更好地联动，实现相互促进、争取“双赢”。

（五）优化管理

很多人认为，商事案件管理有利于优化企业管理，可以通过榨干案件的“剩余价值”，揭示企业管理当中存在的问题，反哺企业加强企业治理和企业管理。优化企业管理是案件管理的作用之一。换句话说，优化企业管理是案件管理阶段性、过程性的效果，但并不是案件管理的最终目的。

（六）依法治企

有人说，那案件管理的最终目的应该是依法治企了吧！但依法治企是动作，而不是目的。依法治企是为了推动大家遵纪守法，实现企业依法治理、依法决策、依法经营、依法管理。假如企业仅把守法、不违法当目的，那企业能否长期存活下去？最终，企业还是要看发展，依法治企是发展壮大企业的重要手段。

二、为什么核心目标是企业高质量发展

（一）企业高质量发展是企业核心目标

企业不是慈善机构，以做慈善为核心目标很难走得长远。企业是经济

主体，其设立就是为了发展，为了获取利益，为了长远持久地获取更多的利益。换言之，就是为了企业长远健康发展。理性的企业不会只追求短时的利益，一定会追求长远的、健康的、可持续的发展。企业的中心工作，一切一切的工作目标，都是为了其自身的发展。凡是不利于或者阻碍企业高质量发展的工作，都没有存在的道理和价值。

（二）企业管理是为了企业高质量发展

很多企业十分重视企业管理，认为企业管理能够创造价值。企业管理创造的价值包括企业的经济效益、品牌影响力、市场竞争力以及优化企业治理结构等，实际上就是企业的高质量发展。企业管理能够提高效率、降低损耗、增加附加值、减少成本；科学决策能够充分利用资源，促进企业健康发展；企业文化和企业形象能实现无形资产增值。可见，企业管理是为了更好、更多地创造价值，实现企业的高质量发展。

（三）案件管理是企业管理行为

企业商事案件管理，是指企业管理人员和相关部门运用法律工具，遵循案件管理程序，把案件作为管理对象，积极维护企业合法权益，保障企业高质量发展的管理行为。案件管理是法务管理的重要组成部分，而法务管理又是一种企业管理行为，是企业运用法律工具进行的企业管理。

从以上逻辑来看，案件管理是一种企业管理行为，而企业管理都是为了企业的高质量发展。既然企业发展是企业的核心目标，那么案件管理的核心目标必然就是为了护航企业高质量发展，不能因为其他表面现象而蒙蔽案件管理的核心目标。

三、如何更好实现企业核心目标

（一）充分维护权益

依法依规处理案件，对于侵犯企业合法权益的行为，运用法律手段积极维权。做好证据收集和保全，认真分析证据材料，准备举证质证意见，科学设计案件处置策略，规范参加庭审活动。通过第三方调解、协商和解等多元化纠纷解决机制妥善处理案件，提高管理效能。取得生效裁判文书后，切实做好案件执行工作，充分获取生效裁判文书确定的合法权益。加强对历史遗留案件的处理，动态跟踪进展情况，推动案件妥善解决。

（二）加强风险预防

深入分析典型性和普遍性案件发案原因，及时进行风险预警，指导各部门及子公司切实采取防控措施。定期开展法律纠纷风险排查，分类制定防范策略，完善风险应对预案，对重大风险及时预警，有效防控案件风险。通过定期的风险排查，收集汇总风险案例，建立重大风险库，完善配套风险应对措施，构建案件事前预警机制。榨干案件的“剩余价值”，揭露企业存在的问题，加强前端风险预防，把风险防控工作不断地前移再前移。

（三）提升管理水平

聚焦改革发展中心任务，充分发挥法治工作价值创造功能，发现管理问题，堵塞管理漏洞，保障企业提质增效、稳健发展。在案件处置完毕后及时进行总结分析，梳理案件管理经验，查找管理薄弱环节，提出优化管理的意见，从而推动有关部门、子公司完善管理制度，解决管理真空、瑕疵问题，防止类似案件再次发生。推动企业更好优化企业治理、科学决策、完善制度、规范流程，以企业管理规范化助力企业创造更大价值。

（四）优化生产经营

分析行业内易发高发频发案件，分析本单位频繁发生的案件，找到生产经营问题的“症结”。比如，对于有的施工单位而言，工程分包产生了大量的案件。分包商选择不合适，工程进度、工程质量等有问题，拖欠农民工工资，导致施工单位被建设单位、分包单位等频繁起诉。这就证明工程分包的这种经营模式出现了问题。又如，有的企业想赚取利息，发放了一些委托贷款，但风险管理能力又跟不上，大笔资金“爆雷”。这就证明这样的经营模式不能再继续下去了。另外，案件暴露出来的采购端的供应商不满足需求，生产端的质量不合格，销售端的与客户需求有偏差等，这些都应当进行生产经营方面的优化。

（五）辅助战略实施

商事案件是企业战略实施的“体温计”，能够最直观地反映企业战略是否“生病高烧”。当战略实施过程中产生了大量案件的时候，我们应当反思战略是否出现了问题。当一些重大案件对我们的战略实施构成了阻碍的时候，比如出现一些核心技术、商标品牌等问题，一定要尽早地解决这些和企业生存发展息息相关的核心要素涉及的重大问题。万一产生了相关案件，要投入大量的时间精力迅速有效解决，避免对战略实施构成威胁。案件管理要聚焦涉及企业战略的新市场、新业务、新技术、新模式，要努力防范案件发生，一旦出现问题及时扫清障碍。

03 第三章

案件管控模式

第一节　齐抓共管建强案件管理组织体系

组织体系是指企业全体员工为实现企业目标而进行分工协作，在职务范围、责任、权力方面所形成的结构框架。管理学家哈罗德·孔茨认为，为了使人们能为实现目标而有效地工作，必须按任务或职位制定一套合适的职位结构，这套职位结构的设置就是组织。一个企业需要一个健全的组织体系以保障企业目标的实现。商事案件管理对外涉及沟通、协调资源，对内涉及权责分工、职能交叉、管理幅度、授权范围、指导控制、规则程序等组织体系涉及的事项。可见，案件管理工作也需要一个高效规范的组织体系予以保障。一个好的案件管理组织体系，有利于实现分工负责、激发动力、调动资源、提高效率，从而保证案件管理目标的实现。

一、企业主要领导

《中央企业法律纠纷案件管理办法》第6条规定，中央企业主要负责人切实履行法治建设第一责任人职责，加强对案件管理工作的领导，定期听取报告，强化机构、人员、经费等保障。正所谓“火车跑得快，全靠车头带”。企业主要负责人对于案件管理的示范作用和意义十分重要。案件管理是和对方“短兵相见”“真刀真枪”，需要企业大量的资源支持，必须有强有力的人力、物力、财力的保障。而这些保障必须靠企业主要负责人的重视和支持，否则协调配合难度很大。

那么，企业主要负责人在案件管理组织体系的最顶端，需要具体承担什么职责呢？一是审议年度案件管理计划。对于法务部门制定的年度案件管理计划，企业主要负责人应当研究案件处置任务安排是否科学合理。比如，对于新增案件、存量案件、挽回损失、员工代理、律师费用等各项指标以及准备采取的重大举措进行审议。二是研究重大案件处置工作。当企业准备起诉重大案件时，企业主要负责人应当听取案件汇报，为案件处置把方向、定原则、定目标，以免案件处置对企业经营管理造成巨大负面影响。三是机构人员经费保障。没有消防员是无法灭火的。企业主要负责人要研究法务部门设置，研究法务人员配备情况，配齐配强办案人员，给予案件办理工作经费支持。四是定期听取案件管理工作汇报。企业主要负责人听取汇报就是对案件管理工作的重视和支持。其应当定期听取案件管理工作汇报，掌握案件管理各项数据指标情况，知晓案件管理的主要举措，了解案件管理存在的重大问题，对案件管理有关重大事项亲自研究、亲自部署、亲自协调、亲自督办。

二、法务分管领导

2005 年发布的《中央企业重大法律纠纷案件管理暂行办法》（已废止）第 8 条规定，企业总法律顾问或者分管有关业务的企业负责人分工组织中央企业重大法律纠纷案件的处理。2023 年施行的《中央企业法律纠纷案件管理办法》第 7 条规定，中央企业总法律顾问牵头案件管理工作。可见，国有资产监管（以下简称国资监管）机构对于分管案件工作，从过去的法务和业务领导分工组织到现在明确为总法律顾问。目前，有些企业是由副总经理在分管案件管理，还有的企业由主要领导分管法务部。为了行文方便，此处统一表述为总法律顾问。

《中央企业法律纠纷案件管理办法》第 7 条规定，中央企业总法律顾问牵头案件管理工作，研究解决重点难点问题，领导法务管理部门完善工作机制，指导所属单位加强案件管理。总法律顾问在案件管理方面的职责主要包括以下几个方面。一是研究解决重点难点问题。对于重大案件处置应当亲自研究，指导法务部门科学处置。对于案件处置核心策略，需要做好把关审核。对于关键资源支持，需要做好内外协调沟通工作。二是领导完善案件管理制度机制。做好顶层设计，谋划案件管理的制度体系和运行机制，指导法务部门健全一、二、三级案件管理制度。三是源头预防纠纷案件重大风险。主动加强案件管理，从案件大数据分析企业案件的规律性问题，争取企业主要领导支持，协调其他领导共同推动前端风险预防工作，为案件管理营造良好环境。四是提出企业战略管理优化意见。积极参与企业重大决策，对于大量案件暴露的企业战略、生产经营、企业管理方面的重大问题，积极发表意见，推动企业依法治理、依法经营、依法管理。五是指导所属单位加强案件管理。不仅全面负责本企业的案件管理工作，也要指导子公司加强案件管理，给予指导支持和监督管理。

三、其他分管领导

很多人会认为，案件管理是总法律顾问的领导责任，与其他分管领导无关。对此，有的法务人员就会激动地质问，案件是由法务部门产生的吗？虽然有些偏激，但案件管理确实不是一个领导的责任。预防案件、处置案件，都离不开企业各位领导的支持。虽然一些官方的案件管理制度里没有具体规定其他分管领导的案件管理职责，但想要做好案件管理工作，离不开各个业务及职能部门分管领导的支持。

业务及职能部门分管领导在案件管理方面需要承担的责任主要包括以下方面：一是管控分管领域风险。积极听取案件牵头部门反馈的问题，组织研究分管领域的生产经营、企业管理存在的问题。组织优化相关生产经营模式，优化分管领域管理工作，加强建章立制，堵塞制度漏洞，推动制度执行到位。二是督办重点案件指标。对于企业分解的案件指标任务，定期关注落实执行情况。督促分管部门、子公司积极完成案件控增量、压存量、创效益的指标任务，必要时召开推进会、督办会，对分管部门、子公司负责人既施加压力，又予以支持。三是带头化解纠纷案件。很多业务领域的争议纠纷，若有企业领导带头关注，带队与对方谈判协商，很大程度上能够大事化小、小事化了，不至于被动形成案件。对于重大纠纷，企业业务分管领导应当积极承担责任，深入研究风险成因，带队友好化解。四是支持配合案件管理。要求分管部门、子公司积极支持法务部门的案件管理工作，从风险预防、制度建设、证据管理、商讨策略、信息共享等方面予以支持配合。

四、案件牵头部门

《中央企业法律纠纷案件管理办法》第8条规定，中央企业法务管理部门负责拟订案件管理制度，组织开展案件应对，对案件反映的管理问题提出完善建议，选聘和管理法律服务中介机构，推动案件管理信息化建设等工作。

上海市《市国资委监管企业重大案件管理工作指引》第7条规定，企业案件主管部门在重大案件管理中履行以下职责：（1）组织制定、修订企业重大案件管理制度；（2）负责处理企业作为当事人的重大案件；（3）负责对案件处理中发现的企业经营、管理等问题进行风险提示；（4）负责、协调企业重大案件的向上报告工作；（5）统计、分析重大案件信息和情况；（6）组织开展重大案件典型案例分析研究、评选发布工作；（7）组织开展重大案件管理培训工作；（8）负责重大案件管理信息化工作；（9）整理、归档重大案件相关材料；（10）其他应由案件主管部门履行的职责。上级企业案件主管部门在上述职责外，还应对下级企业重大案件管理工作进行监督、检查。

参照国务院国资委、上海市国资委相关规定，结合实际情况，笔者归纳的企业案件主管部门的职责，主要有八项：一是健全案件管理制度。负责建立、修订、执行有关案件管理制度，做好案件管理的制度、机制、流程建设，推动案件管理工作更加规范化、高效化。二是处理企业诉讼案件。对于本企业发生的案件，法务部门（有的企业单独设立了案件处置部门）义不容辞地负责处置。即使聘请律师代理，法务部门也不能当甩手掌柜。三是选聘管理中介机构。中介机构对于案件处置能够发挥重要作用，是法务部门的重要依靠力量。法务部门应当在律师事务所的选聘、使用、考核等方面下功夫，更好调动律师工作积极性，让案件处置取得更好的成效。四是统计分析报告信息。案件管理需要掌握案件爆发、审理、执行等大量数据背后反映的规律，指导下一步的案件管理工作。另外，对于一些重大案件、年度案件管理工作，需要向股东会、党委会、董事会等治理主体报告。五是整理归档案件资料。对立项材料、委托代理合同和授权委托书、相关法律意见、案件法律文书、结案报告等资料做好整理、保存工作。六是提示发现重大风险。对案件处理中发现的企业经营、管理等问题进行风险提示，更好发挥案件管理价值。七是建设案件信息系统。通过案件管理信息系统（以下简称案管系统），更好实现数据实时掌握、大数据可视化，方便案件管理决策分析。八是指导监督下级企业。子公司案件产生损失，其实也是股东的损失，集团有责任、有义务带领子公司一起优化案件管理工作。

五、案件发生部门

《中央企业法律纠纷案件管理办法》第 9 条规定，中央企业业务和职能部门应当及时与法务管理部门沟通可能引发案件的有关情况，配合开展证据收集、案情分析、法律论证、案件执行等工作，针对案件反映的管理问题完善相关制度，改进工作机制，推动以案促管。

上海市《市国资委监管企业重大案件管理工作指引》第 8 条规定，企业有关部门应在重大案件管理中履行以下职责：（1）根据案件主管部门的要求，指定专人全程参与、配合案件处理工作；（2）及时向案件主管部门报告与案件相关的信息，并根据案件主管部门的要求提供案件相关材料；（3）根据需要委派部门相关人员现场旁听或参与案件庭审；（4）根据案件主管部门的风险提示，制定风险管控措施，并在规定期限内向案件主管部门反馈、报送整改措施与执行情况；（5）执行或配合执行重大案件法律文书；（6）对重大案件提供资金保障和财务支持；（7）其他应由有关部门履行的职责。

案发部门的职责，分为案件前中后三个阶段。案发前，重点是防范案件发生，这也是案发部门在案件管理方面的首要责任！案发时，全力配合法务部门做好案件处置工作。案发后的执行阶段，配合或负责案件执行工作。具体责任大体分为以下八项：一是采取风险预防措施。预防案件发生应当是业务部门的重要责任。业务部门应当规范业务领域内的各项工作，建立相应的制度、流程，把制度流程化、表单化、信息化，增强每名业务人员的风险识别、抵抗能力。二是牵头处理争议纠纷。对于尚未进入诉讼流程的案件，要以商业谈判、友好协商为主，业务部门在项目中与对方沟通联系多，也更了解实际情况。由业务部门牵头主导，更有利于化解争议纠纷。三是主动报告涉案信息。在和商业伙伴发生重大分歧，或得知商业伙伴要起诉我方，要主动告知法务部门。对于涉及案件相关的各类信息，要主动分享给法务部门，避免案件处置工作存在信息差。四是全面及时提供证据。项目推进过程也是证据形成过程。业务部门掌握大量涉及案件的证据，应当主动、全面、及时、多多益善地提交法务部门作筛选判断。五是配合案件处置工作。业务部门应当参与案情分析、证据分析、法律论证，参与案件策略讨论，不能当甩手掌柜全部推给法务部门。六是按时参加庭审活动。业务部门应当根据需要，指派专人参加现场旁听或参与案件庭审，这也是一场生动的法治宣传课堂。七是改进涉案业务问题。对于结案后法务部门作出的风险提示，业务部门应当完善管理制度，改进工作机制，推动以案促管。八是执行案件司法文书。很多执行工作需要业务部门具体执行或配合执行。比如，在执行标的抵债资产的选择判断方面。

六、职能主管部门

发生案件的业务部门，与负责条线管理的职能部门，在案件管理方面有不同的身份、不同的能力，建议区分两类部门在案件管理方面的职责，这样才能更加精准地优化案件管理工作。[①]（1）明确职能部门案件管理责任；（2）分解职能部门案件管理指标；（3）分类施策做好案件归口管理；（4）职能部门归口考核业务条线；（5）发现案件背后企业管理问题；（6）联合做好合同履约监督检查；（7）完善规章制度抓好执行落实；（8）推动事前业务风险防控工作。

对于职能主管部门，应当坚持管业务必须管案件，既要管业务，也要预防业务风险，更要亲自参与“灭火”。诸如质量管理、安全管理、生态环保、人力资源、财务管理等职能主管部门的案件管理职责主要有以下八项：一是有效预防业务风险。预防案件风险，不仅是业务部门或法务部门的责

① 参见曾靳：《成就卓越法务：50 个价值成长秘诀》，中国法制出版社 2023 年版，第 286 页。

任，也是职能部门的责任。要避免职能领域范围内的各项风险演变成法律风险，酿成诉讼案件。二是积极参与案件讨论。职能部门在其所在领域是业务专家，对于案件争议的很多重点难点，能够提供一些行业技术标准、行政规范文件。三是有效辅助提供证据。职能部门在项目推进过程中与业务部门会有大量联系，也会保留一些证据，能够提供有价值的证据，还可以从专业角度帮助审核司法鉴定意见。四是发现企业管理问题。职能部门应当研究其领域范围内发生的案件，发现其中暴露的涉及本部门的管理问题。五是堵塞规章制度漏洞。对于案件暴露的制度空白，职能部门应当及时加强建章立制。六是督促制度执行到位。往往案件暴露出的很多制度不是没有，而是没有严格执行。职能部门有义务确保制度落到实处。七是开展监督检查工作。职能部门应当举一反三，通过一些案件暴露的重大问题、规律性问题，开展全面的监督检查，更全面、及时发现问题并推动整改工作。八是关注条线指标。职能部门有责任关注职责范围内的案件数据，掌握各个子公司或业务部门在新增案件、存量规模、执行回款等方面的数据变化，检验职能管理工作成效。

第二节　三维联动管好企业本级案件

案件管理是很多企业法务部的重要职责。处置案件工作，基于主动或被动地考虑，各个企业都在做。但案件管理除了处置一个个的案件，还有大量的工作需要做。那么，案件管理工作究竟有哪些重点内容，如何更好地发挥作用呢？下面从宏观、中观、微观三个不同的角度来分析案件管理工作，力争能够收放自如地做好企业本级的案件管理工作。

一、宏观案件管理

（一）预防案件发生

“防火”胜于“灭火”。要想做好企业的案件管理工作，“灭火”是一方面，预防火灾发生才是更有价值的方面。“灭火”展现的是显性价值，能够立刻体现案件管理的工作价值。但“防火”体现的是长远价值，对于企业来说，其成本更小且效果更好。当然，这个需要法务部做到冷静理性、甘于寂寞、不凑热闹，摒弃急于求成的想法。

预防案件发生，需要推动企业治理结构优化。若企业陷入僵局，很可能引发重大案件，也极不利于企业改革发展。预防案件发生，需要规范集体决策。大量的案件爆发，主要原因还是集体决策不规范，会前酝酿审核不认真、会上发表意见不充分、会后执行决策不到位。预防案件发生，需要加强合同管理。合同承载了企业几乎所有的生产经营行为，既能产生大量利润，又潜藏了大量风险，需要做好全周期、全过程的合同管理。预防案件发生，需要多元化解风险。在出现风险苗头时及时化解，在产生争议纠纷时高度重视，采取和解调解等方式努力避免风险变成案件。

（二）维护合法权益

案件处置是法务人员投入大量时间精力后能够立刻体现成效的工作。

法务部若想更好体现部门价值，需要高度重视案件处置工作。维护合法权益，是案件管理工作的应有之义，也是其重要工作内容。通过维护合法权益，能够改变过去把法务部定位为成本部门的旧有印象，使其成为实至名归的价值创造部门，完成企业设立法务部的重要使命。

维护合法权益，需要思考诉讼目的。每个案件的处置工作，需要先想清楚企业对于这个案件想要达成什么目的。诉讼目的可能不是多挽回几万元损失，也可能不是早一点案结事了，还可能不是为了案件本身。维护合法权益，需要定好诉讼策略。要严格围绕诉讼目的，科学制定诉讼策略，确保案件处置工作不偏离正确“航线”。不能为了法务部年底挽回损失业绩考核而一概将策略定为快速挽回损失，也不能受到律师风险代理的影响而干扰诉讼策略。维护合法权益，需要权衡利弊做好取舍。该和解的不要错失良机，不要机械或被动地等待法院执行。需要在拖延支付款项与承担违约金之间作出理性选择，在放弃利息违约金与揪心对方何时破产之间做出理性选择。维护合法权益，需要执行回款挽损。需要考虑如何更快更多为企业挽回损失，如何及时避免企业的经济损失。该财产保全的要迅速启动，避免赢了案件要不回钱。

（三）服务经营管理

商事案件管理，不能仅仅盯着案件本身，除了预防案件、处置案件，还应当服务企业经营管理，服务企业改革发展。案件管理工作，除了向前端的预防风险进行前移，更要向案件处置完毕后的后端进行后移。法务部要服务企业改革发展，案件管理作为法务部工作之一也要服务企业改革发展。除了案件处置挽回损失，案件管理还需要有更大作为。需要通过案件管理，更好更多为企业创造价值，服务和保障企业持续健康发展。

一是优化治理结构。利用纠纷暴露的授权审批不规范等管理漏洞，推动企业修订规章制度，完善子公司管控体系。对于暴露的“四会一层”决策权限、流程等问题，厘清职责边界。二是提升管理效能。通过标准化的纠纷管理流程，减轻企业管理层精力消耗。避免群体性事件、重大案件等牵扯企业领导太多精力，使其更专注于战略决策和生产经营。三是稳定生产经营。高效化解纠纷案件，积极避免或减少因为银行账户冻结、生产设备查封、公司股东僵局等对生产经营的负面影响。四是维护品牌形象。妥善处理消费者投诉等纠纷，减少负面舆情影响，避免产生类似三株口服液因为一个案件导致企业品牌严重受损的问题。

二、中观案件管理

（一）制度建设

案件管理制度建设，需要先做好顶层设计。想清楚案件管理准备抓好哪些重点工作，如何分阶段、分步骤抓好这些重点工作。例如，处理好全面规划和突出重点的关系，既要规划好未来制定哪些案件管理制度，也要考虑当下急需哪些案件管理制度。假如外聘律师代理案件经常败诉，可能就需要先出台法律服务中介机构管理办法。

案件管理制度建设，需要搭建制度体系架构。想清楚案件管理的一、二、三级制度如何摆布，如何搭建一个牢固耐用、重点突出的制度体系。比如，涉及处置风险、员工代理、中介管理、风险代理、证据管理、多元化解、案卷档案等方面，如何搭建一个符合部门职责、突出当前重点、务实高效管用的案件管理制度体系。具体搭建思路和方法，详见本书“分步分层搭牢案件管理制度体系”一节。

案件管理制度建设，需要规范工作流程。要做到案件管理制度化，制度流程化，流程表单化，表单信息化。每项制度需要考虑如何有效执行，流程化、信息化就是很好的载体。需要把每项制度梳理出来的流程、表单嵌入信息系统，确保制度全面、高效执行。例如，选聘纠纷案件代理律师，流程包括：明确需求—预算审批—实施采购—签订合同—办理授权—跟办案件—评估效果等。

（二）人员配置

对于不同规模、不同阶段、不同风险的企业，案件管理的人员配置差别较大。人员配置是一门大学问，对于案件管理工作而言十分重要。案件管理人员配置大体分为三类：

专人全程跟案制。每一个案件安排一个法务人员全程跟办，由法务人员直接办理或跟踪代理律师办理进度。这样能够解决企业内部沟通协调问题，保证一个案件、一个专人、一抓到底。

专业领域负责制。一些大的企业案件较多，还涉及一些相对专业的易发、高发案件。若企业案件涉及面比较广，单纯的专人跟办不利于培养专业深度。专业领域负责制有利于打造专业案件管理团队，高质量处置诸如投资纠纷、融资担保纠纷等专业案件。另外，专业团队可以跳出案件本身，研究案件问题、原因，加强事前风险防范，加强事后优化管理。

标准案件运营制。高质量的案件管理，必须让案件管理工作实现标准化、流程化、规范化。在案件管理方面，需要摆脱对专业人士的依赖，形成流水线作业。比如，对于很容易产生纠纷的房产销售案件，制定《房产销售纠纷案件处置工作指引》，不论谁来处理类似案件都按照规范化的流程，能够有效防范案件处置风险。又如，可以借助信息系统建立一套处置流程，在案件管理全过程进行风险提示，提高案件管理质量效率。

（三）能力建设

商事案件管理是一项专业性很强的工作，对于法务人员的案件能力建设尤为重要。能力建设，不仅是法务人员个人的事情，更应当作为法务部门案件管理的重要工作。关于提升案件管理能力，下面列举几项主要工作：

员工代理案件。鼓励员工积极代理企业商事案件，在时间、经费等方面予以保障，适当考虑员工代理案件奖励。通过直接办理案件，可以让员工感受案件代理的痛点、难点，发现案件管理的问题、“症结”，通过以案代训提升其案件管理能力。

裁决仲裁案件。企业应当鼓励法务人员申请仲裁员，扩大与仲裁员交流的圈子，让法务人员有更多机会与广大仲裁员学习交流，更好熟悉仲裁程序，变“隔岸观火”为“球场裁判”，通过直接裁决案件，以裁判者视角看待案件，有利于案件管理的换位思考。

举办模拟法庭。为了锻炼法务人员办案水平，检验案件处置策略，校验证据准备情况，可以开展模拟法庭，由法务人员当原被告，或请律师当对手方，通过庭审抗辩锻炼法务人员代理水平。

制定工作指引。法务部可以组织有经验、专业水平高的法务人员或律师，把办案经验固化下来，制定一些案件风险防范、案件处置的工作指引，让办案新手也能较高质量地管理处置案件，整体拉齐拉高法务部门的案件管理能力水平。

（四）数据分析

对于有一定数量案件的企业而言，案件数据分析工作显得十分必要。数据分析是做好案件管理工作的“眼睛”“指南针”“导航仪”，能够让我们跳出个案，通盘抓好案件管理。案件管理的数据分析大体有以下几项工作内容：

摸清底数。掌握案件基本盘是基础工作，底数不清就会导致情况不明、决策失误。对于企业每年新增案件、审结案件、执结案件、存量案件的件数和涉案金额，主动起诉、被动应诉案件的件数、涉案金额、挽回的损失，律师代理、员工代理案件的数量、金额及成本支出、办案效果，都需要从不同维度进行掌握。

找准问题。不同企业的案件有不同的问题和规律，找准症结才好“对症下药”。比如，建设工程类企业的劳务纠纷就比较多，可以分析一下其所占比例。随着外界环境、企业战略的调整变化，有的企业每年新增案件可能类型还不一样，需要发现新增案件的具体类型和问题表现。还有诸如律师费用上涨而挽回损失效果下降、财产保全不及时导致执行效果不佳等问题。

总结成绩。案件某种程度上代表着问题，但管理好了、分析好了也能发现和体现成绩。案件管理的成绩，单纯地说办了某某大案，仅能体现“点”上的成绩。若能整体分析数据，对比分析今年和去年的数据，对比分析企业和行业的数据，对比分析企业和对标企业的数据，从对比中寻找亮点成绩，体现案件管理工作价值，也能鼓舞法务人员积极工作。

（五）风险提示

商事案件管理除了处置案件，还需要成为企业实现商业目的的重要工具，向案件处置的后端延伸，积极发现并提出企业在战略落地、生产经营、企业管理中存在的问题和风险，更好发挥案件管理的作用。提示风险大体涉及以下内容：

优化企业战略。案件是一个企业的“温度计”，能够感受企业是否“发高烧”。比如，有的类金融企业以向民营企业发放委托贷款为重要利润来源，但频频爆发案件，就证明这种战略出了问题。案件管理部门有责任向企业揭示战略层面的风险并提出改进建议。

优化生产经营。项目生产经营的问题最终可能以案件的形式呈现，案件管理部门有责任向业务部门反馈生产经营过程中的风险。比如，对于产品销售经常违约，暴露的原料采购迟缓、生产工艺流程冗余、仓储管理底数不清等问题，其应当及时揭示风险并提出相关建议。

优化企业管理。案件是企业管理的一面“镜子”，是“妖”是“人”很快就能显现。案件管理很容易发现企业管理在制度建设、执行方面存在的问题，发现工作流程存在的虚设、割裂、脱节等问题，以此提出在建章立制、制度执行、流程优化等方面的风险和防范建议。

（六）中介管理

法律服务中介机构是企业法务部的合作伙伴、智囊团队，也是重要支撑力量。在案件处置方面，中介机构有专业优势，有资源支持，有合作动力。案件管理工作需要规范管理中介机构，有效调动其积极性并充分发挥作用。中介机构管理大体涉及以下内容：

选聘规范。律所、律师选聘得到位，才能保证案件处置的质效。法务部门需要掌握选聘律所律师的主导权，因为若由业务部门选聘可能就会代表业务部门的利益。法务部门需要把尽职尽责、专业能力强、司法资源多、响应速度快、成本控制好、办案效果佳的律所、律师选聘出来，为我所用。有的企业还建立了律所律师库，从工作年限、专业能力、办案业绩、荣誉证书等方面提高入库条件、标准，把不满足条件的律所、律师拦在合作门外。

对接沟通。法务部门需要严格管理律所、律师，明确法务部门作为唯一对接部门，明确具体对接的法务人员，严格防止业务部门首先、单线联系律师，防止律师办案策略与法务部门相左。法务部门要积极协调律师深度参与案件代理，对案件代理工作进行过程性管控，对诉讼策略、证据准备等进行把关，确保符合诉讼目的并保证办案效果。

监督考评。有评价的反馈，才是闭环的中介机构管理。每办理一起案件，就需要律师提交办案资料、进行办案小结，并由法务部门、涉案部门等根据需要进行及时评价。评价结果可以形成大数据，"五星好评"的评分结果能够引导选聘评分更高、效果更好的律师，实现代理案件的良性循环。

（七）信息建设

案管系统，对于具有一定案件规模的企业已经成了标配，是法务管理从信息化向数字化转型的重要载体。案件管理信息建设工作主要涉及以下内容：

解决痛点。信息系统建设需要着重解决当前案件管理存在的痛点难点问题，这样法务人员才愿意使用，部门工作质效才容易提高，领导才更方便看到成效。比如，解决线下审批麻烦、统计汇总易错、信息更新滞后、制度执行困难、律所选聘随意等问题。

流程上线。案管系统建设，制度是前提和基础。要实现制度流程化、流程表单化、表单信息化，有效推动案件管理制度落实执行。脱离制度建设信息系统，可能造成流程没有合法"准生证"，也造成制度执行和系统建设使用脱节。

数据可视。信息系统要能够实时自动生成各式各样的图表，只要一个案件数据变化，可视化表格就能马上更新，能够解决手动统计的滞后性问题，可以随时生成下载成为高质量、直观化的案件分析报告。

互联互通。信息系统是一个生态系统，孤立的案管系统是难以长久高频使用的。案管系统应当做到与财务系统、合同系统、资产系统、人力系统等互联互通，实现数据共享，也能解决预防风险、证据准备等问题。

三、微观案件管理

这里主要从微观层面论述案件处置的流程细节。各个企业对于案件管理的具体处置流程，根据企业实际、制度规定和管理深度等，可能划分了不同的阶段。当然，能适应本企业案件处置的需要才是最好的。下面举例说明。

例一：五大阶段

1. 立项移交阶段。涉案单位填写立项申请表，列明案件发生背景、前期沟通情况、已采取的法律措施、希望达到的效果等，发起立项审批。

2. 庭前准备阶段。对于准备起诉、应诉案件，确定员工代理或律师代理，出具法律分析意见，组织会商，确定诉讼策略，出具授权委托书。需要暂缓或终止诉讼的，另行审批。

3. 案件审理阶段。指派跟办人员参与案件开庭或旁听，通报案件庭审要点，研究后续应对方案。有机会和解调解的另行决策。

4. 审结执行阶段。庭审宣判后，研究是否上诉、再审。根据裁判结果，推动生效裁判文书或法律文件及时履行。根据需要督促生效裁判文书及时履行。

5. 结案归档阶段。撰写结案报告，分析经营管理中存在的问题，总结办案经验教训，提出优化经营管理的建议。做好案卷归档，不得由涉案部门或法务部门自行保存。

例二：八大阶段

1. 诉前准备阶段。在合同签订时考虑地域管辖、专属管辖，诉讼时效即将届满时及时处理，规范发送律师函，保存好有关证据，做好诉前财产保全工作。

2. 起诉受理阶段。起诉前审查诉讼方案，研究诉讼请求和事实及理由。根据需要增加、变更诉讼请求或提出反诉。按时交纳诉讼费。

3. 一审庭前阶段。研判是否提出管辖权异议，举证期限内向法院提交证据材料。根据需要提出鉴定申请。

4. 一审庭审阶段。按要求参加庭审，保证提供证言的证人出庭接受询问。及时对鉴定意见提出异议。当庭做好质证工作。

5. 二审上诉阶段。及时申请财产保全，关注对方经营状况、其他涉案情况。对一审判决、裁定不服的，及时提起上诉。

6. 强制执行阶段。及时申请执行前财产保全，在法定期限内向法院提出强制执行申请。向法院提供被执行人的财产或下落的线索。做好财产保全到期前的申请续封、续冻工作。

7. 应对再审阶段。研判一审、二审关键证据举证、质证情况，法院法律是否适用正确，必要时做好应对再审的准备工作。根据需要申请再审或提请检察监督。

8. 结案归档阶段。做好在诉讼、执行和结案后的案卷日常保管工作，移交留痕，及时归档。

例三：十大阶段

1. 案件立项阶段。

2. 决定诉讼阶段。

3. 代理人选阶段。

4. 会商讨论阶段。

5. 诉讼策略阶段。

6. 庭审跟办阶段。

7. 和解调解阶段。

8. 研究上诉阶段。

9. 案件执行阶段。

10. 结案归档阶段。

例三大体与前面两个示例相仿，不再展开叙述。

第三节　抓大放小做好子公司案件管理

对于集团型公司的案件管理，很多人存在困惑。其对子公司的案件是否参与，参与到什么程度？是所有案件都全面参与，还是只参与部分重大案件？是只管最终的结果，还是也管过程？集团管理子公司案件是利大于弊，还是弊大于利？下面具体进行分析。

一、集团对子公司的常见案件管理模式

（一）不管具体个案＋注重宏观指导

有的集团对于子公司的案件，不参与任何个案的具体管理。其不插手个案的处置，不参与案件策略的制定，也不管具体案件的结果，主要是进行宏观上的指导，从制度体系、指标数据、风险管控等维度进行面上的管理。

（二）参与重大案件＋宏观指导为主

有的集团以宏观指导为主，同时不放弃对子公司重大案件的管理。坚持两手抓、两不误。既从制度、风险、数据等角度对案件进行宏观管理，也具体参与子公司的重大案件处置。在单个重大案件的策略制定、资源协调、处置结果等方面进行重点指导管理。

（三）参与所有案件＋亲力亲为操办

有的集团对子公司实行强管控，把子公司当作事业部或者部门来看待。集团负责具体经办子公司的案件，代替子公司进行案件处置，把集团法务部当作子公司的法务部，由集团对子公司的案件处置策略进行决策，把控处置效果。

二、集团直接处置子公司案件的利弊

（一）集团直接处置子公司案件的优势

1. 更好保护集团利益

集团是子公司的股东。集团直接处置子公司的案件，有利于站在股东的立场，更好地维护股东的权益。特别是对于子公司经理层是职业经理人，绩效奖励与业绩挂钩特别明显的，需要防止经理层为了当期的考核而拖延处置有关案件。

2. 资源协调能力更强

集团的经济实力往往比子公司要强，解决大量的就业，上缴大量的税收，更加能够受到当地政府重视和支持。集团在与当地司法机关进行沟通的时候，效果往往比子公司要好。集团往往能够协调选择能密切深度参与案件的律所，从而引起律所对案件更加重视。

3. 管控案件重大风险

子公司有些案件的重大风险，对于集团的战略落地、生产经营会构成重大的威胁。这些案件的重大风险，集团必然会进行管控，不会放任子公司自行处置，避免对整个集团构成重大威胁。另外有的子公司重大案件易发频发高发，集团管控有利于做到对案件风险底数清、情况明。

4. 归集处置同类案件

集团会掌握来自各个子公司案件的情况。集团本部以及其他子公司可能之前有过类似的案件，集团法务部也参与处置过。因此，对于同类的案件，集团法务部见识较多，经验丰富，处置起来效率和质量更高。

（二）集团直接处置子公司案件的弊端

1. 具体案件不够熟悉

集团法务部前期没有参与相关的具体项目，对该项目产生的风险也不够了解。那么，其对于具体案件的爆发原因、案件症结、处置重点难点等不够了解。

2. 项目业务不够了解

集团法务部对子公司具体的项目业务，往往没有子公司法务部了解那么深入，对于项目的生产经营的流程也没有深度了解。特别是对于多元化的集团，集团法务部很难对每家子公司业务有全面的了解。

3. 人员沟通不够顺畅

集团法务部对子公司的人员往往不够熟悉，可能仅对子公司的法务人员比较熟悉，但对于案件所涉及的业务部门或者其他职能部门并不够熟悉。那么，对于案件的沟通成本就会比较高，在协调相关人员进行讨论、提供证据等方面可能就更费时费力。

4. 干预下属企业决策

子公司是独立的法人，对于本公司的事项拥有自主决策的权利。如果集团直接插手子公司的案件，则其会对子公司案件的处置策略、处置结果进行决策，某种程度上来说取代了子公司的自主决策。

5. 被动等待集团指示

若集团插手子公司的案件，那么子公司对于案件的处置就会处于被动的局面。出现了风险，也不会提前主动地积极作为、化解风险。凡是案件都等待集团的决策，按照集团的意见办理，不利于发挥子公司主观能动性。

6. 决策主体混乱无序

集团对子公司的案件处置进行决策，就会导致决策主体的混乱，那么案件处置的最终结果由谁承担，责任由谁承担，办案费用由谁支出？有的子公司，除了这个集团还有其他的股东，那么这样就会产生新的内部矛盾，严重影响该子公司的公司治理。

三、集团管理子公司案件要考虑哪些因素

集团管理子公司案件，需要考虑是否有必要管理，是否有能力进行管理，是否有资源保障管理，是否契合集团管控模式，管理效果是否比子公司自行管理得更好，等等。

（一）集团行业特点

不同的行业具有不同的风险特点和案件特征，在集团管理控制上也有所不同。有的行业，业务模式比较单一，不需要子公司做出太多创新性的经营模式，更不需要其做出很多个性化的具体决策。集团的案件管理模式和具体工作可以直接适用于子公司。集团管理子公司案件效率较高、成本较低、复制容易。若集团所处行业相对复杂，或者集团是多元化甚至不相关多元化的集团，子公司处于“战斗前线”，需要经常随机应变、创新业务模式，则集团直接管理子公司案件就显得疲于应付、效果较差。

（二）集团管控模式

集团管控模式大体分为财务管控型、战略管控型、运营管控型三种。集团管控模式直接影响案件管理模式，案件管理模式往往服从于集团管控模式。财务管控型的集团，很难要求案件管理做到一竿子插到底。运营管控型的集团，也不太可能对子公司案件仅停留在宏观指导。对于业务无关多元化、业务多元化、业务单一化的不同业务类型集团，分权的程度会逐渐降低，案件管理的深度、广度会逐渐增加。

（三）组织规模大小

组织规模决定了集团对子公司的管理幅度和范围。对于小型集团、子公司较少的，集权型管控模式更为适合。对于大型集团、子公司较多，甚至成立了子集团的，集团总部的管控能力和时间精力将集中于大事、要事，很多具体工作会实行分权制，由子公司自行管理、自主决策。组织规模较大的集团，基于管理效率和质量的考虑，子公司对于案件管理的自主决策权往往会大一些。

（四）团队配置能力

集团及子公司的法务力量配备将在很大程度上影响集团案件管理模式。若集团法务部门人员配备充足，甚至单独设立诉讼团队或诉讼管理部门，则完全有精力直接管理子公司具体案件。若子公司法务力量配备较弱，法务人员集中在集团办公，则由集团直接管理子公司案件较为合适。另外，法务团队的专业能力也会在很大程度上影响集团案件管理模式。对于多元化集团，集团法务人员很难在专业上精通各个不同业务类型子公司的案件，由子公司自行管理案件更为合适。

（五）资源调配能力

集团的资源调配能力较大程度上左右集团案件管理模式。地域布局方面，若子公司分布区域广阔，甚至跨国经营，则集团直接管理子公司案件就不是很现实。信息管理方面，若集团数字化、信息化水平较高，对于子公司的合同管理、项目管理、成本管理、人员管理等程度较高，则集团直接管理子公司案件就相对容易实现。另外，若集团在当地与地方政府关系较好，法治化营商环境较好，律所律师统一管控水平较强，则其可以对子公司具体案件做好沟通协调工作。

（六）案件风险大小

各子公司案件数量、金额的规模，会影响集团对于子公司案件管理的模式。若各个子公司案件规模都较小，则集团不用太担心案件风险对于集团的负面影响。若一些子公司案件规模较大，与其净资产规模相当或占营业收入比重较大，严重影响生产经营及股东权益，则集团往往会密切关注、深度管理子公司案件。

四、集团管理子公司案件的总体工作原则

集团管控模式在很大程度上影响集团对子公司的案件管理。集团管控模式方面，运营管控型和财务管控型是集权和分权的两个极端，战略管控型则处于中间状态。财务管控型往往不直接管理子公司具体事务，运营管控型则比较具体地管理子公司各项事务，以上两类管控类型集团的案件管理方式相对比较好处理，前者基本不管具体案件，后者基本管所有具体案件。对于战略管控型集团，对子公司的案件管理难免存在纠结之处。下面

予以重点分析。

（一）集团统筹指导为主，具体参与为辅

集团以宏观管理为主，制定一些重要的管理举措，比如建立案件管理的三级制度体系，统一制定分类型的案件处置工作指引，统一出台案件压存量、控增量工作方案，统一推动案件挽回损失百日攻坚行动，年底对各子公司案件指标数据进行考核评价，等等。原则上其不参与子公司具体案件的处置工作，不对具体案件进行决策审批。

（二）集团制度管理为主，业务管理为辅

集团加强案件制度建设并推动执行，是集团案件管理的重要工作，通过制度落地实现对子公司案件的指导管理。在案件管理一级制度方面，出台《法律纠纷案件管理办法》，明确界定集团与子公司具体职责权限，指导子公司规范案件管理工作。在案件管理程序性方面，出台《案件全流程风险管理手册》，明确案件处置在企业内部如何履行各项具体流程。在案件管理实体性方面，出台《案件处置风险防控工作指引》，重点聚焦外部风险逐一列明防范措施。在案件管理保障性方面，出台《案件档案管理规范》《法律服务中介机构管理办法》。

（三）集团指标管控为主，个案介入为辅

集团可以通过管理案件各个维度的数据，实现纲举目张，整体推进子公司案件管理进度和效果。比如，集团可以对子公司的案件管理，在控制新增案件、存量案件规模、挽回避免损失、员工代理案件、律师费用支出等方面设置具体的案件指标，将案件指标列为年度考核的重要内容，与子公司领导人员绩效考核、业绩薪酬、评先评优等强关联挂钩，推动子公司从相关维度具体管理案件。这样远比集团直接参与处置一个个的具体案件效果要更好。

（四）集团资源支持为主，个案决策为辅

对于子公司产生的重大疑难案件，集团坐视不管不合适，直接“下田插秧”其实也不合适。集团可以协调常年法律顾问、法律中介机构库内其他律所、评估审计机构、大学教授专家等群策群力，从各个维度分析案件风险，论证案件处置策略，为子公司重大案件处置探明具体方向。但是，其不代替子公司处置重大案件，不要求子公司按照某种具体策略处置具体案件，不干预子公司的具体案件处置工作。

（五）集团管理结果为主，管理过程为辅

对于一些重大疑难案件，有的集团会与子公司签订责任状，会把子公司通过案件决策审批程序确定的预期案件结果列入责任状主要内容。集团重点管控重大案件的处置结果，而对于每个案件的处置过程不投入太多精力去管控。每个案件都有其特殊性，意图整齐划一地要求所有案件定期都有阶段性成效是不现实的。集团不要陪跑子公司每个案件，那样会很累，干扰子公司案件处置具体工作且效果不一定好，而是应该站在终点看待并推动子公司的案件管理工作。

（六）律所建库准入为主，明确条件为辅

有的集团对于子公司律师选聘工作管理得比较细致，对于重大案件的律师选聘工作进行具体审批，甚至还通过集团总经理办公会等方式进行决策。一些律师对于案件的处置方式、手段、途径，并不会体现在决策内容和程序中，所以集团对具体案件律师选聘的管理是否必要，目前存疑。集团或多或少会关注律师选聘管理工作，可以通过统一建立案件律师库，统一规定律所规模、律师资历、办案能力等基础条件，确保案件律师库内的律师能力条件都相对不错，至少不会因为外界干扰而选聘不会办案的纯关系型律师，拉齐拉高子公司选聘律师的整体水平。另外，集团可以组织子公司对律师办案效率效果进行管理评价考核，倒逼办案律师重视案件并努力取得好的办案效果。

第四节　分步分层搭牢案件管理制度体系

据了解，很多企业都建立了案件管理的制度，体现了对于案件管理工作的重视。再深入了解，发现大量企业都只建立了一两个案件管理制度，有而不优，有而不成体系。对于案件较少的企业而言，影响倒是不大。但对于具有一定案件规模的企业来说，很可能就成了案件管理的“短板”，制约了案件管理的精细化、标准化、专业化、价值化。案件管理制度体系，是一家企业案件管理的“地基”，是建成案件管理“万丈高楼”的核心支撑。

一、正确认识案件管理制度体系的价值

清楚了为什么出发，行动才更有动力，步伐才更加坚定。案件管理制度，能够让案件管理工作纲举目张，高效统筹管理好各项涉及案件的具体工作，保障案件管理工作规范有序运行，更好服务企业改革发展。

（一）搭建案件管理工作的顶层架构

案件管理制度体系能够指引案件管理工作的发展方向，让大家聚焦到案件管理的重点事项、内容、程序上来。让案件管理工作的定位更准确、目标更聚焦、重点更突出、思路更清晰、举措更有力，坚定案件管理的工作方向不偏航。

（二）助力提升企业管理水平

制定制度是一种管理行为，饱含企业管理思想，饱含管理方法精髓，是企业管理的法宝。制度是日常案件管理工作的总结，是案件管理智慧的萃取和升华。通过把制度优势转化为企业治理效能，能够有效提升企业管理水平。

（三）推动案件管理工作规范、高效运行

司法机关对具体案件的主导权很大。案件管理制度，能够让企业各个部门、母子公司高效联动、协调配合，对外高效率沟通涉案主体、社会律师、司法机关等主体，按照司法程序高质量应对“对抗式”案件处置工作。

（四）提供办理具体案件的工作指南

案件管理制度能够迅速拉齐拉高各个子公司及不同法务人员的案件管理能力，能够流程式、表单化地告诉每家子公司、每名法务人员如何具体操作，实现很多具体工作的流水式作业，能够高质量培训法务人员做好案件管理工作。

（五）保障案件管理工作更好发挥价值

案件管理制度能够让证据管理更加规范，让诉讼策略更加科学，让财产保全更有章法，让挽回损失更有力度，为维护企业合法权益、保障改革发展提供制度支撑和合规依据，为企业高质量发展提供制度保障。

二、构建案件管理制度体系的思路

（一）掌握需求

制度建设必须根据企业实际，考虑企业的发展战略、生产经营状况和企业文化。需要掌握法务部在企业的定位和地位，了解企业领导对案件管理的要求和期待，了解法务部与其他部门的协作沟通情况。需要掌握目前企业的案件规模，了解新增案件、存量案件、挽回损失等数据趋势。需要掌握让企业头疼的历史遗留问题有哪些，哪些重大案件严重影响企业正常生产经营，案件管理的主要问题是哪些。需要做到抓住企业关注重点，聚焦案件难点，密切结合企业实际，搭建符合企业文化的案件管理制度体系。

（二）搭建框架

修建高楼大厦需要先有图纸，对照施工图作业才能保证有理想的建设

效果。搭建制度体系也需要先全盘想清楚案件管理准备做什么重点工作，如何把每项重点工作落实落细。需要坚持以案件管理重点工作定框架、定范围，先思考清楚这个框架范围要建设什么制度，然后给框架分出层次，接着进行功能性的分类，最后确定各层次及子框架下的归属关系。需要把案件管理制度分为一、二、三级，按照金字塔结构，把总括性制度作为金字塔尖，按照总分关系依次往下排列二、三级制度。只有把制度框架搭建牢固，制度体系建设过程才不会“走样变形”。

（三）夯实基础

案件管理制度体系框架搭建好后，先制定案件管理的一级制度，相当于发布案件管理制度体系建设的规划安排，对案件管理的重点工作作出规定，再制定一些经常使用、比较基础的二级制度。先制定使用频率高、涉及主要流程的制度，把案件管理的“主干”流程规范下来，形成制度方便启动案件管理工作。比如，先建立案件处置方面的制度，让大家对接收司法文书、案件立项、参加庭审、文书执行和案卷归档等主要工作环节心中有数，再以这些基础性的制度为基点进行扩充。

（四）抓住重点

在案件管理基础性制度出台后，日常的案件管理工作能够规范运行时，就应该坚持问题导向，突出案件管理重点工作，按照先重要后次要的原则，分步制定案件管理各项制度。对于问题大、漏洞多的领域，按照先急后缓的原则，先解决大的问题，再逐渐做好小问题的修修补补。不能所有制度齐头并进，不能搞平均用力，这样占用大量精力却效果不佳。

（五）补充完善

在基础性制度、重点性制度搭建好后，就需要考虑推进案件管理的精细化，推动案件管理工作向深层次迈进。对于案件管理的重点工作，可以考虑建立下级制度，更好推进重点工作落到实处。对于新问题、新领域、新业务，可以补充出台一些案件管理制度。

（六）持续改进

案件管理制度体系建设，不可能一劳永逸，必须久久为功、持续发力。随着法律法规不断出台、市场行情不断变化、业务领域不断优化、重大问题此消彼长，案件管理制度必须进行修订，新增甚至废止一些制度。除了定期梳理、排查制度，每当重大法律出台、企业战略调整、发现重大问题时，都应当检视一下是否需要进一步完善制度。

三、构建案件管理制度体系的层级

（一）一级制度

国务院国资委出台了《中央企业法律纠纷案件管理办法》，各级地方国资委也出台了相应规定，各家国有企业也按要求都制定了相关制度。很多企业都建立有《法律纠纷案件管理办法》，搭建了案件管理的一级制度，从总则（目的、定义、原则）、机构职责、管理机制、重大案件、中介机构、办案保障、考核奖惩等方面作出了规定。

（二）二级制度

案件管理的二级制度，往往会涉及案前风险化解、案件处置工作、中介机构管理、员工代理案件、配合司法机关、案件档案管理、信息系统管理、案件报告备案、案件检查考核等方面。具体出台哪些二级制度，涉及企业对于案件管理的重点工作放在哪里。以下列举一些案件管理的二级制度。

1. 预防案件方面，可以出台《案件风险化解管理办法》；
2. 案件处置方面，可以出台《诉讼仲裁案件处置工作办法》；
3. 中介管理方面，可以出台《法律服务中介机构管理办法》；
4. 员工代理方面，可以出台《员工代理案件管理办法》；
5. 协助司法方面，可以出台《配合司法机关工作指导意见》；
6. 案卷归档方面，可以出台《案件档案管理办法》；

7. 信息管理方面，可以出台《案件信息系统管理办法》；

8. 报告备案方面，可以出台《案件报告管理办法》；

9. 检查考核方面，可以出台《案件检查考核管理办法》。

（三）三级制度

对于案件管理二级制度，有必要进一步加强精细化管理的，可以出台三级制度；也不是要求每个二级制度之下必须有对应的三级制度，够用、管用即可。三级制度规定得比较具体，操作性强的，可以作为工作指引。但三级制度尤其需要处理好强制性和灵活性的关系，尽量不要强制子公司及法务人员逐条严格执行，不要规定违规情形和追责方式，否则法务人员在实践操作过程中可能会被束缚手脚，事后监察审计、定责追责也是“量刑”标尺。三级制度应该是引导性、提示性的，类似工作说明书、操作指示图，方便大家按流程、按提示一步步完成案件管理的具体工作。以下列举一些案件管理的三级制度。

1. 预防案件方面，在二级制度《案件风险化解管理办法》之下，可以出台三级制度《案件预警评估工作指引》《多元化解纠纷工作指引》；

2. 案件处置方面，在二级制度《诉讼仲裁案件处置工作办法》之下，可以出台三级制度《证据管理工作指引》《财产保全工作指引》《案件处置全过程风险防控工作指引》以及多个业务领域的《专项案件处置工作指引》；

3. 中介管理方面，在二级制度《法律服务中介机构管理办法》之下，可以出台三级制度《律所建库选聘操作规程》《律所风险代理指导意见》《常年法律顾问管理指引》；

4. 员工代理方面，在二级制度《员工代理案件管理办法》之下，可以出台三级制度《员工代理案件奖励实施细则》；

5. 协助司法方面，在二级制度《配合司法机关工作指导意见》之下，可以出台三级制度《协助查询冻结划扣实施细则》《法律文书履行执行实施细则》；

6. 报告备案方面，在二级制度《案件报告管理办法》之下，可以出台三级制度《案件备案报送操作规程》《案件年度报告实施细则》；

7. 检查考核方面，在二级制度《案件检查考核管理办法》之下，可以出台三级制度《积案认定管理实施细则》《案件督办通报指导意见》。

各家企业“高矮胖瘦”各不相同，符合企业实际的就是最好的，要充分结合企业实际，聚焦案件管理重点工作，分步骤、分层次推进制度体系建设工作。案件管理制度体系建设非一日之功，不能急于求成，也不能贪大求全。制度体系建设在质不在量，在满足企业需要而不在搞“堆头”、凑数量。满足企业实际需求的才是最好的制度体系。法务部门在制度体系建设方面要有定力，不要被其他部门、其他企业的制度建设干扰，要根据企业实际需要，按照顶层设计的规划，稳步打牢案件管理制度体系。

第二篇
路径探索

PART 02

04 第四章

案件风险化解

第一节 监测预警才能主动防范案件风险

在银行账户、重要资产被法院查封冻结后，一些企业才知道遭遇重大案件了，只有惊吓没有惊喜。一些企业在收到应诉通知书后，才开始手忙脚乱地准备案件处置工作。有的三、四级子公司被债权人申请破产清算，到法院正式立案甚至确定破产管理人后，集团才知道。信息被动，必然带来案件处置被动。不能尽早知道案件发生，企业就像“近视”了一样，案件到了眼前才能看见，可惜已经“躲避”不及了，但正面硬撞的案件影响往往更大。

一、为什么要监测预警案件风险

案件监测预警，是指对可能引发诉讼的风险信息进行实时监控和预测，以便及时采取措施防止或减少可能的损失。监测预警案件，包括尽早知道我方可能被诉信息，也包括尽早准备我方拟起诉的消息。监测预警商事案件，究竟有什么好处呢？

（一）避免风险恶化

企业可以提前发现潜在的法律风险，从而采取相应的防范措施，降低法律风险的发生概率。可以大事化小、小事化了，避免一些风险恶化成为案件。可以及早处理舆情，维护企业良好形象。

（二）支持业务决策

有效的案件监测预警工作，能够为企业决策者提供重要的参考依据，帮助他们作出更科学、合理的决策。面对重大风险或重大案件，一些重要业务是否继续合作，一些核心技术、核心资产如何保护，决策者能够因此及时作出有利于企业的决策，有效增强企业的竞争力。

（三）提前应对案件

不是案件可怕，而是很晚知晓案件易受惊吓。通过监测预警，能够提前发现案件风险，尽早做好处置方案，针对诉讼收集证据，提前做好案件诉讼庭审方案，预判可能出现的裁判结果，从而科学制定最佳诉讼策略。做到提前、主动应对案件，让案件处置工作不至于手忙脚乱。

（四）减少案件损失

很晚才知道被起诉了，措手不及地处理案件，被动地应对案件，是不太可能很好地维护企业权益的。提前预判案件发生，可以及时采取有效措施保护企业重要资产，提前对合作客户做好财产保全，以更全面充分的证据、更科学合理的诉讼策略，更好地争取得到法院的裁判支持，尽量避免或减少损失，为后期法院执行回款做好准备。

二、如何做好案件风险监测预警

（一）科学制定监测预警要素数据

监测预警案件，需要先清楚准备监测哪些数据，在哪些数据异常时进行预警。企业需要思考，对于自身企业需要监测哪些数据要素，对于合作客户准备监测哪些数据要素，对于公开的社会信息准备具体监测哪些想要的数据要素。都监测，或都不监测，都难以达到监测预警的真正效果。比如，在经营方面可以监测市场重大变化、关联交易、经营状况、注册资本变更、信息披露、对外担保信息等，在企业治理方面可以监测股东、董事、监事和高管变动及违法违纪情况，在资本运作方面可以监测债券发行、股权转让、资产重组、债项评级，负面信息还可以监测涉诉信息、行政处罚、立案调查、监管问询、债务逾期展期、破产清算重组、生产事故停产等情况。

有的监管部门还对监测的情形作出了制度规定，例如上海市《市国资委监管企业重大案件管理工作指引》第12条规定，企业应当密切关注以下情形的发生：（1）可能对合同的订立、效力及履行产生影响的相关法律、政策的最新变化；（2）可能影响合同履行的重大社会公共事件、重大自然灾害等；（3）在订立合同时无法预见的、不属于商业风险的合同基础条件的重大变化，继续履行可能对于合同一方明显不公平的；（4）合同订立时可能存在欺诈、胁迫、重大误解、显失公平等情形；（5）同行业企业集中出现的风险情况；（6）开展新型业务，或原有业务的交易模式发生重大变化；（7）市国资委提示函提出的风险事项；（8）本企业或业务相对方出现或可能出现重大风险事件。

出现上述情形且可能引发重大法律纠纷案件的，企业应当及时启动重大案件案前预警机制。

（二）建立业务部门沟通服务机制

业务部门冲锋在第一线，能够第一时间知晓业务项目情况。业务部门对于我方是否可能违约，比如供货是否足够、资金是否充足、进度是否在计划内，都是一清二楚的。对于合作客户的股东变化、重大资产查封、重大行政处罚等，往往在与对方交流或与业内人士沟通中能够及时知晓。对于项目的质量、进度、成本是否按合同执行，市场行情变化、核心技术迭代、上下游重大影响，都有一定的感知。因此，法务部门有必要加强与业务部门联系沟通，让业务部门把重大负面信息，通过一定的反馈机制，及时告知法务部门。法务部门也应当提供应急处理服务，在知晓项目异常、产生争议时，及时与业务部门会商，参与谈判并提前介入提供法律服务和指导。这样更有利于更早监测到负面信息，全面了解案情，做好案件预警工作。

（三）通过内部检查发现异常情况

业务部门主动反馈负面信息、风险信息自然是好的，但有时候业务部门并不一定能够意识到，反馈的也不一定是法务部门想要的涉案风险信息，或是自认为能够自行解决这些问题且暂时不想让企业领导和法务部门知道。除了等待业务部门反馈负面信息、风险信息，法务部门还可以主动出击，联合其他职能部门开展一些风险排查，比如合同检查、合规检查、应收账款检查等工作。主动发现一些异常情况，提取可能涉及案件的风险数据，及时进行识别、研判、评估，并重点关注有关事项后续进展，主动进行监测预警。

（四）密切沟通各类监督检查部门

法务部门应当多长一些“耳朵”，多一些信息来源，以获取足够的信息来支撑监测预警工作。纪检监察部门处理的大量违纪案件，其中蕴含了很多事关商事案件的风险信息。比如，合作客户涉嫌贿赂并涉及刑事犯罪被逮捕的，可能双方就无法再正常合作而产生案件。法务部门可以和纪检监察部门在“大监督”格局下构建案件风险信息共享机制，明确需要共享信息的具体情形。审计部门经常开展离任审计和项目审计，往往会发现很多问题，巡视巡察也能够发现很多项目合作、合同执行等方面问题。法务部门可以结合过往案件办理经验，与相关监督部门明确需要共享信息的情形。另外，若能与上级监管部门经常沟通，掌握可能面临监管问询、立案调查、停业整顿、吊销执照等行政处罚的合作客户信息，也有利于做好案件监测预警工作。

（五）打通信息系统、共享风险信息

监测预警，畅通信息来源很重要。单靠合同系统、案件管理系统，容易形成法务部门的“信息孤岛”。法务部门建成使用的法务管理信息系统需要与企业其他信息系统打通联通，使各个系统之间信息共享，形成企业信息生态链。比如，与招标采购系统共享招标文件信息，与财务共享系统连通收支状态、收支金额、收支时间等信息，与工程管理系统共享建设进度、成本投入等信息。通过联通信息系统，多维立体获取大量信息，对合作客户、合作项目进行立体画像，建立异常相对方画像、异常业务模型大数据，及时发现案件风险。

（六）关注收集网络舆情、负面信息

目前市面上有很多提供企业风险监控的软件，包括企查查、企业预警通等，充分抓取了网络上各类企业信息，能够有效监控、及时提醒。比如，有的监测软件通过融合海量的金融、企业、舆情、信用、司法、区域经济等大数据资源，运用人工智能、机器学习、自然语言处理技术，建立数据智能采集、分析及挖掘模型，实现企业多维度风险信息查询、监测与分析。企业可以分级分类使用监测软件，由法务部门统一采购软件服务，并由法务部门提供账号给各个业务部门使用，由各个业务部门将合作客户名称录入进行监控。法务部门要制订规则区分负面信息、中性信息、正面信息，规定什么信息报送到哪一层级，明确报送程序和具体要求。法务部门要每天监测信息，定期汇总分析各类信息，整体监测我方企业和合作客户的风险信息。

（七）对接司法数据，尽早知晓案件

有的大型中央企业已经实现了与中国司法大数据服务网的信息对接，实现了全国法院立案结案信息 T+1（第二天）就能够推送到企业。企业案件管理系统与中国司法大数据进行对接，录入集团内各级子公司名称，能够实现立案结案第二天精准通知涉案企业，集团总部也能够及时全面掌握全集团涉诉案件信息，既能够省去案件填报工作量，还能够避免子公司慢报瞒报的问题，更能够让企业第一时间掌握涉案信息，尽早准备案件证据、诉讼策略，为应对案件赢得时间、时机。对接中国司法大数据，需要建立对接案件管理系统并支付一定的费用，比较适合于对案件管理要求比较高的企业。另需说明的是，仲裁案件不在中国司法大数据范围内。

（八）复盘频发高发案件，做好预警

有句话说得好，历史总是在不断重演。案件也是一样，什么类型的案件过去产生得多，今后很可能也爆发得多。那么，可以重点复盘那些过去案件产生多的领域，看是哪些原因导致案件产生，过去案件产生前有哪些

苗头、“火星”。平时就聚焦、紧盯这些苗头，重点监测这些苗头信息，做好风险信息的识别、分析、评估。比如，某工业地产企业在出售房产工作中经常出现客户阶段性担保问题而产生案件。那么，就有必要先对购房客户做好详尽的资信审查，在阶段性担保期间监测购房客户的财产状况、舆情信息，关注合作银行做好后续抵押手续办理情况，等等。法务部门可以复盘后列出重点监测的信息要素，实行清单化监测，还可以通过信息化手段抓取相关风险数据。

三、如何更好发挥监测预警作用

（一）科学制定案件处置应对预案

不要等案件爆发后才想着如何处置，事先要有应对的方案，做到有备无患，不被一个个案件搞得措手不及。针对影响企业生产经营的重大案件，比如涉及企业重要银行账号、核心资产技术、群体性事件等，应当建立重大案件应急预案，规定组织机构及职责，明确案件信息报送机制、应急处置措施、后期处理措施等。

（二）针对案件预警信息及时研判

对于监测发现的涉及案件相关的信息，应当及时进行分析、评估、预警并拟定应对措施。分析评估风险大小及后果，预判相关风险是否会成为案件。结合行业、企业过往发生的相关案件，研判产生案件对企业的影响，做好风险处置工作。

（三）建立案件风险分发报告机制

案件信息在有效监测的同时，还要清楚向谁预警、报告。案件监测预警信息，若仅仅停留在法务部独自消化，是对企业极其不负责任的。需要建立一个案件风险报告机制，根据企业实际区分案件性质、标的金额、所涉项目重要程度，分别层报法务分管领导、企业主要领导。另外，应当及时把案件风险信息告知业务部门，让业务条线分管领导也知晓案件情况，便于后期部门间协同开展案件处置工作。

（四）协同业务部门做好谈判化解

争议能够大事化小、小事化了是最理想的结果。针对案件风险信息，法务部门在告知业务部门的同时，应当向业务部门提供法律意见，帮忙出主意、拿意见，配合业务部门与对方进行商业谈判。诉前和解的成本往往小于诉讼案件，对企业的负面影响更小，所以要尽量避免风险爆发为案件，这也是案件监测预警的重要价值。

（五）根据需要做好案件处置准备

对于很可能产生案件，以及一旦产生案件影响很大的，法务部门有必要做好案件处置的应对准备。其一，联系业务部门还原项目情况，提供合同、邮件、会议纪要等证据，收集案件相关的证据材料。其二，邀请常年法律顾问等律师，必要时请审计、评估、造价等专家共同讨论诉讼策略，优化诉讼应对方案，提前做好诉讼准备。

第二节　变堵为疏畅通多元化解纠纷渠道[①]

当前，很多企业普遍反映商事案件越来越多，每年像割韭菜一样，消化一批案件又来一批案件，忙得焦头烂额。冷静下来想想，管理案件除了具体处置案件，更应当往前端走，关注争议矛盾，尽早大事化小、小事化了。另外，除了等待法院判决，更应当主动作为，按照企业利益需求推动案件化解。除了处置一个个具体案件，在案件将成未成时如何遏制案件产生以及避免恶化，如何跳出案件司法程序让诉讼双方需求最大化满足？这些是我们法务人员应当深刻思考的问题，也是我们更好展现价值的地方。

一、全国法院案件调解情况

经查询国家统计局官网，查阅《中国统计年鉴》，通过对 2018 年—2023 年全国各级地方法院案件调解数据进行摘录，能够展现近年通过调解方式结案的情况（见图 4、图 5）。

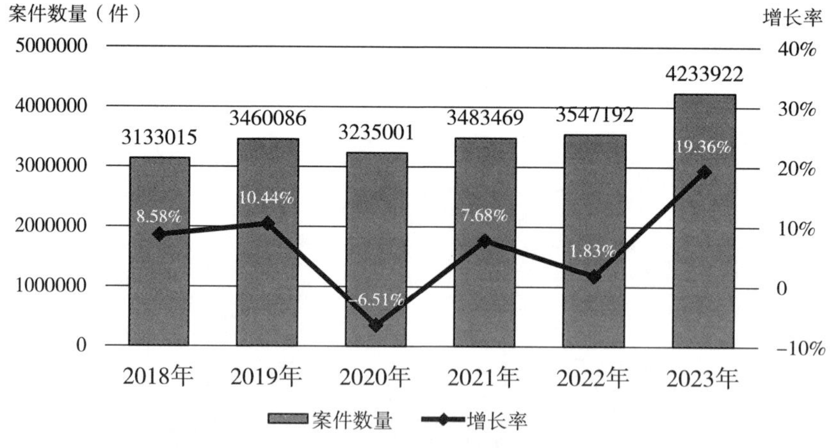

图 4　2018—2023 年人民法院审理民事一审案件调解结案情况

① 本文 2024 年 8 月 20 日发表于微信公众号“高杉 LEGAL”，有修改。

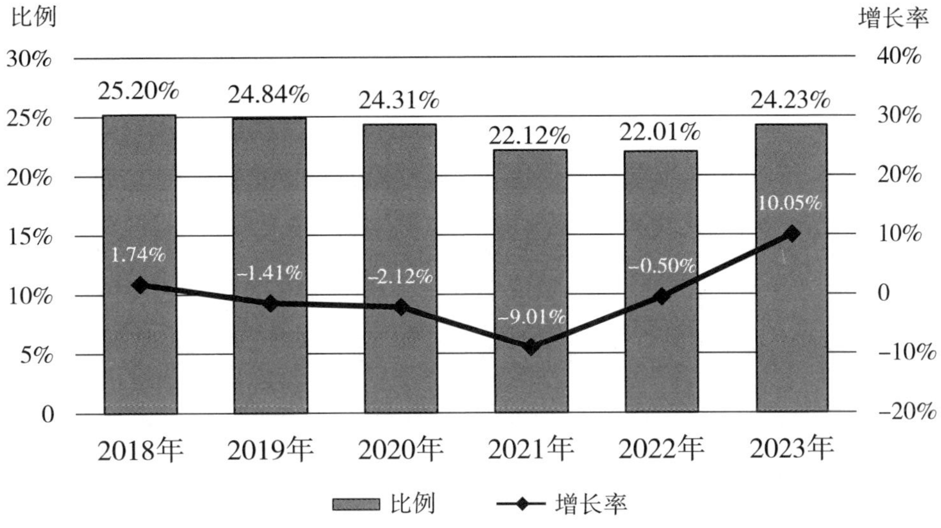

图 5　2018—2023 年人民法院审理民事一审案件调解结案比例情况

注：增长率由原始数据计算，不是以图中四舍五入后的数据再加工。

从图 4、图 5 可以看出全国诉讼案件调解的情况。图 4 可以看出调解结案的数量，除了 2020 年有所下降，其他年份均增长，调解结案件数大体呈现上涨态势，可见人民法院积极多元化解纠纷。图 5 可以看出调解案件占结案件数的比例，近年都保持在 20% 以上，差别不大，调解结案比例相对稳定。

二、当前案件呈现哪些特点

随着经济形势的不断变化，很多行业受到的影响都比较明显。一些企业的经营状况恶化了，过得比较“压抑”“郁闷”，包括饱受纠纷案件困扰。下面，我们一起分析一下当前案件的特点。

（一）矛盾纠纷升级恶化

过去，快速发展能掩盖一些问题，或是对一些小问题没有那么“斤斤计较”。有种“将军赶路不追小兔”的感觉，认为有争论的时间还不如多做一两个项目。但现在项目越来越难做，盈利越来越难，对一些摩擦可能带来的损失更加看重。另外，一些企业老板面临成本上升、销售困难等多重影响，也会更加焦虑。这导致一些争议纠纷容易激化，谈不拢就诉诸案件维权。

（二）案件数量越来越多

从近几年人民法院以及一些仲裁机构公布的数据来看，案件数量大体一直在上升，并且难以看到下降的态势。从企业内部来看，房地产、建设工程以及很多行业，案件数量也是逐年上升的。一方面，被动应诉案件数量在增加；另一方面，为了积极维权，主动起诉案件数量也在增加。

（三）涉案金额越来越大

对于企业而言，不论是单个案件金额，还是总体涉案金额，都呈现不断增加的态势。尽管近几年很多企业采取了“压存控增”专项行动，也取得了明显成效，但对于很多企业而言，不仅是小项目出了问题，重大项目在承接、成本、生产、外销等方面也陆续出现问题。另外，一些风险戳破之后引发连锁反应，导致重大项目也出现问题，甚至“爆雷”。

（四）法律关系更加复杂

过去，很多案件主要涉及合同双方，纠纷带来的影响也仅仅局限于合同相对人。但现在，紧平衡状态让一些企业“难受”，一些连锁反应不断波及很多企业。比如，现在的“三角债”问题更加明显，债权纠纷、股权纠纷也混杂在一起。一些业务上的重大纠纷，影响股东之间对企业的发展信心，牵扯到股东之间的公司治理纠纷；因此，刺破法人面纱，追究股东责任的案件也越来越多。还有一些商事案件与刑事责任、行政责任杂糅在一起，看起来“一团乱麻”，处理起来非常棘手。

（五）耗费时间精力更多

随着企业法治意识越来越强，案件金额越来越大，代理律师承办案件水平越来越高，纠纷双方都高度重视案件，希望用尽诉讼权利，为自己的企业据理力争。有的企业为了晚一些时间支付款项，采取各种拖延战术，把能拖延审判的诉讼程序用到极致。有的案件本身也比较复杂，申请司法鉴定，审计、评估工作耗时不少，有的企业还不断质疑司法鉴定结果，使法院不得不召开听证会等。还有的企业搞证据“突袭”等，导致举证质证耗时更多，甚至多次开庭，等等。

（六）生产经营影响更大

当前，由于案件数量更多、金额更大，加之外界环境变化，案件对企业生产经营的负面影响更大。一些重大案件会严重影响企业主营业务、核心技术的发展，股东之间的纠纷也导致企业决策难以有效形成。很多案件会导致诉讼双方出现两败俱伤的悲剧。还有很多案件，即使赢了案件，也解不开业务困局、经营僵局、管理僵局。

三、为什么要多元化解纠纷

多元化解纠纷是指企业在面对各种纠纷时，不是仅通过诉讼的单一方式，而是采用谈判协商、和解、调解、仲裁等多种解决方式化解这些纠纷。多元化解纠纷包括矛盾风险化解、诉讼和解调解、仲裁和解调解、执行案件和解等。那么多元化解纠纷有哪些好处呢?

（一）避免矛盾升级恶化

很多小矛盾，能及时、有效化解的话，就能够避免矛盾变大。很多矛盾产生初期，双方都还比较友好，若能采取多种措施化解，就能够避免双方闹僵，避免让矛盾恶化严重。

（二）避免风险成为案件

若前期没有及时化解一些风险，风险可能就变得越来越大，负面影响或经济损失就越来越大，以至于双方无法自行解决，后期就会诉诸案件解决问题。

（三）提高纠纷解决效率

多元化解纠纷机制允许当事人根据实际情况选择合适的解决方式，减少正面刚性冲突。调解可以更快地达成一致意见，避免长时间的法律诉讼；仲裁则可以在专业领域内提供公正、高效的解决方案。

（四）降低纠纷解决成本

诉讼往往需要耗费大量的时间、金钱和精力，对诉讼当事人来说是一种沉重的负担。通过多元化解纠纷机制，当事人可以选择成本较低的解决方式，能够节省诉讼费用、律师费用、鉴定费用等。

（五）有效化解难解死结

有的案件基本处于僵局，仅通过法院判决来彻底解决问题不现实。比如，一笔明股实债的借款纠纷，借款没有完全支付到位，股权变更登记也有问题。无论法院判决支持借款支付到位，还是完善股权登记，可能都不能实质性、根本性解决问题。有的判决没有胜利者，一纸判决解决不了根本问题，或许还是存在两败俱伤、经营僵局等问题。若双方能够坐下来和解，或接受调解，那么才能够让问题一了百了。

（六）实现企业利益最大化

有时候，企业在股权登记、融资担保、专利技术等方面有具体的需求，但这些不一定能通过一纸判决实现。企业需要的不是规规矩矩的裁判文书，而是保障企业生产经营，实现企业利益的最大化。通过多元化解纠纷，更能够灵活处理问题，实现企业的意愿、想法。

四、如何打消多元化解的合规顾虑

多元化解纠纷，对于企业而言，无疑是益处多多的，前面已经做了分析。但是，多元化解工作，最终还是要靠人去做的。对于很多企业，审计、监察越来越严格。对于央企、国企，巡视、巡察、审计、纪检等方面的监督是常态化的严格监督。很多人合规意识越来越强，履职风险防范能力和水平也逐渐提高。在多元化解案件过程中，涉及可能让渡企业利益之时，有的人坚持“宁可错过也不能有过错”的态度；对于一直保持谈判沟通还是尽快采取措施维权，有的人选择了能证明自己“积极履职”的诉讼方式，如此等等。从这些问题、顾虑来看，必须先解决个人履职合规的问题，大家才愿意积极采用多元化解纠纷的方式。

（一）多元化解行为可能遭受合规质疑

1. 企业利益损失。有时，被告愿意支付本金，但希望减免利息。这确实涉及原告企业的利息损失。而且若减免了被告的利息，则可能被扣上国有资产流失的“帽子”。

2. 涉嫌输送利益。有时双方一直在谈判沟通，并没有采取起诉的方式。一旦他人先进行了诉前财产保全，执行了涉案企业的主要财产，就会有人质疑你为什么迟迟不肯“下手”，是不是对对方“手下留情”，是不是故意放弃我方权益。

3. 对方企业复苏。有时看到对方财产状况不好，怕对方马上破产，只要是资产就赶紧接受抵债，打不打折已经没那么重要。但是，随着经济周期变化或者企业发展遇到机遇，可能一下子又活过来了，还可能发展得很好。此时，可能就有人质疑当时为什么要接受一堆“烂资产”，就应该等着现金回款的。

4. 资产大幅贬值。有的原告为了快速回款，会选择接受被告的一些房产、车辆等抵债资产。一旦这些资产大幅贬值，企业内部或许就会听到另一种声音：当时就应该等着法院判决执行，说不定能现金回款；当时抵债的资产都“打对折”了，还不如不要。

5. 超越个人职权。对于多元化解纠纷，往往有点“不走寻常路”的感觉，毕竟不是企业常有的事情，内部制度往往也不会因为这些较少发生的事情作出规范。对于减少利息的程度、免除罚息和违约金、接受资产的种类等，往往没有明确的规定，更谈不上具体的授权。在没有制度保护的情况下，相关人员就会被质疑没有制度依据、超越职权范围。

6. 履行程序瑕疵。对于为什么一直谈判而不起诉，为什么接受房产抵债而不是等待法院执行划款，一审判决没有支持违约金为什么不穷尽法律手段，有时候没有经过集体决策就难以解释清楚。有的领导或许认为这些是法务部门的事情，不需要、不应该提交集体决策。而一旦遭受质疑、被人举报，就可能认定法务部门“程序履行不到位”。

（二）多元化解履职违规顾虑多多

1. 遇到机会不敢谈判。当被告主动表示愿意偿还本金，希望免除过高违约金或罚金，或是主动提出拿资产抵债，作为原告不敢接受这样的谈判条件，而是选择把保障国有资产安全的问题全盘交给时间和法院，等待法院的判决和执行。

2. 非诉化解不敢决定。当合同相对方希望积极谈判，愿意逐渐回款时，怕对方破产或被他人先查封、冻结、划扣资产，不敢一轮轮地沟通洽谈，怕他人说不积极维护国有资产安全、怠于履职，所以一诉了之、交给法院。

3. 减免利息不敢提及。当一些企业经营不善，能够偿还本金已经实属不易，作为被告提出希望免除利息或按同期贷款利率支付利息。作为原告企业，有的干部员工认为利息也是国有资产，岂敢让一分一厘的国有资产流失？只敢规规矩矩追要欠款，有时走向“要么全部偿还，要么等等再说”的尴尬境地。

4. 一审结果不敢接受。有时一审判决结果还不错，但利息、罚息、违约金没有得到支持，不上诉好像代表没有穷尽权利，可能要回更多国有资产的机会被放弃了。有人担心遭受质疑、怕被调查，片面地选择对所有案件一审判决一律上诉，甚至有了二审判决还要申请再审。

5. 公事公办不敢接触。有人选择规规矩矩处理风险及案件，不接被告电话、不当面与被告谈判，把自己放在“阳光”下，不给别人留下与被告私下接触的闲话，甚至内心还想着，要沟通就法庭上见，尽量撇清个人可能涉及的法律风险。

（三）如何保障多元化解履职行为合规

1. 以遵守法律法规规定为前提。在多元化解纠纷过程中，要时刻想着法律法规是怎么规定的。法律法规是底线，监管规定是红线，还是要保持高度的警觉，千万不要试图去“擦边”。若面临违反法律法规与维护企业利益的抉择时，要毫不犹豫地选择遵守法律法规，不要出现个人履职合规与维护企业利益的两难境地，相信企业也不希望违法违规行为出现。

2. 以企业利益最大化为出发点。开展多元化解纠纷工作，要将维护企业利益最大化作为工作的起点，以是否有利于企业长远健康发展作为评判标准。不要夹杂个人利益于其中，有利于企业利益才开展多元化解工作，否则不予考虑。

3. 充分征求企业监督部门意见。对于没有法律法规、规章制度的明确规定作为保障的，有必要征求纪检、审计等监督部门的意见。多一份审查把关，多一个角度审视，就会多一份合规保障。

4. 由第三方出具合法合规性审查的意见。企业可以根据案件情况，通过企业聘请的法律服务机构出具法律意见书等方式进行合法性审查。由独立的第三方中介机构进行审查，对多元化解的合规性予以佐证。

5. 必要时提交管理层审议决策。在涉及金额大、牵扯面广、对改革发展影响大的时候，主动对照“三重一大”事项决策管理规定，如果相关的就要提交集体决策。认真履行程序，再急也得按规定的程序、流程办理。对于是否属于集体决策范围拿不定主意时，多征求办会部门、监督部门的意见。

6. 印证当时合规合理存档留痕。对于接受以物抵债、减免利息罚息的，要充分说明理由。对于当时对方的财产状况，提供财务报表作为证明；对于当时对方的资产情况，提供评估报告、审计报告作为依据；对于当时接受的资产，提供当时周边同类资产的价格、销售行情作为辅助材料。

7. 建立多元化解商事案件制度。多元化解工作的积极开展离不开制度保障。法务部门要积极推动、出台多元化解纠纷的制度，必要时可以请纪检、审计部门出具制度廉洁性审查意见，把制度提交党委会、总经理办公会予以审议，让保护多元化解工作合规性的制度，先得到合规的“诞生”。保障从事多元化解商事纠纷工作的人员敢决策、能决策，实现决策有据合规。

五、如何实现多元化解纠纷

国务院国资委印发的《中央企业法律纠纷案件管理办法》第15条规定，中央企业应当通过诉讼、仲裁、调解、和解等多元化纠纷解决机制妥善处理案件。很多企业也出台了多元化解纠纷制度，并取得了良好效果。

（一）健全多元化解制度

企业若要顺利推进多元化解工作，让具体做多元化解工作的人能义无反顾往前冲显得十分重要。不能让其老是回头看、停下来观望，不能让其老是顾虑会不会“秋后算账”。企业有必要为一心为公、敢于担当的人提供制度保障，让这些干部职工想干事、能干事、干成事，还能自己不出事。因此，建议在多元化解制度起草过程中充分征求纪检、审计、巡视等部门的意见；制度内容方面，引用并规定容错纠错等内容，为干事担当者提供制度保障；对于涉案部门及工作人员在运用该制度推进工作过程中勤勉尽责、规范履职且未牟取私利，出现结果未达预期效果或者造成损失不大的，不作负面评价。

（二）密切关注可能风险

多元化解纠纷，最好是在有风险“苗头”之时，刚发现风险就及时沟通谈判、小事化了。这就要求密切关注风险的发生，力争不让风险变成案件。

上海市《市国资委监管企业重大案件管理工作指引》第12条规定，企业应当密切关注以下情形的发生：（1）可能对合同的订立、效力及履行产生影响的相关法律、政策的最新变化；（2）可能影响合同履行的重大社会公共事件、重大自然灾害等；（3）在订立合同时无法预见的、不属于商业风险的合同基础条件的重大变化，继续履行可能对于合同一方明显不公平的；（4）合同订立时可能存在欺诈、胁迫、重大误解、显失公平等情形；（5）同行业企业集中出现的风险情况；（6）开展新型业务，或原有业务的交易模式发生重大变化；（7）市国资委提示函提出的风险事项；（8）本企业或业务相对方出现或可能出现重大风险事件。出现上述情形且可能引发重大法律纠纷案件的，企业应当及时启动重大案件案前预警机制。

（三）建立案前预警机制

多元化解风险，需要建立联动共享机制，业务部门与法务部门、企业领导及时共享矛盾纠纷信息，以便及时判断是否启动案前预警工作。企业需要建立重大案件案前预警机制，该机制可以通过了解事件情况、进行风险分析、风险排摸等方式提出处理建议，包括继续进行排摸和评估、启动重大案件相关法律程序、结束风险预警等，并根据实际情况向企业主要负责人、总法律顾问及相关部门报告。企业可以参照应急管理部门建立的应急预案，科学制定案前预警预案。

（四）明确多元化解范围

对于哪些情形可以开展多元化解工作，企业最好有一个范围，等到风险、案件发生后再一事一议或许就耽误时间了。例如，规定可以纳入多元化解纠纷的具体情形包括：

1. 事实清楚、权利义务关系明确且争议标的额小于1000万元的商事法律纠纷；

2. 劳动关系清楚明确，仅在劳动报酬、工伤医疗费、经济补偿金或赔偿金给付数额、时间、方式上存在争议的劳动合同法律纠纷；

3. 事实清楚、权利义务关系明确、争议不大、可能涉及行政责任风险的法律纠纷；

4. 预计诉讼费（仲裁费）、律师费等相关费用合计达到争议标的额50%（含）以上的法律纠纷；

5. 金额大于等于1000万元，但通过案前风险化解、诉讼、仲裁和解、调解或执行和解，能直接实现本金回收的主诉商事法律纠纷；

6. 金额大于等于 1000 万元，但通过案前风险化解、诉讼、仲裁和解、调解或执行和解，能避免我方账户、资产被查封、冻结、划扣或执行的被诉商事法律纠纷；

7. 金额大于等于 1000 万元，但通过案前风险化解、诉讼、仲裁和解、调解或执行和解，能降低违约成本（如利息、罚息、滞纳金、加倍迟延履行金等）的被诉商事法律纠纷；

8. 主要涉及社会责任履行的法律纠纷；

9. 其他通过诉讼裁判、仲裁裁决（不含仲裁和解、调解后，仲裁机构据此作出的仲裁裁决）或直接推进强制执行等途径，可能对风险化解效果、企业产生较大负面影响的法律纠纷。

（五）明确责任、协同联动

对于多元化解工作，业务部门、法务部门、企业领导如何界定责任、如何分工，需要考虑清楚才能充分发挥协同联动作用。发生的法律纠纷，根据涉案金额大小、影响企业发展程度等，明确业务部门负责人、涉案部门分管领导、企业主要领导分级带队谈判机制，择机尽快推进谈判，在案前积极稳妥推动风险化解工作。例如，对于没有形成案件的，业务部门要牵头主导。对于案前纠纷化解工作，涉案部门应为牵头部门，涉案部门分管领导牵头推动，案件处置部门为主要协办部门，其他部门根据具体工作安排协助办理。各部门通力配合，推动风险化解工作，力争在案前妥善解决问题。对于已形成案件的，法务部门要牵头主导。对于诉讼、仲裁阶段的和解、调解工作或强制执行阶段的执行和解工作，案件处置部门应为牵头部门，案件处置部门分管领导牵头推动，涉案部门为主要协办部门，其他部门根据具体工作安排协助办理。

（六）科学制订化解方案

企业应定期研究、谋划解决措施。在和解、调解的谈判阶段，相关部门应互相配合、形成合力，并可视情况邀请常年法律顾问参与谈判。应通过谈判协商尽力缩小争议范围，达成和解、调解共识，和解、调解最终意见按内部决策管理权限进行决策。在整体推进和解、调解工作时，应认真全面研判案情走向和可能发生的风险，制订完整的和解、调解及风险预防方案，按内部决策管理权限进行决策。

（七）加强对外沟通协调

多元化解纠纷，本意就包括了参与主体的多元性。有时争议纠纷双方想谈一个彼此都满意的结果比较难，里面涉及面子问题、经济利益、信任问题等。必要时，可以请行业协会、行业主管部门、第三方中介机构参与，提供政策解释、执法案例、咨询意见、评估报告、审计报告等，这样的居中调解会更有说服力。

（八）采取有关风控措施

积极采取多元化解措施的同时要做好有效防控风险的准备。当企业作为法律纠纷的权利方时，诉讼、仲裁前应积极采取以下措施：（1）与对方保持有效联系，力争追加足值担保物（抵押、质押物）；（2）强化涉及纠纷项目的资金监管，全面加强项目风险管控能力；（3）在法律纠纷化解前，审慎与对方增加具体合作事项，并暂停合作客户投标资格；（4）积极收集、固定有关证据，提升法律纠纷应对能力；（5）密切关注涉纠业务所属行业内公布的重大风险事件，综合研判法律纠纷走向；（6）其他对控制风险、化解法律纠纷有增益的措施。当企业作为法律纠纷的义务方时，应充分研判被诉事项是否会对本企业、上级企业乃至集团的生产经营活动造成重大不利影响（比如核心账户、资产被冻结、查封，关键资质受损，重要评级下降）。

（九）做好诉讼和解、调解

企业在立案前、审理中、判决后、执行时，都可以抓住时机，积极主动进行沟通，寻求和解、调解的机会。在提起诉讼、仲裁前应至少考虑以下事项：（1）审查提起诉讼、仲裁的必要性，是否存在不可调和的具体争议事项；（2）基本事实是否明确，关键证据是否合法、真实、关联，法律依据是否充分，诉讼结果面临哪些风险；（3）预计花费的诉讼费、仲裁费、律师费、评估费等费用，衡量诉讼成本是否显著超过合理预期乃至超过诉争标的额等。应充分研判，把这些事项作为是否和解、调解的重要考虑因素。

在推进诉讼和解、调解的过程中，企业应与对方当事人积极协商，努力缩小争议范围，如存在司法鉴定、追加第三人或反诉等情况的，可先审查不利因素的影响，然后再考虑是否应在处理过程中力争达成一致意见，避免因争议难以达成诉讼和解、调解。

当企业主诉时，可多措并举采取相关措施，包括但不限于：发出谈判邀约，递送联系函、商洽函、律师函晓以利害，提起诉前、诉中财产保全等。通过以上方式，尽快将对方拉回谈判桌前，在案件裁判前达成诉讼和解、调解，并取得人民法院的司法确认或由人民法院出具民事调解书。

当企业被诉时，若确为完全无争议事项、法律关系清楚、对方证据充分确凿、我方责任义务明确（比如农民工工资发放等劳资纠纷问题），为了减少违约金、利息等诉讼成本，积极维护企业形象，企业应尽快与对方达成诉讼和解、调解，在取得人民法院的司法确认或由人民法院下达调解书后，主动承担社会责任。

（十）做好仲裁和解、调解

仲裁方式在处理很多纠纷时有其优势，对于涉及企业商业秘密、不约定仲裁可能由异地法院管辖、企业为资金支付方且需快速完成司法裁判的，可采取约定仲裁的方式化解纠纷。企业在仲裁庭作出仲裁裁决前，可以进行调解。达成调解协议的，可申请仲裁庭制作仲裁调解书，或申请仲裁庭根据调解协议的结果制作仲裁裁决书。

（十一）做好案件执行和解

法律纠纷进入强制执行阶段后，鼓励企业通过执行和解方式化解法律纠纷，依法高效维护企业合法权益。作为申请执行人时，应尽快执行被执行人的有效现金流或可变现资产，避免被执行人有效现金流或可变现资产回收价值减少；作为被执行人时，应尽力避免申请执行人提请执行法院处置企业的核心账户、资产，避免影响企业的正常运行。执行和解协议签订后，企业应及时申请执行法院依法完成司法确认，包括但不限于将和解协议内容记入执行笔录、由各方当事人签名或盖章、由执行法院依据和解协议下达中止执行裁定书等。

第三节　管控内部纠纷更加体现治理水平

过去，经济形势快速发展，蛋糕不断被做大，兄弟企业之间即使有点争议，在彼此都能有点利润的情况下，大家互相都好商量，通过发展消化、解决这些问题比较容易。当前，随着经济形势变化，一些行业受到了巨大冲击，存量市场博弈激烈，风险不断放大，矛盾不断升级，甚至到了不可调和的境地。一些兄弟企业，从资金比较宽裕变成了持有一堆应收账款和票据，从过去搭伙赚钱共同发展变成了彼此如何“活”下去，从彼此都盈利不错变成了利润微薄甚至亏损。业务不好做、效益不景气的时候，兄弟企业之间自然也更容易产生矛盾，有些矛盾还变成了商事案件，造成了更加恶劣的负面影响。

一、内部诉讼有何弊端

兄弟之间打架，往往两败俱伤，对整个家庭来说没有好处。兄弟企业之间产生诉讼案件，往往也会对整个集团产生很多负面影响。

（一）有损形象

兄弟之间吵架已经很丢家庭形象了，要是直接变成打架，外人看热闹的就会更多，甚至议论纷纷。对于企业也是一样，外人会认为这家集团管理水平低下，协调管控能力不高；会认为若管不好子公司，是否能管理好业务，是否能保证产品质量。好事不出门，坏事传千里。兄弟企业之间诉讼，甚至比广告的传播速度要快得多、面积要广得多。

（二）影响管控

兄弟企业之间互相诉讼，本身就代表了集团管控水平不能说很差，但至少不是一流的企业治理。内部诉讼会产生破窗效应，其他兄弟企业也都会观望，类似的业务可能也会选择内部诉讼以解决问题。另外，其他业务、管理活动，可能都会考虑是否要执行集团的意志，会思考是否应该坚持本企业利益最大化，导致集团各个条线的管理活动在子公司执行时打折扣、被变通。

（三）破坏战略

集团的战略，不是仅仅靠总部各部门去实现的，而是上下齐心，依靠各个子公司一起共同实现的。假如集团一个案件都协调解决不了，会严重影响集团在子公司“心目中”的形象和地位，导致各个子公司不服从集团的管控。如果各子公司不能整齐划一，服从集团整体管控、实现集团战略就只能是一句空话。若各个子公司都想着各自的利益，打着自己的小算盘，就无法协同配合实现集团意图，集团战略就只能是海市蜃楼。

（四）利益损耗

集团鼓励内部合作，初衷肯定是想着能够集团利益最大化。通过内部协同培育新兴业务，实现业务规模更大，且将利润留存在集团内部。但是一旦产生内部诉讼，就说明产生了内耗。内部诉讼的成本、对业务合作的影响、集团意志大打折扣等，都会严重影响集团整体利益的实现，导致集团利益变得四分五裂，子公司之间各自为政，子公司从合作变成博弈，从一起做大“蛋糕”变成怎么切分抢“蛋糕”。

二、集团管控内部争议具有优势

2023 年 8 月 1 日，国务院国资委印发的《中央企业法律纠纷案件管理办法》正式施行。该办法第 15 条规定，同一中央企业所属单位之间发生法律纠纷，可以通过内部调解等方式解决；第 28 条规定，中央企业之间发生重大案件，鼓励通过协商解决；协商不成的，可以报国务院国资委指导协调。这是从国务院国资委层面对于同一央企内部诉讼以及不同央企之间诉讼作出的规定，体现了国资监管层面对内部诉讼的高度关注。一些地方国资委、民营企业也都很重视内部诉讼的问题。协调解决内部诉讼，可以靠兄弟单位居中调解，也可以靠纠纷双方协商解决，还可以靠控股股东干预调解。此外，还有监管机构指导协调、第三方居中调解等方式。但是，最直接、最高效、最管用的可能是集团总部，也就是控股股东居中调解。

（一）法律上有依据

《公司法》为股东特别是控股股东参与企业治理提供了大量法律依据。一是《公司法》第 58 条规定股东会是公司权力机构；二是《公司法》第 57 条规定了股东查阅会计账簿、会计凭证等权利；三是《公司法》第 59 条规定了股东会选举和更换董事、监事的职权；四是《公司法》第 71 条规定了股东会有正当理由解任董事的权利；五是《公司法》第 110 条规定了股东对公司经营的建议权和质询权；六是《公司法》第 126 条规定由董事会决定聘任或者解聘经理，经理对董事会负责；七是《公司法》第 189 条规定股东可以请求监事会、董事会起诉董事、监事、高管。可见，《公司法》从法律层面对股东参与企业治理作出了明确、详细的规定，特别是为控股股东参与控股公司、全资子公司的企业治理提供了法律依据和顶层设计。

（二）熟悉业务模式

子公司之间的业务合作，往往是集团鼓励和支持的。集团总部对子公司之间的业务合作一般也比较熟悉，知道彼此的业务合作模式，清楚双方的业务合作范围、供货方式、运输方式、验收要求、结算条件等。若是集团之外的人介入，需要从零开始向其介绍具体的业务合作流程等。

（三）信息较为对称

集团总部往往掌握的信息更为充分，对子公司的组织架构、人员结构都比较熟悉，甚至一起共事过，至少工作上打过交道。对争议双方的企业领导、业务部门负责人往往比较熟悉。对所涉业务的具体情况也会比较熟悉，知晓相关业务的营业收入、利润、劳动生产率、融资成本、应收账款等具体数据。毕竟，这些都能够从集团的财务管理、生产经营等信息系统里一键查询。甚至，子公司之间掌握的对方信息还没有集团总部全面、详细。

（四）影响高管任用

除了选举、更换董事、监事，集团作为控股股东，往往会影响子公司高管的选任，实际上决定这些高管的调动、晋升。此外，集团通过述职述廉、干部档案管理、年度考核、薪酬福利、履职待遇、调查监督等各个方面的管控，很大程度上实现对子公司领导班子的严格管理。这些体现了集团总部的人事管理权，为协调子公司之间诉讼案件提供了某种便利，方便两家子公司的领导班子能够坐到一个会议室听从集团总部的协调。

（五）财务集中管理

很多集团都实行总部财务集中管理，建立了财务管理系统，对各子公司的资金实行集中管理，对内部借款进行统一管理，由集团向金融机构借款给各子公司使用，或者为子公司融资提供担保。在财务管理方面，子公司既对集团有依赖，又受集团的资金调配。在集团调解有明确意见后，若子公司不执行，集团总部可能还有切断借款、直接划款的“杀手锏”。

（六）考核追责约束

子公司的领导班子的薪酬往往不是自己决定的，很大程度上由集团总部的业绩考核决定。集团可以对不执行集团意志或制度的情况进行扣分，将其直接与子公司领导人员薪酬相挂钩。此外，还有纪委、巡视、审计等监督机构，可以对子公司是否存在违反政治纪律、不执行集团战略、违反集团规章制度等进行调查监督。

三、内部诉讼暴露哪些问题

内部诉讼暴露的根本问题是企业治理尚有待规范，现代企业制度尚未建立健全，企业经营管理水平有待提高。

（一）经营管理有待规范

从大的方面说，内部诉讼证明集团整体管控不够到位，没有对子公司实现强管控，没有从战略、投资、财务、人员等方面实现统一管控。这些具体就体现到经营管理有待规范，没有建立内部业务合作的统一规则或制度，没有为内部业务合作定好规矩，在内部业务合作的方式方法、合作范围、定价机制、结算方式、支付方式、利润分配等方面缺少一个明确、统一的规则。

（二）业务合作不够灵活

内部业务合作，可能会在一定程度上降低企业的灵活性，在适应市场变化和客户需求方面产生一定迟缓。集团在业务合作规则方面定好规矩就行，若在具体的一笔笔业务上进行干预，就容易出现问题。如果集团对一笔笔的具体业务合作进行行政式的干预，就会导致具体的业务合作太机械化，不能适应市场的变化，无法抵御市场风险。在具体业务合作中，应当由子公司根据市场行情，按照市场“游戏规则”进行灵活处理，否则风险就容易变成争议纠纷。

（三）沟通交流需更顺畅

产生内部诉讼案件，一定程度上证明子公司之间交流沟通不到位、不深入，更大程度上证明集团总部有待建立良好的沟通交流机制。一方面，子公司向集团总部的汇报机制尚不健全，没有建立汇报渠道或没有要求及时汇报；另一方面，集团总部对子公司的争议没能搭建沟通交流的渠道，与子公司沟通交流不密切、不充分。这导致信息不够对称，情绪没有得到释放，无法心平气和商讨妥善解决问题的办法。

（四）协同平台有待完善

内部产生诉讼案件，一定程度上反映集团缺少一个业务协同管理部门，或是该部门没有权威，没能发挥应有的作用。比如，业务协同部门没有一个清晰的协同合作的权责边界，没有建立相关的业务合作信息系统，对于营业收入、利润等如何进行协同分配没有科学的机制，或者相关的流程操作性不够方便，没能调动协同双方的积极性，没有做好日常的协同工作，协同平台形同虚设。

（五）绩效考核尚不科学

内部业务合作产生诉讼案件，往往是因为应收账款形成“堰塞湖”，或是利润分配不合理。应收账款方面，应付单位占用账款，没有动力主动付款，想着兄弟单位好说话。利润分配方面，过度向一方倾斜，另一方心里产生不平衡，认为费力不讨好，辛勤工作没好处。这些都证明集团没有一套科学的考核激励约束机制进行规范。作出贡献的单位没有得到好处，没有体现协同价值。每个企业的合作贡献没有科学衡量，导致企业之间出现推诿等现象。

（六）法治建设有待健全

内部产生诉讼案件，一定能反映出集团法治建设水平有待提高的问题。首先，缺乏良好的风险预防机制。集团没能在事前做好风险预防，导致合同审核、合同示范文本等合同管理存在问题。其次，规章制度有待完善。集团内部协同的规章制度缺失，或制定时没有做好法律审核。最后，内部调解处理机制有待健全。有争议但没地方说理，没地方主持公道，只能诉诸司法机关。

四、如何预防内部争议产生

内部业务合作大体分为两类。一类是纯粹的内部业务合作，付款收款主体不涉及第三方的。比如，两家企业是兄弟企业，家具公司将办公桌销售给数据公司办公使用。另一类是夹杂第三方的内部业务合作，某个环节需要向外部企业收款或付款的，具体又分为两种类型。一种类型是兄弟企业合作后向外部企业收款的，如作为施工单位、材料供应单位的兄弟企业把工程向建设单位交付后收款；另一种类型是一家兄弟企业通过外部企业作为中间环节把钱支付给另一兄弟企业，如建设单位和材料供应单位是兄弟单位，中间的施工单位是外部企业。分析内部合作的模式，是为了更好地预防内部争议事项发生。

（一）规范内部合作规则

内部业务合作，其实就是关联交易。关联交易一直受到《公司法》等法律法规的规范，在财务管理、内控管理上也有很多具体的规定。这就要求定好关联交易的“游戏规则”，把内部合作的好事办好、做到亲兄弟明算账，明确合作目标。在合作项目中，要确保双方对合作目标、责任分工、利益分配等有清晰的认识和明确的约定，减少因理解差异导致的纠纷。关于利润协同，不能直接输送利益，但可以在考核时作为业绩数据，与子公司领导及员工薪酬总额、绩效奖金等挂钩。

1. 划分合作单位权责。比如，建设单位应当对集中采购范围内的大宗物资清单、规格型号、使用数量、技术要求等信息进行统计，列明集中采购物资的范围、价格、计量、支付等合同条款，组织有关单位共同制定物资需求计划。施工单位应当承担大宗物资的计划申报、接收、检验、存放保管、总量控制等责任，定期核对确认，及时向材料供应单位支付大宗物资货款。材料供应单位应当主动与建设单位沟通物资需求、采购模式和服务要求，发布集采材料价格信息并提供询价服务，统筹安排各企业建设项目的物资需求。

2. 明确业务合作范围。通过制度、通知等方式，公布各兄弟单位的业务合作范围，引导倡导或要求对重点业务进行合作。比如，明确建设项目中使用的钢材、水泥、沥青等材料属于大宗物资，均应实行集中采购、供应管理。对未纳入集中采购范围的材料物资，鼓励采供双方按照市场机制和利益共享原则实施供应和服务，互助合作，协同发展。优先采购集团所属企业生产的材料设备。

3. 建立定价调价机制。实践中，内部纠纷大多数与价格有关。因此，需要有定价机制，也需要有灵活的市场调节机制，做到原则性与灵活性相结合。例如，大宗物资供应价格 = 采购价 + 税费 + 采购保管费 + 运输费 +

合理利润。合理利润由双方协商确定，具体事项一事一议。对材料价格随市场变化波动较大的大宗物资，由采购需求单位与材料供应单位具体协商调价机制。

4. 明确结算支付方式。例如，在每个结算支付周期，建设单位应当首先向项目承包单位支付该结算周期材料款，并督促施工单位及时向材料供应单位结清大宗物资货款，再支付剩余工程计量款。支付方式为银行转账，按月结算并支付货款，因延期支付产生的资金占用费，由双方按市场原则协商计取。集中采购供应材料货款结算金额以施工单位签收的数量，以及合同约定的结算价格进行结算。

（二）加强总部管理协调

除了有制度规则对内部业务合作的关联交易进行规范，还需要在集团总部有一个具体的部门负责业务协同的职能管理。在制度执行产生疑问时，能够得到咨询和答疑。在具体业务合作中遇到问题时，集团有部门负责听取意见。在子公司之间对价格、支付产生问题时，集团有部门能够进行居中协调。在利润分配、业绩归集等产生争议时，集团有部门能够站出来主持公道，避免矛盾恶化。集团总部的业务协同部门还能够定期统计数据（例如，材料需求计划表、对量表、结算表等），开展研讨交流、检查监督、督促整改。

例如，集团业务协同部的主要工作内容包括：根据集团发展战略，制定业务板块的创新协同领域基本制度；协调推进在集团系统内的业务协同工作；对各业务板块的内部协同工作进行指导、协调和服务，研究、提升、创新协同工作水平；统计、监测和报告集团创新协同发展情况；对业务协同过程中风险识别、分析和评估的充分性及风险控制的有效性进行评估；起草集团创新协同工作年度报告。另外，集团的财务管理部、资产管理部、法律合规部等作为业务协同的支持部门，负责业务协同的资金管理、资产管理、风险管理等工作。

（三）鼓励遵循市场规则

集团的业务协同相关的制度规则总是滞后于市场的，也不可能完全考虑到实践中的各种可能性，一定要为具体业务合作留出一定的灵活空间。因此，业务协同要坚持原则性与灵活性相结合，在集团对业务协同作出制度规定的前提下，应当对具体的业务合作充分授权、放权，集团总部不再进行具体干预。集团要鼓励子公司以维护集团整体利益最大化为基础，遵循市场交易基本原则，秉承契约精神，诚实经营、严格履约。鼓励子公司自行做好事前尽调和风险预防，对合同签订、合同履约自行负责。子公司彼此结合市场规则进行交易，抗风险能力自然就更强，就更符合双方的利益，这样才不容易产生矛盾纠纷。

（四）健全沟通交流机制

争议宜疏不宜堵，需要建立多级沟通交流机制。一是在子公司层面，需要有职能部门负责管理业务协同的事项，在项目部、指挥部遇到业务协同问题时，能够听取其想法，提供建议，帮忙反映相关问题。二是在集团总部层面，由业务协同部门负责建立与各子公司的沟通交流机制，避免矛盾恶化。在沟通交流机制方面，一要深入项目调研，经常到项目部、基层一线调研业务协同遇到的实际问题，与项目经理、一线员工面对面交流；二要建立定期碰头会议机制，每个季度召集各子公司谈谈业务协同情况，哪怕是吐吐槽、发发牢骚，也能够发现一些问题从而加以解决。三是建立一对二的争议沟通机制，由集团业务协同部门主导，两家子公司参加，必要时相关职能部门也参加，听取双方业务协同情况，讨论解决遇到的具体问题。

（五）规范合同管理工作

一是规范合同文本。子公司要使用标准的合同文本，确保合同条款清晰、明确，避免模糊用语和法律漏洞。集团要出台统一的合同示范文本，明确价格、成本、质量标准、支付时限、支付方式等条款，方便子公司参照使用，减少大量的谈判沟通。子公司要约定市场调节机制的条款，方便根据市场实际灵活变通。

二是约定争议条款。在内部单位之间签订的各种合同中，关于争议解决方式的条款应当约定各方当事人在发生法律争议时必须先按照集团的制度予以处理。基于企业社会形象的考虑，集团可以要求子公司不得约定通过诉讼方式解决纠纷。这样即使通过仲裁方式，也能够保护集团及子公司的一些商业秘密。

三是严格合同审批。合同在签署前应经过严格的审批流程，确保合同内容符合双方意愿和法律规定。千万不要在合同审核时，想着都是兄弟单位，闭着眼睛签都行，导致产生争议后没有一个合理可行的解决办法。

四是签订框架协议。正式合作之前签订合作框架协议，明确供应范围、需求计划、定价模式、结算支付等关键条款，为后续的具体业务合作提供指导意见。例如，在单个项目开工前，由建设单位、施工单位、材料供应单位沟通协商，签订具体的项目物资供应三方合同。

（六）加强履约过程管理

应当建立合同履行监控机制，及时跟踪合同履行情况，发现问题及时处理，避免问题积累导致诉讼。为了业务顺利推进，需要实时关注业务变化，及时识别其中出现的风险。应当建立季度风险排查机制，制订具体的风险排查清单，避免项目结束时出现意外和惊吓。还应当定期开展项目履约检查，由质量、财务、法务等部门联合开展检查，及时识别处置项目实施过程中的风险。在履约过程出现问题时，也应当组织商务、技术、财务、法务等部门一起商量解决问题。尽早发现问题，及时发现小问题，不要等小问题拖成大问题，增加双方协调解决的难度。

（七）重视内部欠款问题

内部争议矛盾，很大程度上与合作款项支付有关。需求方想着都是内部兄弟企业，拖一下再支付也无所谓，何况下游企业也还没付清款项。供应方想着都是兄弟企业应该好说话，先继续供货再说，年底再找对方要账。

时间长了，往往就积累了大笔的应收应付款项，甚至有些还没有验收确认，在款项金额上产生争议。另外，应收应付账款背后可能隐藏了很多业务问题。前期双方没有进行及时确认，都想着你好我好大家好，兄弟之间都好说。但到了项目收尾，需求方认为有些不应当付款，供应方认为理应全额收款，等等。因此，集团总部及子公司都应当高度重视内部欠款问题，关注应收账款、应付账款的数量及账龄，及时对账确认，尽早支付款项，避免时间长了一些问题说不清楚，导致对需要支付的金额产生争议。

五、管控内部争议秉持的原则

（一）依法合规

依法合规是争议调处的前提，争议调处工作应当严格遵守国家法律法规与企业内部管理制度，确保调处行为的合规性与有效性。一定要避免形成人格混同，不能搞利益输送，绝对不能侵犯小股东利益。当多个原告或被告中有第三方时，可能就不适合进行干预，不能内部串通一致对外。

（二）客观公平

争议调处工作应当尊重既成事实，厘清争议焦点，在尊重双方真实意思表示的基础上，公平合理地确定权责比例。不搞家长式行政干预，不能"拍脑袋"决定，而是要保持中立，客观地、中性地对待两家子公司，不要夹杂部门利益或个人感情。

（三）尊重契约

争议调处工作应当以诚信为本，秉持诚实，恪守承诺，善意履约，和合共赢。签订的生效合同是双方的真实意思表示，应当得到充分尊重。合同约定了业务合作的细节，应当作为调处的重要依据，抛开合同谈集团管控，是不可取的。

（四）及时高效

内部产生纠纷后，应当迅速解决问题，否则既影响业务合作，也容易激化矛盾、恶化矛盾。集团总部应当建立纠纷报告机制，快速响应组建调解小组，及时进行调处，避免争议久拖不决，影响业务进展。

（五）发展业务

内部争议调处，目的肯定是促进业务发展，而不是阻碍业务发展。那么，调处时就应当把促进业务发展作为立场和导向。调解结果要有利于该笔业务合作，更要有利于这两家企业的后续合作，以及集团各子公司之间的业务合作。千万不要因为调解结果而在子公司之间埋下结怨的“种子”，不要因此出现抵制合作、拒绝合作的局面。

（六）整体利益

集团总部进行调处，肯定不是单纯为了某家子公司的利益，而是希望集团利益最大化。有时可能需要某子公司适当地作出让步，集团对此也要做好耐心、合理的解释。千万不要出现两家子公司利益一正一负、相加得零的结果。不要站在某家子公司的位置思考如何调处，而是应当站在集团的角度思考如何实现集团利益最大化。

六、如何调处内部争议矛盾

集团内部兄弟企业之间产生争议矛盾，不仅是业务问题或法律问题，背后还涉及复杂的企业文化、人事管理、政治考量等。集团主要领导的理解和支持，是解决内部争议矛盾的核心。集团业务分管领导、法务分管领导的态度和担当，是解决内部争议矛盾的关键。只有集团领导高度重视、听取汇报、主动协调、推动解决，才能为调处内部争议矛盾营造环境、搭建平台、健全机制、提供保障。

（一）建立争议调处机构

在集团层面设立争议解决委员会作为调解处理机构，负责指导、监督内部纠纷处理和研究、讨论重大、疑难内部纠纷处置等事宜。争议解决委员会下设秘书处，秘书处设在法律合规部；财务部、业务管理部等职能部门为委员单位，方便调处结果的执行到位。争议解决委员会秘书处负责起草集团内部争议纠纷解决规定，筹备争议解决有关专题会议，负责内部纠纷受理、调裁、执行等程序性工作。针对每个具体纠纷项目，组建调解小组。

建立由法律专家组成的调解专家库。法律专家应当具有处理复杂或者疑难法律事务的工作经验和能力，熟悉企业经营管理，具有较强的组织协调能力，从事法律合规管理工作满 10 年。优先选择担任法律合规部门主要负责人满 5 年的，在地方仲裁机构担任仲裁员满 5 年的，曾经在法院担任过助理审判员或审判员满 5 年的，曾经担任执业律师满 8 年的。

（二）明确受理争议范围

1. 明确内部争议定义。主要指集团各子公司之间因违约、侵权、担保等行为而产生的需要根据法律法规及集团规章制度规定作出判断，以确定有关责任和义务的经济类争议。

2. 明确争议主体范围。具体包括不同子公司及其所属各级公司之间的争议，各级公司的分公司、项目部、指挥部及其与各子公司之间的争议，还可以包括控股子公司及能实际控制的公司之间的争议，以及争议解决委员会认为的其他争议主体。

3. 明确不予调处范围。内部法律争议受理范围不包括个人与单位之间的争议，上下级单位之间因具体管理行为而产生的争议以及权利义务明确仅涉及履行义务的纠纷，不包括参股的子公司，或没有实际控制的子公司之间的争议，也不包括与企业客户、投资合作方之间的争议。

4. 明确争议业务事项。包括各子公司及其所属各级公司相互之间在经济合同或其他财产权益方面的争议。例如，主要包括分包合同争议、采购合同争议、租赁合同争议、侵权责任争议等。

另外，明确内部法律争议不适用诉讼时效的规定，避免拟起诉企业担心即将超过诉讼时效而“一意孤行”起诉等问题。

（三）建立申报预告机制

1. 拟起诉方主动报告。争议双方都可以向集团总部调解机构提交申请书，申请内部争议调处。只有申请不被受理，才有向法院起诉或申请仲裁的空间。

2. 提供项目基本情况。包括申请人名称、住所及法定代表人，合作项目基本情况及当前进展，被申请人名称、住所及法定代表人。

3. 提供依据、事实、理由。提供相应的集团规章制度、法律法规、标准规范，以及具体证据和理由。

4. 提交前期协商情况。说明双方前期如何协商，说明协商过程及结果。

5. 提交领导同意文书。提供上一级公司法律合规分管领导同意提交调处的意见。若是二级公司之间的争议提交集团调处，则由该公司分管领导签署相关意见。

（四）健全争议处理程序

1. 调处机构通知受理。向争议双方告知已经受理调处事项。

2. 聘请内部代理人员。由双方自行考虑是否聘请内部人员进行代理。严禁聘请外部律师参与。有外部人员在场，有些事项可能不方便“摆上桌面”讨论，可能协调难度更大。

3. 双方选择法律专家。参照仲裁员的选聘程序，由双方自行选择法律专家，首席专家由内部调处机构指定。

4. 鼓励双方进行和解。在正式调处前，分析各自利弊，再次鼓励双方自行和解。

5. 核实双方证据情况。调处开庭时出示证据，并经对方质证。

6. 研究提交鉴定事项。研究是否同意鉴定，可共同委托鉴定机构或鉴定专家，也可由内部调处机构指定。

7. 听取双方陈述辩论。充分听取争议各方对事实和理由的陈述，听取双方的辩论意见。

8. 出具调处意见文书。按照多数法律专家的意见作出调处意见，少数法律专家的意见应当记入笔录。不能形成多数意见时，提交争议解决委员会研究决定。

9. 双方执行调处意见。限定一个时限，要求双方严格执行完毕，否则由争议解决委员会下达强制执行通知书。

（五）建立多级调处机制

1. 逐级进行调处。对于规模大、各级子公司数量众多的企业，或内部争议事项较多的企业，建立分层分级的调处机制。例如，对于四级公司的争议，提交三级公司进行调处，没有必要直接提交集团总部进行调处。两次调解未果的，上报上一级单位，同时提交前两次调解材料。

2. 必要情况提级。必要时提级调处，比如，对具有重大社会影响、群体性事件、环境污染事件等纠纷风险的化解，集团总部调处机构有权决定提级办理。

当然，对于内部争议事项比较少的，也可以直接由集团总部进行调处，各级企业相关人员参与。

（六）优先适用内部制度

集团规章制度对于内部业务协同往往都有具体的规定，对业务合作的细节、环节有操作性比较强的规定。另外，集团规章制度也体现了集团管理层的意志，体现了集团战略层面的考量，是站在集团整体利益最大化的角度作出的规定。处理内部争议时，企业内部规章制度有特殊规定且不违反法律法规规定的，优先适用企业内部规章制度。在内部规章制度没有规定时，充分依据法律法规的规定。在内部规章制度违反法律规定时，不得适用内部规章制度。

（七）细微争议快速调处

为了提高调处的效率，对于一些双方争议，虽然整体金额较大但偏差率不大的，没有必要进行常规的内部调处，而是由集团总部制定规则，子公司直接按规则办理。例如，对于双方争议金额之差占标的金额 5% 以内的，可以视为无争议欠款。对于无争议欠款事项，由双方法律合规部门、财务部门进行对接，协商分期或延期支付方案。若双方未能达成一致方案，由集团总部按照合同约定，根据收款方提供的应收账款依据，通过财务集中管理系统予以支付。集团可以要求对于无争议欠款事项，一要严禁起诉，二要限期结案。

（八）执行内部调处结果

1. 要求限期履行。对于调处意见，要求当事人自觉履行。申请人应当在送达之日起一个月内将被申请人履行完毕的情况书面报告争议解决委员会。

2. 申请督促执行。对于被申请人未按要求限期履行的，申请人可以向争议解决委员会申请强制执行。

3. 强制执行划扣。对于履行期限届满后，被申请人仍未执行的，由争议解决委员会下达强制执行文书，对被申请人进行警示，再提供一个月宽限时间要求其主动履行，否则由集团财务部门通过资金集中管理系统直接划扣。

4. 允许执行和解。调处意见生效后，申请人与被申请人自行达成执行和解协议的，应当予以尊重。若一方当事人不履行执行和解协议，可申请恢复原调处结果的强制执行。

此外，把调解结果纳入业绩考核数据统计，在内部单位之间调整考核数据，增强执行的严肃性。

七、如何处理内部诉讼案件

若集团有内部争议解决的机制，子公司还是选择了诉讼、仲裁方式解决争议，就值得集团进行深刻反思。思考究竟为什么子公司非得诉诸司法途径解决争议？对于子公司而言，主要有这么几个原因。一是认为调处程序存在问题，二是认为调处结果不公平，三是调处结果得不到有效执行。这些“症状”，都需要集团层面高度关注，进行反思，进而优化内部争议解决工作。

（一）要求履行备案程序

即使拟起诉方认为存在种种问题准备发起诉讼，也需要向集团总部进行备案。不是要求其必须经过审批，而是需要让集团知晓相关情况。集团内部调处机构还可以作最后的诉前调处。

（二）调处不作司法依据

调解不成的，任何一方均不得在仲裁程序、司法程序中援引争议相对方或内部调处机构在调解过程中的任何陈述、观点或建议作为其请求、答辩或者反请求的依据。这样既能避免集团干预司法活动，也有利于调处过程中减少双方顾虑进行争议化解。

（三）再次争取双方和解

抓住多种机会再次争取双方进行和解。在诉讼立案前、一审、二审、执行等环节，由内部调处机构组织双方进行和解沟通。特别是诉讼案件遇到漫长的司法鉴定、多次开庭、发回重审等情况时，更是争取双方和解的时机，尽量减少诉累。

（四）集团领导谈话协调

对于内部企业进行诉讼仲裁的，必须引起集团领导的高度重视。正式提起诉讼前，大概率已经内部调处机构、集团法务分管领导、集团业务分管领导协调沟通。在诉讼过程中，必要时由集团主要领导进行再次协调，包括与子公司主要负责人进行一对一谈话，听取情况、分析利弊、权衡利害，积极引导妥善解决内部争议。

（五）比较调处判决结果

如果内部调处结果与法院生效判决基本一致，则证明起诉方没有正确看待调处结果，一定程度上浪费了司法资源，花费了一定成本，损害了企业形象，影响了集团管控工作。对于内部调处结果与判决裁决结果基本一致的，需要对起诉方进行负面评价，包括约谈、通报、取消评先评优资格、考核扣减薪酬等。这样也能让拟起诉方慎重考虑是否通过外部手段解决内部争议。

（六）起诉若败负面评价

发起诉讼的一方，没有听取内部调处机构意见，没有遵循集团内部争议解决制度规定，已经属于不服从集团管理。若生效判决裁决也没有支持起诉方的诉请，证明起诉方既不执行集团规章制度，还错误判断内部合作，浪费司法资源，增加企业成本，影响业务合作。集团应当对作为起诉方的企业主要负责人进行谈心谈话，必要时考核予以扣减薪酬，甚至减少该企业的内部合作机会。

（七）严格考核追究责任

争议各方未经内部调处机构同意而擅自提起诉讼、仲裁的，集团总部应当对擅自提起诉讼、仲裁一方所在企业给予扣减其法治建设考核分值的负面评价，同时适当扣减该企业负责人年薪。对于发现子公司通过债权转让、明示暗示第三人起诉的，对其进行严肃约谈、考核扣分。另外，重点检查起诉方在业务合作中是否存在问题，必要时邀请纪检机构、审计部门等参与，一旦发现问题严肃问责。

（八）反向检查调处结果

若生效判决裁决与内部调处结果存在较大差异，应当引起集团总部及内部调处机构的高度关注和反思。其应当思考内部调处是否存在问题，法律专家是否足够专业，选聘程序是否出现问题，是否存在徇私舞弊行为。积极发现问题，改进优化后续的内部调处工作。

八、支持内部诉讼例外情形

凡事不绝对。在要求内部争议必须进行内部调处、不得诉讼的同时，应当考虑例外情形。如果通过诉讼、仲裁，能够更好维护集团整体利益，或能解决内部调处无法解决的合规性问题，经内部调处机构同意，可以通过诉讼、仲裁方式予以解决。此外，还有一些兄弟企业之间诉讼，是法院依职权追加导致的兄弟企业之间被动互相诉讼的局面；还有相对控股的企业，为了保护小股东利益，选择了向兄弟企业进行诉讼维权。以下为向其他单位维权的案例。

建设单位和材料供应单位是兄弟单位。建设单位委托第三方施工单位进行施工，并签订三方合同约定由兄弟企业材料供应单位提供钢筋、水泥等工程材料，以及约定材料款结算由材料供应单位开具发票给施工单位，施工单位向材料供应单位出具委托建设单位付款函后由建设单位直接向材料供应单位付款。

原本这样的价款支付方式没有产生任何问题，但后来施工单位收到材料供应单位发票后不愿意出具委托建设单位付款函，施工单位与建设单位在彼此工程验收、款项支付方面也产生了争议。“屋漏偏逢连夜雨”，建设单位还收到了法院的协助执行，要求其对该施工单位的应付款暂停支付。

眼看施工单位资信状况不断恶化，建设单位想着除了法院协助执行的款项，目前欠款还能涵盖材料供应单位的欠款，但是担心后面若还有其他法院协助执行通知再来，则后续就无法向兄弟企业材料供应单位付款。为了材料供应单位的材料款项安全，经多方讨论后，由材料供应单位提起诉讼，将施工单位、建设单位作为被告，要求施工单位承担付款义务，建设单位承担连带责任。

最终，法院认为，施工单位实际使用建筑材料，应当承担付款义务；建设单位只是承担代为支付的义务，承担连带清偿责任。后来，材料供应单位凭借法院的判决以及协助执行通知书，收到了材料款项。没过多久，施工单位又陆续收到涉及其他债权人的大量法院判决，要求施工单位付款。建设单位也收到了很多协助执行通知书，由于顺位在材料供应单位之后，建设单位已不欠付施工单位那么多款项，后面的一些债权人的债权就没有得到清偿。

第四节　聚焦十个阶段全周期防控案件风险

有的企业很重视案件处置工作，可能是因为疼痛更能引起注意力，但是对于预防风险没有那么重视，导致“火灾”不断产生，再强的“灭火”能力也招架不住“四处起火”。另外，有的企业就案件谈案件，把案件的每个阶段割裂开来，法务部门与其他部门、企业领导之间没有形成案件管理的合力。诸如此类的问题，造成案件管理难以达到很好的效果，全生命周期管理案件势在必行。

一、全生命周期管理案件的作用

（一）避免大量案件产生

全过程的案件管理工作，能够打通案件处置和前期风险预防工作，能够将案件暴露的问题反馈到事前预防风险加以重视，能够直接排除大量风险，另外能够让很多小风险及时化解，让大风险变成小风险，预防案件发生。

（二）提高案件处理效率

全生命周期管理案件，能够确保案件从发生、调查、处理到结案的整个流程，都有明确的规定和标准化的操作程序。系统化的案件管理方法能够减少案件处置中的重复劳动，避免不必要的延误，让案件相关工作流程在企业内部更加顺畅无阻，从而大大提高案件处理的效率。

（三）提高案件处置质量

全生命周期管理案件，能够在案件的各个阶段预防和及时处理出现的各类风险，避免案件判决结果出现惊吓，能够系统性地考虑案件的诉讼请求、财产保全、司法鉴定、证据管理、案件执行等工作，更能够减少案件办理过程中出现的失误，让案件办理结果更加可控，减少意外发生。

（四）提高企业维权效果

案件处置效率更高、办案质量更高，当然更能够让案件结果向有利于企业的方向发展。不该输的案件赢的概率更大，能够赢的案件可能性也更大。全生命周期管理案件，能够把案件前期准备与案件办理各个阶段更好关联，实现步步为赢；能够降低败诉被执行带来的经济损失，更主动、更大额度地挽回经济损失，有效降低案件造成的声誉损失。

（五）标本兼治各类问题

全生命周期管理案件体现的是系统思维，解决了“头痛医头”“脚痛医脚”问题，防止顾此失彼、“按下葫芦浮起瓢”。案件管理的每个阶段、每个环节都有痕迹，一旦出现异常，可以向前追溯、循线追查，精准找出问题、提出对策。从开始到结束，实现全流程监管，全时段纠偏，及早发现问题、调整解决。全过程、连续性地关注问题、解决问题，从源头上、深层次解决问题。

（六）优化企业经营管理

案件管理能力的提升，本来就是企业管理水平的体现。案件管理反哺企业管理，将案件暴露的问题及时予以整改，完善企业规章制度，改进优化工作流程，加强各个部门之间协同配合，能够有效提升企业经营管理水平，提高企业治理能力。

二、当前案件管理存在哪些弊端

（一）重视案件处置而忽视前期介入和后期改进

重视案件处置，是很多企业都能够做到的，“挨打”了引起重视确实不难。但是，很多企业就案件谈案件，花费大量的时间、精力在案件处置环节。没有案件时，仿佛一身轻松；来了案件，立刻心急火燎；案件办完后，马上无所事事。很多企业把眼光聚焦在案件处置的环节，没有“瞻前顾后”，没有把案件管理的前后环节打通联通。没有冷静思考为什么会爆发这些案件，案件的源头是哪些风险防范不到位，应该如何前移风险防控关口，做好事前风险预防。没有吃一堑长一智，没有考虑案件暴露出来的问题是哪些经营管理的问题，没有考虑涉及哪些业务部门，应该如何改进优化完善。可以说，案件管理既先于案件处置，又不止于案件处置。

（二）处置案件而没有形成全过程系统管理链条

案件管理，主要包括监测（monitor）、报告（report）、处置（dispose）、改进（improve）四个环节。一些企业没有从潜在纠纷处置、案件监测、案件报告应对、裁决执行、案后结果分析评估、案件反映管理问题的改进、案件归档的全过程管理案件。案件管理是企业管理的一种，是企业管理的方式、工具。但是一些企业谈案件处置多，做案件管理少。没有将案件管理纳入企业管理，没有把案件管理作为企业管理的一部分，把案件处置与案件管理割裂开来，把案件管理与企业管理区分开来。没有打通战略管理、人力资源管理、市场营销管理、财务管理、案件管理、企业文化管理等整个管理系统，难以形成有力的“组合拳”。

（三）案件处置随意性强没有形成标准程序规范

据了解，很多企业都制定有《法律纠纷案件管理办法》，但是一般只有一个案件管理办法，缺少案件专项管理办法，缺少常见主要案件的办案操作指引。仅有的一个案件管理办法，可能规定了案件管理职责、案件处置流程、律所代理案件、办案经费保障、案件考核奖惩等章节，但是不可能详细规定案件处置的各个环节流程，不可能规定案件每个阶段遇到的风险如何处置，如何能操作性地激发律师通过风险代理等保证代理效果，如何让法务人员自主代理案件，如何做好案件卷宗档案的归档、管理、借阅等具体工作。感觉不少企业的案件管理工作没有形成严密、科学的流程，存在不少的流程空隙、断档。实践中，案件管理工作主观随意性比较强，靠个人经验办案比较多。

（四）运用法律思维处置案件但融入经营管理少

提及案件处置，法务部门运用法律思维比较多，也比较擅长，与律所讨论案件比较多，案件策略中法律建议占据整个篇幅。有时候，法务部门孤立地看待案件处置，没有置身于企业的整体视角看待案件管理。整个案件管理未能立足于“管理”，没有从体系建构的高度和要求进行管理升级，没有关注单个案件可能对企业战略落地、日常经营、企业管理工作所带来的连锁影响。比如，有的案件处置，法务部门就是单纯想赢，想挽回损失立大功，但是企业可能想尽快了结案件，不想影响经营发展，不想得罪大客户、丢大订单，不想闹得人尽皆知破坏品牌形象。

（五）孤立看待个案而缺乏整体协同配合的机制

有时候，法务部门像一个孤勇者，孤军奋战、奋勇杀敌，在案件处置过程中与对方顽强拼搏，勇气可嘉。但是，案件管理不是法务部门一个部门的事情，单独的法务工作、法律思维、法律方法很难让案件管理达到很好的效果。大量的企业，法务部门对案件“包圆”，其他业务部门参与少，各个部门职责规定不够科学；集团与子公司之间协同配合程度不够，直管式、指导式、督办式等案件管理模式没有准确定位；企业领导重视参与程度不够，不能给予案件必要的资源保障；律师与法务人员配合衔接不够密切，法务人员对内部协调的助力不够；法务部门与业务部门信息互通机制不顺畅，对案件暴露问题反馈不多，没有建议进行整改。

三、认清案件管理的小周期和大周期

案件全生命周期管理，笔者认为应分为小周期和大周期。对于单个案件而言，它是一个小周期的管理。而对于一家企业所有案件的整体管理而言，它是一个大周期的管理。每个案件小周期的管理，是为了保证每个案件处置的效果和效率。企业所有案件大周期的管理，是为了全面总体防范企业风险。大周期包含小周期，整体案件管理的大周期里面套着一个个案件的小周期管理，每个案件的小周期管理做好了，整体案件的大周期管理才能更好达到效果。

（一）单个案件应当坚持全生命周期管理

一个商事案件就是一个项目，要像项目一样关注每个案件的全生命周期，运用项目管理思维，减少案件处置结果的不确定性，保证案件处置的质效。

每一个商事案件都有它的生命周期，主要包括涉案初始信息报送、案情评估、律师选聘、诉前准备、方案制定、庭审应对、结果预测、诉后执行、结案报告、案卷归档。可见，案件处置流程多、程序性强。因此，对方当事人可能在每一个环节上采取应对措施，我方也可能在任何一个环节上出现疏漏。为了提高案件处置的质量和效率，防范每一个节点的风险，需要全过程精细化管控。

（二）整体案件更要坚持全生命周期管理

笔者认为，全面风险管理包含法律风险管理，而法律风险的管理也包含了案件风险管理。因此，要充分发挥案件管理作用的话，不能仅仅对个案管理，不能只关注个案处置环节，不能以个案处置为中心。案件管理不能只管存量，还要管控增量，也就是加强事前风险预防，需要考虑企业的战略有没有风险，经营模式有没有风险，决策环节、合同管理有没有风险。为了从根本上解决案件爆发的问题，也为了更好地发挥案件管理服务和保障企业发展的价值，需要系统性地分析各个案件呈现的问题的规律所在，查找企业管理中存在的问题，推动企业优化管理。事前预防案件、事中处置案件、事后优化管理，这样一个大周期的全生命周期案件管理，对于企业的发展是十分必要的。

四、如何做到全生命周期管理案件

笔者将全生命周期管理案件分为十个阶段，分别是事前预防阶段、诉前准备阶段、起诉受理阶段、一审庭前阶段、一审庭审阶段、上诉二审阶段、强制执行阶段、应对再审阶段、结案归档阶段、复盘优化阶段。希望通过拆解、看清案件管理的各个环节，让案件管理的各个环节更具有连续性，通过每个环节的动态管理，实现案件全生命周期的精细化管理。

（一）事前预防阶段

事前预防工作主要涉及法律风险的预防工作。风险预防工作，越超前越主动。预防风险，虽然不是直接地处置案件，但对于案件的全生命周期管理工作至关重要。只有风险预防工作做得好，案件发生的概率和数量才会小，否则每天疲于“灭火”，是不可能做好案件管理的。预防风险阶段，也可以拆解成一些具体的环节。比如，确定业务范围阶段的业务准入标准、客户接洽阶段的资信审查、合同签订阶段的合同法律审核、合同准备履行阶段的合同交底、合同履行阶段的合同履约检查、合同关闭阶段的结算解约归档等。

由于本书主要分享案件管理工作，风险预防的具体细节不在此展开。笔者2023年出版的《成就卓越法务：50个价值成长秘诀》（中国法制出版社）对风险预防工作有详细分析，有兴趣的读者可以前往阅读。

（二）诉前准备阶段

1. 涉及地域管辖、专属管辖的风险防控

风险点：

在协议或合同签订阶段，未在协议或合同中对涉及地域管辖、专属管辖或有法律风险事项专项设置约定在企业所在地仲裁的条款，当有关业务发生争议或纠纷后，若在非企业所在地或对方当事人所在地的人民法院或仲裁机构进行裁判，企业将可能面临案件处置资源不足，导致难以达成有利于企业的裁判结果。

防控措施：

在协议或合同签订阶段，企业应当全面审查可能发生的或有法律风险的事项是否涉及地域管辖或专属管辖。若可能涉及合同纠纷、保险合同纠纷、票据纠纷、企业有关事务纠纷等地域管辖，或可能涉及不动产纠纷

（主要为房屋租赁合同纠纷、建设工程施工合同纠纷、政策性房屋买卖合同纠纷）、港口作业中发生纠纷等专属管辖，建议尽量在“争议解决”的条款中约定在企业所在地的仲裁机构进行仲裁，以避免企业推进商事案件处置工作时陷入相关资源配置不足的困局。

相关法条：

《民事诉讼法》第 24 条、第 25 条、第 26 条、第 27 条、第 28 条、第 29 条、第 34 条、第 35 条

最高人民法院《关于适用〈中华人民共和国民事诉讼法〉的解释》第 2 条、第 18 条、第 19 条、第 20 条、第 21 条、第 22 条、第 28 条

2. 诉讼时效即将或已经届满的风险防控

风险点：

企业商事案件的诉讼时效即将届满或已届满，主动起诉可能遭到对方当事人以诉讼时效届满为由的抗辩，从而导致丧失胜诉权，诉讼请求被驳回。

防控措施：

对于诉讼时效即将届满的情形，应采取协商留痕、对账留痕、发送催告函或律师函等方式主张权利，并保留短信、录音、邮寄单等重要证据。在发函时，尽量采用 EMS（中国邮政）等权威物流机构进行邮寄。邮寄地址应尽量选取对方当事人的实际住所地或居住地，在邮寄送达后联系对方进行确认，建议保存好物流单（客户联），并对所寄文件和物流单同时拍照留存。如遇对方不配合签收，可采取公证送达。

对于诉讼时效已经届满的情形，贸然提起诉讼很有可能产生败诉风险，应慎重启用诉讼手段。应在起诉前通过沟通、会谈等方式，引导对方当事人作出关于同意履行义务、签订补充协议等意思表示后，再选择启动诉讼程序。

向人民法院提交起诉材料的，应尽量在诉讼时效（若有担保期间应优先考虑该期间）届满的一个月前，完成向人民法院提起诉讼的工作。

对于适用仲裁的情形应参照上述方式采取应对措施。

相关法条：

《民法典》第 188 条、第 195 条

《民事诉讼法》第 85 条

《仲裁法》第 74 条

最高人民法院《关于审理民事案件适用诉讼时效制度若干问题的规定》第 3 条

3. 诉讼时效因故重新起算的风险防控

风险点：

对方当事人在诉讼时效临近届满或届满后，通过与企业工作人员主动联络、谈判、发送催收函或律师函等方式获取企业作出同意履行义务的意思表示，从而导致诉讼时效重新起算。

防控措施：

企业要加强授权委托书管理，明确授权事项及授权期限，慎用或禁用“代表企业处理一切事宜”等笼统表述，避免无权代理或表见代理等现象。企业工作人员要加强防范意识，在和对方沟通过程中不得以个人意志代表企业意志，不得擅自作出承诺或签署催收函、律师函等文件。

相关法条：

《民法典》第 195 条

《仲裁法》第 74 条

最高人民法院《关于审理民事案件适用诉讼时效制度若干问题的规定》第 3 条

4. 未及时接收律师函、催告函或不当发送律师函的风险防控

风险点：

对方当事人因经济活动与企业发生纠纷，在向裁判机构提起诉讼或仲裁前，可能会向企业发送律师函或催告函，若未能及时接收相关函件，可能会使企业失去最佳谈判时机，并有触发不必要的诉讼或仲裁的可能。

在经济活动中，企业为了确认或者维护己方的合法权益，可能会向争议相对人或者利益相关方发送律师函，但律师函内容或者发送不当，可能导致争议相对人要求企业承担侵权责任。

防控措施：

企业相关部门或人员收到律师函或催告函后，应第一时间确定责任部

门，报分管领导知悉。确有必要的情况下，应及时报主要领导知悉，并针对纠纷事项认真研究，积极寻找协商解决的办法。企业对外发送律师函时，应审慎核查，对相关事实的描述应尽可能做到客观、真实、全面，既不夸大其词，也不减损权益，确保对方当事人不在函件内容里找出企业的纰漏，以规避侵权等问题的产生。

相关法条：

《民法典》第 167 条

《律师法》第 28 条

《律师执业管理办法》（司法部令第 134 号）第 32 条

5. 证据留存意识不足的风险防控

风险点：

在对方出现预期违约或采取某些可能侵害企业利益的行为时，没有主动地去收集证据或证据收集不规范、不完整，导致企业发起司法救济时可能承担举证不能的不利后果，出现败诉的风险。

防控措施：

根据民事诉讼相关的法律法规可知，证据包括当事人的陈述，书证，物证，视听资料，电子数据，证人证言，鉴定意见，勘验笔录。其中，书证是指以其内容来证明待证事实有关情况的文字材料；物证是指能够证明案件真实情况的物品痕迹；视听资料是指以图像和声音形式证明案件真实情况的证据；电子数据是指通过电子邮件、电子数据交换、网上聊天记录、博客、微博客、手机短信、电子签名、域名等形成或者存储在电子介质中的信息；勘验笔录是指人民法院指派的勘验人员对案件的诉讼标的物和有关证据，经过现场勘验、调查所作的记录。

案件发生部门应加强证据收集意识，法务部和常年或专项法律顾问可适时介入，与案件发生部门加强联系，对证据收集工作予以指导。

相关法条：

《民事诉讼法》第 66 条、第 68 条

最高人民法院《关于适用〈中华人民共和国民事诉讼法〉的解释》第 90 条、第 116 条

最高人民法院《关于民事诉讼证据的若干规定》第 1 条、第 2 条、第 14 条

6. 应由企业单独持有的材料被相对方获取的风险防控

风险点：

对方当事人采用各种手段向企业工作人员索取证明对方诉讼目的的证据，若工作人员警觉性不高，对方最终获取应仅为企业持有且不属于人民法院依职权调取范围的证据，可能致使企业在后续司法程序中处于不利地位。

防控措施：

企业工作人员要加强防范意识，一般应由专人谨慎管理企业单独持有的对案件事实或法律争议认定存在影响的证据。在案件纠纷处理的全流程各阶段，都要保护相关材料不被对方当事人直接或通过第三方获取。在与对方当事人接触的过程中，要警惕对方当事人通过录音、录像、拍照等其他方式获取应仅为企业持有的重要证据。

相关法条：

最高人民法院《关于适用〈中华人民共和国民事诉讼法〉的解释》第 229 条

最高人民法院《关于民事诉讼证据的若干规定》第 90 条、第 95 条

7. 未及时申请诉前或诉讼财产保全的风险防控

风险点：

企业未及时申请诉前财产保全或者诉讼财产保全，导致对方当事人有转移、隐匿、出卖、毁损财产等行为时，企业将面临即使赢了官司却没有可供保全或执行财产回款的风险，或者对方当事人面临多件诉讼案件，对方当事人财产已经在其他案件中被采取排位在先的保全措施，导致企业仅能进行轮候保全，不能实现有效保全，丧失优先处置权。

防控措施：

根据民事诉讼相关的法律法规可知，财产主要包括：（1）收入、银行存款、现金、理财产品、有价证券；（2）土地使用权、房屋等不动产；（3）交通运输工具、机器设备、产品、原材料等动产；（4）债权、股权、

投资权益、基金份额、信托受益权、知识产权等财产性权利。

企业申请诉前财产保全或者诉讼财产保全时，可参照以下保全顺位：首先考虑保全现金、银行存款、理财产品等资产或土地使用权、房屋等不动产（如有）；其次考虑保全基金份额、信托受益权或上市公司流通股或限售流通股等资产（如有）；再次考虑保全交通运输工具、机器设备、产品、原材料等动产（如有）；最后考虑保全应收账款、投资权益、非上市公司股权或其他财产（如有）。总之，优先保全现金、银行存款、可变现能力强的资产或保值能力强的不动产，以免占用有效保全额度并影响风险化解效果。

企业应尽量在诉讼准备阶段提前积极收集对方当事人实际有效的财产线索，并在被告可能有转移、隐匿财产等行为前，及时向人民法院申请财产保全。

相关法条：

《民事诉讼法》第103条、第104条

最高人民法院《关于适用〈中华人民共和国民事诉讼法〉的解释》第161条、第162条

最高人民法院《关于人民法院办理财产保全案件若干问题的规定》第1条、第3条、第5条

最高人民法院《关于民事执行中财产调查若干问题的规定》第5条

8. 申请诉前财产保全后未在法定期间内起诉的风险防控

风险点：

企业在人民法院采取保全措施后30日内不依法提起诉讼或者申请仲裁的，人民法院将解除保全。此时企业将面临保全解除，对方当事人转移财产的风险。

防控措施：

企业应当在采取保全措施后，及时向人民法院依法提起诉讼程序或向仲裁机构申请仲裁，避免拖延或其他原因导致已申请的财产保全被解除，从而造成财产损失。

相关法条：

《民事诉讼法》第104条

（三）起诉受理阶段

9. 起诉不符合法定条件的风险防控

风险点：

起诉不符合法定条件的，人民法院可能将不予受理，从而导致诉讼工作迟滞，增加企业遭受损失的风险。

防控措施：

起诉前应严格审查诉讼方案，在确认企业与该案有直接利害关系、有明确的被告、有具体的诉讼请求和事实及理由、属于人民法院受理民事诉讼的范围和受诉人民法院管辖等事项后，再向人民法院提起诉讼。

对于适用仲裁的情形应参照上述方式采取应对措施。

相关法条：

《民事诉讼法》第 122 条、第 123 条、第 124 条

《仲裁法》第 16 条、第 17 条、第 21 条、第 23 条

最高人民法院《关于适用〈中华人民共和国民事诉讼法〉的解释》第 216 条

10. 诉讼请求不适当的风险防控

风险点：

计算错误，导致诉讼请求权利价值降低，导致未列入诉讼请求的权益被人民法院作“不告不理”的处理；诉请金额过高，导致承担部分败诉风险，并因此承担过多诉讼成本；遗漏诉讼请求，因补充诉讼请求延长时间及经济成本，或未及时主张诉讼请求而超过诉讼时效致使丧失胜诉权；诉讼请求所依据的法律关系错误，致使人民法院裁定驳回诉讼请求。

防控措施：

工作人员和案件代理人员应认真准备起诉材料，充分研究诉讼方案，并严格按照企业商事案件管理制度逐级报批。

对于适用仲裁的情形应参照上述方式采取应对措施。

相关法条：

《民事诉讼法》第 122 条

11. 逾期变更诉讼请求的风险防控

风险点：

企业增加、变更诉讼请求或者提出反诉，超过人民法院许可的期限或者法定期限的，人民法院不予受理。

防控措施：

企业应及时与相对方沟通信息，全面了解案件走势，合理把握诉讼程序节点，按照法律规定适时提出增加、变更诉讼请求或者提出反诉或另行起诉。

相关法条：

最高人民法院《关于适用〈中华人民共和国民事诉讼法〉的解释》第232条

12. 逾期交纳诉讼费的风险防控

风险点：

企业起诉，不按时交纳诉讼费，或者提出缓交、减交、免交诉讼费用未获批准，但仍不交纳诉讼费用的，人民法院将会裁定按自动撤回起诉处理，从而导致诉讼工作迟滞，增加企业遭受损失的风险。

防控措施：

企业应严格按照人民法院通知的交纳诉讼费用期限及时交纳诉讼费用，并按照《交纳诉讼费用通知书》等法律文书的要求，写明备注，出示付款凭证，妥善保存收据。

对于适用仲裁的情形应参照上述方式采取应对措施。

相关法条：

《民事诉讼法》第121条

《诉讼费用交纳办法》（国务院令第481号）第22条

最高人民法院《关于适用〈中华人民共和国民事诉讼法〉的解释》第199条、第213条

《仲裁委员会仲裁收费办法》（国务院办公厅于1995年7月28日发布，自1995年9月1日起施行）第2条、第4条

（四）一审庭前阶段

13. 超期提出管辖权异议的风险防控

风险点：

企业作为被告时，提出管辖权异议的期限是自收到起诉状副本之日起15日内（提交答辩状期间）。未按时提出异议的，人民法院将不予处理，从而导致案件在不利于企业参与诉讼的地区审理，增加诉讼成本或加大败诉风险。

防控措施：

企业作为被告时，自收到起诉状副本之日起，应及时查找合同约定的争议解决条款和法律规定，对不符合合同约定、受案法院不具有管辖权的，应在15日内（提交答辩状期间）向人民法院提出管辖权异议。

相关法条：

《民事诉讼法》第128条、第130条

最高人民法院《关于适用〈中华人民共和国民事诉讼法〉的解释》第223条

14. 举证不及时的风险防控

风险点：

在举证期限内，企业应当向人民法院提交证据材料。在举证期限内不提交的，视为企业放弃举证权利。对于逾期提交的证据材料，人民法院可以责令其说明理由，拒不说明理由或理由不成立的，人民法院审理时不组织质证或者虽采纳证据但予以训诫或罚款，这都将导致企业举证不利，甚至产生败诉的风险。

防控措施：

在接收人民法院文书时，关注举证通知书载明的如下内容：举证责任的分配原则与要求、可以向人民法院申请调查取证的情形、人民法院根据案件情况指定的举证期限以及逾期提供证据的法律后果等。企业应根据人民法院的要求，在举证期限内准备证据。

无法在举证期限内提交证据材料，或在举证期限内提交证据材料确有困难的，企业应当在举证期限内向人民法院申请延期举证，经人民法院准许，可以适当延长举证期限。

相关法条：

《民事诉讼法》第68条

最高人民法院《关于适用〈中华人民共和国民事诉讼法〉的解释》第99条、第102条

最高人民法院《关于民事诉讼证据的若干规定》第51条、第59条

15. 相关证据、司法文书原件或官方文本遗漏、缺失的风险防控

风险点：

企业应当提前准备拟当庭提交的相关证据、司法文书的原件或官方文本，若企业因遗漏、缺失或其他原因未能当庭提交相关证据、司法文书原件或官方文本，影响人民法院对上述材料真实性判断的，将可能会延缓诉讼进程，甚至在部分当庭宣判的案件中，可能造成人民法院对上述材料不予采纳进而导致败诉的后果。

防控措施：

企业应提前充分准备并保管好庭审阶段举证的材料原件、授权文件及相关附件。当文本原件遗失时，及时与法官沟通情况，可以尝试向法官提出申请延长举证期限，寻找可替代或者其他证明文本真实性的证据。

相关法条：

《民事诉讼法》第68条

最高人民法院《关于民事诉讼证据的若干规定》第11条

16. 忽视及时提出鉴定申请的风险防控

风险点：

经人民法院释明后，一审中不及时申请鉴定或者未能提供材料进行鉴定的，可能承担举证不能的不利法律后果。二审中如果确有必要鉴定的，可能进入发回重审程序。

防控措施：

诉讼过程中如有必要，经人民法院释明，企业系负有举证责任的一方时，企业应及时提交鉴定申请，并保存好需要鉴定的材料。

相关法条：

《民事诉讼法》第79条、第177条

最高人民法院《关于适用〈中华人民共和国民事诉讼法〉的解释》第121条

最高人民法院《关于审理建设工程施工合同纠纷案件适用法律问题的解释（一）》第32条

17. 聘请鉴定机构阶段的风险防控

风险点：

企业在与对方当事人协商聘请鉴定机构时，对方当事人可能意图选择与其关系更为密切或对其有利的鉴定机构。若不谨慎处理，将会导致企业在司法鉴定工作中处于不利地位，进而影响诉讼效果。

防控措施：

在鉴定机构选聘阶段，企业若考虑采取与对方当事人协商的方式确定鉴定机构，则应通过多种途径对鉴定机构的基本信息、近期业绩、是否可能与对方当事人存在关联关系等事项进行充分调查。若无法查清上述事项的真实情况，应考虑提请人民法院在法院鉴定机构备选库中依法委托鉴定。

相关法条：

《民事诉讼法》第79条

全国人民代表大会常务委员会《关于司法鉴定管理问题的决定》第6条

最高人民法院《关于适用〈中华人民共和国民事诉讼法〉的解释》第121条

18. 提交鉴定材料阶段的风险防控

风险点：

企业在提交鉴定材料时，提供了不符合鉴定要求的、未经人民法院质证的或有争议的鉴定材料，将可能导致鉴定机构不予鉴定，并延缓诉讼进程。

防控措施：

企业应确保提交的鉴定材料符合鉴定要求、经过人民法院质证，并且双方当事人确认无争议。鉴定材料提交后，企业可根据情况及时配合鉴定机构，结合案件实际情况与案件有关的法律规定，合理充分地表达诉求，力争获得鉴定机构最大限度的支持。

相关法条：

最高人民法院《关于人民法院民事诉讼中委托鉴定审查工作若干问题的规定》第1条、第2条

最高人民法院《关于民事诉讼证据的若干规定》第34条

19. 遗漏必要共同诉讼当事人的风险防控

风险点：

必须共同进行诉讼的当事人未参加诉讼的，将可能导致案件事实无法查清，进而引发多次开庭，延缓案件进程。若未能有效解决，有很大可能触发二审，甚至进入再审。

防控措施：

起诉前或收到起诉状副本后，应将与该案相关的当事人情况查清楚，如发现遗漏，应迅速准备好相关补充材料，及时向人民法院提出申请追加当事人，或与人民法院沟通争取由其依职权追加。

相关法条：

《民事诉讼法》第135条

最高人民法院《关于适用〈中华人民共和国民事诉讼法〉的解释》第73条、第74条

20. 财产线索不充分、保全措施不完备的风险防控

风险点：

财产保全的措施有查封、扣押、冻结等多种方式。如果企业不能查找、选择有效财产线索，并及时提出适合的财产保全方式，财产保全将会落空。

防控措施：

企业应当尽可能收集更多有效的财产线索，有财产保全需要的应当尽快申请完成财产保全。企业在申请财产保全措施时，应针对动产或不动产等具体财产的性质、属性等，采取相应的保全措施。在要求人民法院采取财产保全措施时，必须在申请书中清楚说明，申请内容应肯定、具体，不

能含糊其词。同时应依法提供财产进行保全担保，否则人民法院可能不予受理该项保全申请。

相关法条：

最高人民法院《关于人民法院办理财产保全案件若干问题的规定》第1条

21. 申请财产保全超过法定范围的风险防控

风险点：

企业申请财产保全超过法定范围或者申请保全财产数额过多，可能因此给被申请人造成不必要的损失的，该种情况下企业须承担相应赔偿责任。

防控措施：

《民事诉讼法》第105条规定："保全限于请求的范围，或者与本案有关的财物。"该条规定中的"保全限于请求的范围"，是指保全的财物的价值与请求保全的数额基本相等。"与本案有关的财物"，是指保全的财物是该案的诉讼标的物，或者是与该案有牵连的其他财物。

当事人双方若对某一房屋的所有权有争议，当事人只能对该房屋申请诉讼保全。如果当事人双方争议的标的是金钱，则当事人申请诉讼保全的财物的价值与争议的数额应该大致相当，不得超出保全财产价值数额。

因此，申请人在申请财产保全时应秉持申请的标的及标的物与案件标的金额相匹配的原则，确保不因申请保全的行为给企业造成不必要的损失。

相关法条：

《民事诉讼法》第105条、第108条

（五）一审庭审阶段

22. 不到庭参加庭审的风险防控

风险点：

企业（作为原告）经传票传唤，无正当理由拒不到庭，人民法院将按自动撤回起诉处理。这不仅会造成诉讼进展迟滞，可能继续扩大企业损失，并且人民法院不予退还本次诉讼费用，针对原诉求只能再次起诉，增加诉讼成本和精力投入。

企业（作为被告）无正当理由未到庭或未经法庭许可中途退庭的，人民法院可以依法缺席审理，被告缺席后将视为主动放弃申辩、质证及发表意见等诉讼权利。

防控措施：

企业案件经办工作人员应牢记开庭时间和地点，确保能按时出庭应诉；由律师代理的，应及时出具授权委托书，并提醒其按时参加庭审活动。

对于因工作失误造成人民法院将按自动撤回起诉处理或予以缺席判决的，应在弄清工作责任事故原因后，视情况按照内部制度或代理合同给予追责处理。

相关法条：

《民事诉讼法》第146条、第147条

《诉讼费用交纳办法》（国务院令第481号）第34条

23. 忽视申请司法人员回避权的风险防控

风险点：

在参加民事诉讼的过程中，在法庭辩论终结前，如发现司法人员与案件或案件对方当事人有某种特殊的关系，应及时申请相关人员回避。否则将可能影响案件审理的公正性，对企业产生不利影响。

防控措施：

如发现存在司法人员应当回避的情形，应当说明理由，在案件开始审理时提出；回避事由在案件开庭审理后知道的，最迟应在法庭辩论终结前提出。

对于适用仲裁的情形应参照上述方式采取应对措施。

相关法条：

《民事诉讼法》第47条、第48条

《仲裁法》第34条、第35条

最高人民法院《关于适用〈中华人民共和国民事诉讼法〉的解释》第43条、第44条

24. 证人不到庭作证的风险防控

风险点：

提供证人证言的，证人需亲自出庭作证，否则会导致证人证言的真实

性和证明效力降低，甚至有不被人民法院采信的风险。

防控措施：

企业应尽量确保提供证言的证人出庭接受询问，在开庭前向证人充分释明证据规则和案件重要性，做好沟通工作。如证人确定不愿出庭，企业应继续寻找其他关键证人，并向人民法院补充提交证人证言。

相关法条：

《民事诉讼法》第76条

最高人民法院《关于民事诉讼证据的若干规定》第68条

25. 未及时对鉴定意见提出异议及鉴定人不出庭作证的风险防控

风险点：

鉴定人出具的鉴定意见对企业有利，对方当事人对鉴定意见有异议或者人民法院认为鉴定人有必要出庭的，鉴定人应当出庭作证；经人民法院通知，企业亦未能协调鉴定人出庭作证的，鉴定意见将不得作为认定案件事实的根据。

若鉴定机构并非法院或仲裁机构与双方当事人共同委托，鉴定意见又对企业不利，且又存在较大争议，企业若未及时提出异议、未申请鉴定人出庭或者申请依法重新鉴定的，将会导致企业在诉讼中错过维护己方合法权益的时机。

防控措施：

鉴定人出具的鉴定意见对企业有利，对方当事人对鉴定意见有异议或者人民法院认为鉴定人有必要出庭的，企业应当协调鉴定人出庭作证，确保鉴定意见能够作为认定事实的依据。

若鉴定人出具的鉴定意见对企业不利但又存在争议，企业应在人民法院指定期间内提出书面异议；经鉴定人作出解释、说明或者补充后，企业依然有异议的，可向人民法院申请要求鉴定人出庭。

相关法条：

《民事诉讼法》第81条

全国人民代表大会常务委员会《关于司法鉴定管理问题的决定》第11条

《诉讼费用交纳办法》（国务院令第481号）第11条第1款

最高人民法院《关于民事诉讼证据的若干规定》第37条、第38条

26. 案件信息被第三人知悉，导致产生或影响其他在审案件的风险防控

风险点：

涉及企业形象或商业秘密的诉讼文书上网，可能导致案件内容被任意第三人获取，影响企业形象，泄露企业商业秘密。

防控措施：

对于涉及企业形象或商业秘密的对外经济活动，在约定发生争议解决方式时，建议尽量采取仲裁方式，或者在提交诉讼案件相关证据或当庭陈述事实时，避免明确表述或证明可能在其他纠纷中对企业不利的事实。一审庭审中，确因案件利益需要提交证据或表述事实的，可采取调解方式结案，避免裁判文书上网，被任意第三人知悉。对于涉及企业商业秘密的案件，可书面申请法院就该裁判文书不予上网。

相关法条：

最高人民法院《关于人民法院在互联网公布裁判文书的规定》第3条、第4条

27. 没有及时接收、处理或拒收诉讼文书的风险防控

风险点：

人民法院出具法律文书后，一般会根据受送达人前期填写的送达地址进行送达。若因受送达人自己提供或者确认的送达地址不准确、拒不提供送达地址、送达地址变更未及时告知人民法院、受送达人本人或者受送达人指定的代收人拒绝签收，导致诉讼文书未能被受送达人实际接收的，文书退回之日视为送达之日。若出现上述情况，可能造成没有及时接收、处理或拒收诉讼文书的法律风险，导致在当前阶段错过提起救济措施或改变诉讼策略的法定期限或最佳时期。

防控措施：

企业案件经办工作人员在具体案件进展过程中，应与人民法院和对方当事人保持有效联系，在人民法院出具法律文书的第一时间，向经办法官了解送达的方式和时间节点，确保能准确无误收到法律文书。

相关法条：

最高人民法院《关于以法院专递方式邮寄送达民事诉讼文书的若干规定》第11条

（六）上诉二审阶段

28. 上诉后对方当事人有转移、隐匿、出卖、毁损财产等行为，企业未及时申请财产保全的风险防控

风险点：

对方当事人不服一审判决提出上诉的案件，在第二审人民法院接到移送的案件材料之前，其有转移、隐匿、出卖或者毁损财产等行为的，企业如果不及时申请财产保全，可能导致财产流失、诉讼目的落空。

防控措施：

一审判决后，对方上诉到二审开庭审理前这段时间，应当关注对方当事人的企业经营状况或者个人被诉讼或被执行的案件情况。一旦发现对方当事人存在经济状况恶化或有转移、隐匿、出卖或者毁损财产等行为，必须采取财产保全措施的，企业应当及时向第一审人民法院申请财产保全。

相关法条：

最高人民法院《关于适用〈中华人民共和国民事诉讼法〉的解释》第161条

29. 逾期未上诉导致丧失上诉权的风险防控

风险点：

企业对一审判决、裁定不服的，可以在法定期间内向上一级人民法院提起上诉。逾期不上诉的，则一审判决、裁定发生法律效力，企业将承担丧失上诉权的风险。

防控措施：

企业案件经办工作人员应严格把握签收裁判文书和上诉期届满的时间节点，在法律规定的时间内将民事上诉状递交至一审人民法院或上一级人民法院。

相关法条：

《民事诉讼法》第171条

30. 未及时交纳上诉费的风险防控

风险点：

企业虽递交了上诉状，但未在指定的期限内交纳上诉费，导致按自动撤回上诉处理。

防控措施：

《诉讼费用交纳办法》（国务院令第481号）第22条第2款规定，上诉案件的案件受理费由上诉人向人民法院提交上诉状时预交。双方当事人都提起上诉的，分别预交。上诉人在上诉期内未预交诉讼费用的，人民法院应当通知其在7日内预交。逾期仍未缴纳的，视为其自动撤回上诉请求。

因此，上诉人应当在上诉期内或人民法院通知期限内交纳上诉费用。若人民法院要求采用网络系统缴费，应当与企业财务部门及时沟通费用交纳情况。若发现存在网络系统缴费失败或其他异常情形，应当及时与二审阶段人民法院的承办法官沟通并说明情况，请求延长缴费时间，或者及时办理现场缴费手续，安排人员现场缴费。

相关法条：

最高人民法院《关于适用〈中华人民共和国民事诉讼法〉的解释》第318条

《诉讼费用交纳办法》（国务院令第481号）第22条

（七）强制执行阶段

31. 未及时申请执行前财产保全的风险防控

风险点：

法律文书生效后，如果对方当事人有转移、隐匿、出卖或者毁损财产等行为，企业未及时申请执行前财产保全，可能导致财产流失、诉讼请求实际无法得到实现。

防控措施：

法律文书生效后，进入执行程序前，债权人因对方当事人转移财产等紧急情况，不申请保全将可能导致生效法律文书不能执行或者难以执行的，可以向执行法院申请采取保全措施。考虑到保全财产价值波动大的风险，保全财产时可优先考虑价值稳定的财产，尽量避免保全股权等价值不稳定、兑现比较困难的财产。

相关法条：

最高人民法院《关于适用〈中华人民共和国民事诉讼法〉的解释》第163条

32. 不在法定期限内申请执行的风险防控

风险点：

申请执行的期间为两年，企业胜诉后应在法定期限内向人民法院提出强制执行申请。无法定理由逾期申请的，若被执行人对申请执行时效期间提出异议，人民法院经审查异议成立的，企业将承担申请执行不被人民法院支持的风险。

防控措施：

企业在收到一审法律文书后，应及时与对方当事人或人民法院沟通，了解对方当事人是否上诉。若对方当事人未上诉，应尽快落实一审法律文书生效的确切时间。

在对方当事人不履行判决的情况下，企业应根据案情发展情况，在法定申请执行期间内，适时向人民法院书面提出强制执行的申请，并提供被执行人的相关财产线索。

相关法条：

《民事诉讼法》第250条

最高人民法院《关于适用〈中华人民共和国民事诉讼法〉的解释》第163条

33. 被执行人下落不明、无财产或足够财产可供执行的风险防控

风险点：

企业（作为执行申请人）有义务向人民法院提供、举证被执行人的财产线索或下落的线索，不能提供且人民法院依职权也无法发现被执行人的财产线索或下落的，将导致无法执行、暂缓执行或不能全部执行。

防控措施：

在有条件的情况下，企业可提起诉讼保全，如采取诉前、诉中或执行前保全措施，以应对对方当事人转移、隐匿、毁灭财产，确保获得有利裁判文书后能够得到有效执行。

相关法条：

最高人民法院《关于人民法院执行工作若干问题的规定（试行）》第 18 条

34. 财产保全到期未及时申请续封、续冻的风险防控

风险点：

原财产保全查封、冻结到期后，企业在执行阶段没有及时申请续封、续冻的，极易致使原查封、冻结财产流失。

防控措施：

人民法院冻结被执行人的银行存款的期限不得超过 1 年，查封、扣押动产的期限不得超过 2 年，查封不动产、冻结其他财产权的期限不得超过 3 年。企业应当安排专人做好相关查封、冻结到期时间的记录工作，在财产保全将到期前及时向人民法院提出继续查封、冻结财产的申请，履行续封、续冻相关程序。

相关法条：

最高人民法院《关于适用〈中华人民共和国民事诉讼法〉的解释》第 485 条

35. 被错误保全其他被告或第三人对企业享有的到期债权，导致执行阶段企业被强制执行的风险防控

风险点：

由于保全时，企业不能确定案件产生原因，人民法院也未作出判决，通常不能确定企业最终是否承担责任。但若保全裁定书的内容并非直接保全企业的财产，而是保全其他被告或第三人对企业享有的到期债权，此时若未核实是否确实存在该笔债权，且未停止对其他被告或第三人付款，可能导致虽然企业最终无责，但被人民法院保全甚至执行相应财产的情况。

防控措施：

企业收到财产保全裁定书时，应当及时查看保全内容，若写明为其他被告或第三人对企业享有的到期债权，则应及时确认是否存在该笔债权，债权是否到期。若债权未到期，应及时提出诉前保全复议，并实时通知企业财务部门，在人民法院采取措施前停止对其他被告或第三人的付款。

相关法条：

《民事诉讼法》第263条

最高人民法院《关于适用〈中华人民共和国民事诉讼法〉的解释》第499条

最高人民法院《关于人民法院办理执行异议和复议案件若干问题的规定》第5条

最高人民法院《关于正确适用暂缓执行措施若干问题的规定》第3条

最高人民法院《关于依法制裁规避执行行为的若干意见》第13条

（八）应对再审阶段

36. 面临再审的风险防控

风险点：

在一审、二审（如有）庭审中，企业陈述的基本事实缺乏关键证据证明，主要证据未经质证或未全面提交，提出的法律依据有误导致人民法院适用法律错误，在经人民法院裁判后，可能引发对方当事人提起再审程序。

防控措施：

企业案件经办工作人员在一审、二审（如有）阶段，应对基本事实提供全套关键证据，在法庭上对主要证据充分质证、及时补充提交可能影响案件结果的新证据，进而形成完整的证据链，在法律依据提出、法条援引上应契合案件事实和案涉法律关系，最大限度使人民法院在一审、二审（如有）阶段作出有利于企业的合法裁判。

相关法条：

《民事诉讼法》第211条、第212条

37. 不及时申请再审或提请检察监督的风险防控

风险点：

生效的判决、裁定或调解结果对企业显著不利的，若企业具备申请再审或提请检察监督的条件，但未在6个月内申请再审或再审裁判完结后2年内提请检察监督，将导致丧失相关救济途径，无法挽回损失。

防控措施：

企业案件经办工作人员应严格把握申请再审或提请检察监督的时间要求，在发现符合法律规定的申请条件后应及时向人民法院或人民检察院提交书面申请。

相关法条：

《民事诉讼法》第212条、第216条

最高人民法院《关于适用〈中华人民共和国民事诉讼法〉的解释》第384条

《人民检察院民事诉讼监督规则》第20条

（九）结案归档阶段

38. 案卷管理不善，遗失后无法申请再审或应对再审的风险防控

风险点：

因案卷保管不善，案卷原件或关键证据原件遗失，后续申请再审或应对再审时无原件依据。

防控措施：

企业应做好在诉讼中、仲裁中、执行中和结案后的案卷日常保管工作，做到保管隐蔽、移交留痕、归档有“锁”。案件经办部门应安排专人负责案卷材料的整理、归档，根据企业《案件档案管理办法》《法律纠纷案件档案管理规范》等规章制度的要求，按时将已收集的案件案卷移送档案室进行保管。

相关法条：

《企业文件材料归档范围和档案保管期限规定》（国家档案局于2012年12月17日公布，自2013年2月1日起施行）第4条、第7条、附件序号15.7.2

（十）复盘优化阶段

每个案件办理完后，不能简单归档了之，企业应当“吃干榨尽”案件的剩余价值。每个案件的爆发，不要认为是偶然的、随机的，或者抱怨说机会不好、不巧碰上等，应当深刻剖析案件暴露的企业管理问题，查看日常经营管理中存在哪些短板。必要时，可以对一些重大、典型案件开展案件结案后评价，查找企业战略、经营管理、案件处置等方面存在的具体问题。俗话说，吃一堑长一智，要让每一个案件具有反哺的价值和功能，让处置的每一个案件为优化企业经营管理提供最基础的“养料”。要把每一个案件当成一个“放大镜”，查找企业经营管理存在的漏洞，反思规章制度是否不科学、工作流程是否不合理、合同文本是否存在瑕疵、操作执行是否不到位、产品质量存在何种缺陷、印信管理有无漏洞、资金收付有无风险、交易方式风险控制是否到位等，对其逐一进行整改完善。另外，对于案件办理效果好的，也可以总结经验做法并加以推广运用，发挥更好的案件管理效果。除此之外，还可以用大数据分析案件的规律，比如哪些领域、业务是案件频发高发的“重灾区”，每年哪个时段容易爆发什么类型的案件，哪个地区、哪类客户更加容易产生案件，等等。通过分析发现案件背后的规律，可以更好地防范风险、优化管理。

本书的十个阶段具有一定的普遍性，类似于通用版本的全生命周期案件管理工作。另外，对于易发频发的重大案件，某个领域比较典型的经常发生的案件，建议制定专项案件处置风险指引或操作指南，个性化、精细化地管理这些案件的全生命周期，能够达到更好的案件管理效果。

05 第五章

案件处置管控

第一节　诉讼策略事关案件成败

大家常把诉讼比喻为战斗，而战斗是要讲兵法的，诉讼中的兵法就是诉讼策略。诉讼策略是指什么呢？诉讼策略是指基于商事案件事实、证据和法律关系，结合诉讼经验、技能和法律规定而设计的一整套维护企业合法权益的路径和方法。有的案件热热闹闹打了两三年，最后以“除斥期间过了”为由而不予支持。也有的案件通过“刺破法人面纱”将母公司拉进来作为被执行人而顺利回款。案件的“悲欢离合”，很大程度上由诉讼策略决定，可谓是开局就可能决定了终局。

一、科学制定诉讼策略的目的

（一）积极应对诉讼风险

当前，案件的博弈越来越白热化，案件的不确定性似乎越来越确定。很多时候，案件会出现很多意外，对企业的经营发展可能构成巨大风险。制定诉讼策略的过程，就是发现风险、分析风险、控制风险的过程。

（二）制定可行诉讼方案

制定诉讼策略，其实就是研究“一套打法”。有了诉讼策略，诉讼案件就有了明确的方向和方法。诉讼策略解决了案件想去哪和准备怎么去的问题，接下来怎么走到那里去就变得相对容易和可控。

（三）有效控制企业预期

制定诉讼策略的过程，其实也是梳理我方有什么、存在什么困难的过程，能够很大程度上分析对方手里“有啥牌”、准备怎么“出牌”，能够分析出案件大概存在哪些风险，可能遭遇哪些痛点、障碍，并预判案件可能出现的结果。避免收到判决书或款项被划走后才受到案件结果的惊吓。

（四）维护企业财产权益

有诉讼策略比没有要好，好的诉讼策略能更好控制案件的结果。处置案件，很大程度上是基于经济利益的考量，让法院驳回对方诉讼请求而不用付款，或是得到法院支持而执行回款。当然，有些案件也有维护企业财产权益之外的目的。

二、制定诉讼策略坚持的原则

（一）聚焦目标

做正确的事情比正确地做事情更重要。需要先想清楚企业要什么。案件的目标往往是避免损失或挽回损失。但除了案件目标，企业还有商业目标，而案件目标是服务于商业目标的，前者的位阶低于后者。一定要想清楚了要去哪里再出发。有时候赢得案件只是表象，真实目的是维护企业形象，打压竞争对手，或是营销品牌产品。只有清楚地知道企业想要什么，才能制定出符合企业需求的诉讼策略。

（二）依据客观

制定诉讼策略，不是天马行空、海阔天空的随意想象，毕竟案件处置不是艺术创作，而是需要理性、客观地看待案件，结合案件事实，积极掌握各类证据，精准找到合适的法律规定。另外，也不能“把头埋在沙漠里当鸵鸟”，而是要勇敢地面对对方所面对的有利形势，客观地分析对对方有利的证据和法律规定，理性地分析如何应对。

（三）论证充分

根据大前提、小前提、结论的推理方法，或根据问题、原因、对策的结构，或根据优势、劣势、机会、风险的 SWOT 分析方法等，大胆假设、小心论证，有理有据地进行全面严密的分析论证。要确保分析论证过程逻辑清晰、无懈可击，确保得出的结论比较科学确定，而不是还存在巨大不确定性。

（四）方案可行

诉讼策略是“一套打法”，一套操作方法。诉讼策略不能模棱两可，不能似是而非。其应当像一份操作手册，最好还能实现“傻瓜式”的简便操作，而不是需要翻译，更不是需要破解密码才能看懂的秘传电文。诉讼策略不仅仅要告诉方向，更要明确操作的路径，指明具体的工作方法。诉讼策略要确保看得懂、能上手，流程通畅、操作顺利。

三、做好前期相关的准备工作

（一）掌握案件背景情况

制定诉讼策略，需要充分掌握与案件相关的背景情况，不打无准备之战，做到心中有数，才能有备无患。

一是掌握案件产生原因。了解为什么会引发诉讼案件，是因为市场行情发生变化，还是对方资质被吊销或财产状况恶化，抑或我方战略发生重大调整等。

二是掌握双方彼此诉求。了解我方想通过案件达到什么目的，了解对方在案件中有什么具体诉求，分析对方真实的需求究竟是什么。

三是掌握前期沟通情况。了解双方哪些人在什么场合、时机进行了沟通，双方主要谈判了哪些内容、抛出了什么筹码，在哪些方面达成一致意见，在哪些方面分歧比较大。

四是掌握目前案件现状。了解目前案件所涉及的项目进展如何，合同履行状况如何，成本、进度、质量、价款等怎样，标的物由谁占有、权属归谁。

（二）充分准备制定依据

诉讼策略分析报告的制定依据包括三部分，事实依据、法律依据和其他依据。

事实依据是指制定诉讼策略所依据的全部证据资料，包括业务部门提供的证据材料、法务部门掌握的证据材料和收集的其他材料。

法律依据是指制定诉讼策略所依据的法律法规、司法解释、地方性司法政策、案例等。法律依据应当按照法律、行政法规、部门规章、地方性法规、地方规章、其他规范性文件的先后顺序列明。案例建议按照人民法院案例库类案案例、指导性案例、受理法院的案例、上诉法院的案例、再审法院的案例的先后顺序列明。

其他依据是指与制定案件策略相关的，通过一些渠道掌握的案件相关资料、信息、地方政策等。

四、科学制定案件的诉讼策略

（一）统筹组织调动力量

研究制定诉讼策略，一定不要“单兵作战”。除了法务部门的集体智慧，还需要建立一个良性的机制，调动和发挥其他主体的智慧。一是律所。一些企业建立有律所库，可以邀请库内律师一起讨论案件处置策略，为他们提供交流展示的机会。当然，可以根据情况支付一定咨询费用，更好调动律师参与积极性。二是专家。可以邀请法学专家、审计机构、资产评估机构、会计师事务所、投资机构等，进行会商会诊。三是职能部门和业务部门。职能部门可以站在管理视角，业务部门能够站在经营视角，多个角度汇集案件信息，商讨案件处置策略。四是内部法务人员。可以调动集团及子公司、兄弟企业的法务人员一起讨论案件处置策略，实行头脑风暴。

（二）掌握案件处置目的

一是弄清真实目的。有时候，有的人在案件研讨会上提出的想法和要求，有其背后的含义，需要想办法弄清楚其对于案件处置的真实目的。例如，有的人可能快要调离岗位了，不希望在其任期内发生案件败诉或被法院强制执行的情况。他可能强调要穷尽一切手段、采取一切措施、用尽一切权利以切实维护企业合法权益。但实际上，有时候和解调解也能够避免企业资产流失，还不会出现追责问责情况。

二是统一案件目标。有时候，涉案的业务部门有自己的小心思，比如想把项目款项要回来而“斗个你死我活”，希望正常拿到绩效奖金。但是，站在企业角度，与大客户在案件“战场”上“血拼”，可能后面就没有新订单而影响整个企业生存。这个时候，就需要以更高站位，在内部统一案件的目标。

三是聚焦案件目标。有了案件目标，清楚了案件目标，接下来就是充分聚焦案件目标。所有的诉讼策略的出发点、落脚点都要时刻盯着案件目标，千万不要“散光”。

（三）分析确定痛点障碍

一是不要欺骗自己说不痛。千万不要信心满满、自信爆棚，认为案件胜券在握、胜利指日可待，而忘记了分析实现案件目标是否还存在痛点、障碍、困难。更不要有意回避现实困难、障碍，欺骗自己说没有问题或是小事一桩。

二是不要隔靴搔痒。只有知道痛点在哪儿，才能“靶向用药”。如果稀里糊涂地只知道实现案件目标有困难，到处“撒胡椒面儿”“东一榔头西一锤子”，那么只能是隔靴搔痒。

三是不要有意绕道而行。不要因为一个目标难以实现而否定它，更不要因为一个痛点难以解决而绕道而行。面对痛点，当“鸵鸟”是解决不了问题的。心里需要清楚，如果不聚焦痛点采取措施，可能产生什么不利后果。

（四）准确固定权利请求

权利请求是确定当事人诉讼请求所依据的法律基础的出发点。只有明确了权利请求，才能向法院准确表达起诉方的诉求，法官方可据此查找法律依据、开展审理活动。根据权利的作用，民事权利可分为支配权、请求权、抗辩权和形成权。请求权，涉及给付之诉，在商事案件中使用频率尤为高。请求权，是指法律关系的一方主体请求另一方主体为或不为一定行为的权利。有人说，研究请求权是案件处置的顶层设计，是按照裁判思维、裁判视角研究案件的重要方法。

1. 筑牢胜诉基础。选择正确的请求权有助于当事人明确自己在案件中的诉求和主张。请求权是当事人要求法院作出判决的基础。明确了请求权，当事人就能清晰地阐述自己的权利诉求，使法院更好地理解案件的本质和当事人的立场。

2. 提高胜诉概率。合适的请求权有助于增强当事人的胜诉可能性。如果当事人选择的请求权与案件事实和法律规定相符，法院在审理过程中就更容易认定其主张的合法性和合理性，从而作出有利于当事人的判决。

3. 指导证据收集。选择好的请求权能够指导当事人收集和提供证据。当事人根据所选的请求权来收集和提供证据，能够确保证据的相关性和有效性，为案件的胜诉提供有力支持。

例如，一起股权转让纠纷案件中，甲公司向乙公司购买其持有的丙公司股权，诉讼请求是要求丙公司办理股权变更登记。甲公司拿到胜诉的生效判决后，申请法院执行，但发现无法执行。为什么呢？原因是乙公司已经将其持有的丙公司股权质押给银行进行了融资。可见，甲公司对其权利请求考虑不周。

（五）做好法律关系分析

法律关系，是指法律规范在调整人们的行为过程中所形成的具有法律上权利义务形式的社会关系。法律关系的构成要素有三项：（1）法律关系主体，包括自然人、法人和非法人组织等；（2）法律关系内容，包括权利与义务；（3）法律关系客体，包括物、人身、精神产品、行为等。做好法律关系分析有很多作用：

1. 界定权利义务。法律关系是当事人之间权利和义务的基础。在诉讼过程中，明确法律关系有助于法院界定当事人的权利和义务，为案件的审理和判决提供基础。

2. 指引诉讼方向。法律关系决定了诉讼的基本框架和方向。当事人需要基于法律关系来分析案件事实、提出诉讼请求和选择诉讼策略。

3. 影响案件结果。法律关系的认定对案件结果具有决定性的影响。法院将根据当事人之间的法律关系来认定案件事实和适用法律规范，从而作出判决。

例如，在一起股权转让纠纷案件中，甲公司将其持有的乙公司股权转让给了丙公司，丙公司主要看中的是乙公司名下的大量土地。丙公司受让乙公司股权后随即进行房地产开发，但后来项目陷入烂尾。甲公司起诉要求丙公司支付股权转让尾款感觉的可能性不大后，意识到丙公司的母公司资金实力雄厚，于是采取“刺破法人面纱”的诉讼策略，以丙公司和其母公司人员混同、业务混同、财务混同的理由，将丙公司的母公司作为共同被告，后来通过执行丙公司母公司的财产，最终实现了案件目标。

（六）预测对方诉讼策略

知己知彼，方能百战百胜。在制定诉讼策略时，一定不要单方臆想，千万不要认为案件结果就一定是朝着自己制定的诉讼策略去实现的，而是需要分析对方在这个案件中的目标是什么，掌握了什么有利证据，可能运用什么法律规定，准备采取什么措施，想要达到什么效果。不要因为对方可能赢得案件而不分析对方诉讼策略，也不要因为对方赢得案件概率大而在分析对方诉讼策略时走形式。预测法官可能归纳的双方争议焦点也十分重要。需要运用裁判思维，思考法官可能在意哪些争议的焦点。提前准备好相关的法律规定、有利判例、相关证据，力求得到法院采纳。

（七）理性分析诉讼成本

案件处置，除了考虑赢得案件会怎么样，还需要考虑需要花费多少成本，以及收益和成本之间的大小关系。有点类似于把一个个具体的案件当作项目来运营，考虑周期多久、投入多少、是否盈利等。当一个案件的成本大于收益时，这个案件的诉讼策略在某种程度上而言就是失败的。当然，对于那些群体性诉讼案件，对第一个案件是可以不考虑这个案件的单独成本的，毕竟其对系列案件有示范效应。当一个案件的成本大于收益时，这个案件现有的诉讼策略就应当考虑是否应被否决，是否应当再思考其他可行的诉讼策略，或是否应当采取非诉讼的方式加以解决。制定案件诉讼策略，需要综合考虑诉讼程序的各个环节，预估可能产生的费用与时间成本，设计出高效且经济的诉讼路径，并结合实际情况调整优化策略。

（八）列示所有可选策略

可选策略是指在案件处置中，所有可能排除案件痛点、实现案件目标的合法方案。在确定可选策略时，必须穷尽所有可选项，确保最优策略或构成最优策略组合的子策略被包含在已列可选策略中。就像提供一个可供选择的菜单一样，提示消费者这家餐厅有什么菜，方便消费者根据喜好进行选择，而不是让消费者随意想象，那样既容易漏掉很多经典菜品，也可能对于消费者想要的菜品餐厅却没有条件烹饪。

可选策略分为两类，私力救济和公力救济。私力救济分为自力救济和他方救济，他方救济又分为对方救济和第三方救济。公力救济分为立法机关救济、党政机关救济、监察救济、行政救济、司法救济，司法救济又分为公安救济、检察救济、法院救济。

（九）用好诉与非诉工具

列示了所有可选策略，就相当于建立了一个强大的武器库，可以根据案件需要选择合适的兵器。关于诉讼工具，主要包括：（1）主体资格。我方以集团公司还是子公司、分公司作为诉讼主体，是否考虑把对方的母公司、子公司拉入进来。（2）管辖主体。相当于“选择战场”，考虑地域管辖、级别管辖以及仲裁还是诉讼。（3）财产保全。什么时候保全，保全哪些核心资产，预测对方可能保全我方哪些资产，如何解除财产保全对生产经营的影响。（4）诉讼时效。何时发起诉讼，如何避免超过诉讼时效，如何重新计算诉讼时效，对方诉求是否还在诉讼时效之内。（5）提起反诉。是否通过反诉制衡对方，通过反诉是否可以获取有利证据，反诉是否可以促进和解调解。（6）司法鉴定。是为了拉长案件审理时间，还是为了查明案件事实，抑或为了向巡视审计部门证明一些事情的合规性。（7）和解调解。为了减少案件对企业正常生产经营的影响，或为了握手言和继续合作。(8) 二审再审。为了再次争取有利判决，扭转已有不利判决结果，还是为了向企业证明已经穷尽司法救济手段，等等。

有时候，非诉讼策略也可能更优更有效，主要包括和解调解、合法威慑、权利转让、权利放弃、寻求监督、举报检举、行政干预等。

（十）详细作出策略分析

SWOT 分析法可以被有效运用到案件策略分析之中。SWOT 分析法是一种战略规划工具，用于评估组织的内部优势（strengths）、劣势（weaknesses）以及外部机会（opportunities）和威胁（threats）。优势（S）指企业拥有的有利条件，如有利的法律规定、有利证据等。劣势（W）指案件中存在的问题，如逾期支付、质量问题等。机会（O）指外部环境中的有利因素，如融资政策大幅宽松、原材料价格持续下降等。威胁（T）指外部环境中的不利因素，如行业监管政策逐渐趋严等。

通过 SWOT 分析法，从四个维度多维分析案件。针对策略分析情况，再次优化诉讼策略，从而理性作出更科学优化的诉讼策略。可以形成不同的策略组合，如利用优势抓住机会（SO 战略）、利用优势避免或减轻威胁（ST 战略）、克服劣势抓住机会（WO 战略）、克服劣势避免或减轻威胁（WT 战略）。

（十一）预测诉讼可能风险

在科学制定诉讼策略的同时，还需要考虑案件处置过程中可能存在的风险。(1) 财产风险，是否可能查封、冻结、划扣企业的核心资产；(2) 品牌风险，是否可能影响企业良好的企业形象，是否可能产生负面舆情；(3) 经营风险，是否可能造成企业治理陷于僵局无法决策，是否可能造成公司生产经营陷入瘫痪；(4) 战略风险，企业是否可能因为案件败诉，相关战略无法落地实现；(5) 知产风险，是否可能造成企业核心技术丧失，是否可能造成企业商标更换；(6) 履职风险，是否可能因为案件败诉造成企业严重损失而追究领导、员工的个人责任；等等。针对预测的各类风险，提前制定相应的应对措施，转移风险、减小风险或化解风险。

（十二）做好诉讼结果预判

在采取大量的诉讼措施之后，案件结果其实已成定局，只是企业无法提前知晓。但是，被动等待裁判结果到来的，只能被动接受案件的结果，但有时候企业难以承受相关后果。因此，除了制定科学的案件诉讼策略，还要积极预测可能的案件结果，制定裁判结果的应对策略。不仅要防范案件处置过程中可能出现的风险，更要预测裁判结果带来的后续问题，提前做好应对预案。针对制定诉讼策略时考虑到的可能风险及案件走向，要理性分析预测裁判结果，逐一制定应对措施。

五、制定诉讼策略的深度思考

有时候，我们急急忙忙地采取行动，但忘了为什么而出发。有时候，我们想着贪大求全，不做选择题而是全部都要，但是没有考虑时间、精力、成本等因素的制约。因此，案件处置需要考虑一些深层次问题，才能更好地确定出发点，在处置的过程中才会有方向、不迷路，才会“一览众山小”地俯视全貌，从而顺利实现案件目标。

（一）以打促谈还是诉讼到底？

有的案件，并不是为了争输赢或同归于尽，而只是一个谈判的工具或筹码，一个威慑的工具而已。若只是为了吓吓对方，或是为了能让对方愿意回到谈判桌上谈判，所采取的措施与将诉讼进行到底是不一样的。千万不要出现本来是想以打促谈，结果激化了矛盾，坚定了对方诉讼到底的决心；也不要出现自己这方没控制好节奏、采取好措施，最后变成了真正的案件，硬着头皮诉讼。因此，在制定诉讼策略前一定要想清楚是为了案件还是为了谈判。

（二）快速了结还是拖延时间？

商事案件程序性强，时间、流程主要由法院、仲裁机构管控，但一些诉讼技巧也能一定程度加快或延缓案件的进程。企业在案件处置过程中，需要事先想清楚是想尽快拿到裁判结果，还是为了尽可能慢一些，这些会左右诉讼策略。有的企业心有纠结，想案件早点结束又怕结果不理想，想拖延诉讼进程又担心多支付违约金。更坏的是，有的企业内部存在不同意见，有人想早点要回款项哪怕打折扣，又有人想拖到自己离任之后；有人想早点止损怕对方资信状况进一步恶化，又有人想穷尽一切权利保住所有财产权益。一个意见不统一、内耗严重的诉讼策略，一定不是一个好的诉讼策略。只有解决了这些问题，才可能制定出科学的诉讼策略。

（三）不惜成本还是利益考量?

案件处置要不要考虑诉讼成本？有人说案件处置的收益应当大于成本，听起来很好理解，但什么是收益？回款是收益，品牌提升算不算收益，个人履职安全算不算收益，履行更大社会责任算不算收益？什么是成本？真金白银是成本，一群人每天在一起讨论案件算不算成本，因为案件增加了融资利息算不算成本，因为案件降低了投资人收购价格算不算成本，因为案件不能投标或受到行政机关严管算不算成本？另外，是盯着一个案件的收益与成本，还是整体案件的收益与成本？在群体性诉讼即将产生之际，还考虑第一个案件的个案成本吗？是考虑企业的收益与成本，还是考虑个人的收益与成本？比如，一个案件花费企业 50 万元诉讼成本仅挽回了 30 万元损失，员工能因为回款获得 5 万元绩效奖金，这种情形下该不该起诉？一个案件花费企业 100 万元律师费用或 1000 万元和解金，但消除不利案件后果能够避免个人被追责问责，是否值得去做?

（四）赢得名声还是挽回损失?

曾经有一家企业，起诉了一名抖音女主播。起因是女主播在一条短视频中，拍摄了她脚部的特写，引用了该企业的经典广告词。这家企业感觉自身品牌受到了玷污，因此起诉了该女主播。从案件判决来看，这家企业毫无疑问是赢了，但网友们认为这家企业格局不够大，对消费者不够宽容，从而给出了大量负面评价。大家认为这家企业案件赢了吗，达到维护企业品牌形象的效果了吗？

对于一家企业，要名还是要利，有时无法兼得，需要做出选择。起诉案件是为了维护企业形象，还是为了挽回企业形象毁损造成的损失，抑或为了维护企业形象，哪怕产生一些成本或损失？是为了“傍名牌”，故意起诉行业内知名企业，制造热点、宣传品牌，还是真的受到了经济损失而维护权益？

（五）追求合规还是维护权益？

很多案件是为了维护企业合法权益，但有的案件的真实目的不一定是表面上能看到的。有的只是“以维护企业合法权益的名义”，或者把维护企业合法权益当作“副产品”。有时，为了划清责任、界定责任，对于一些对外合作的错综复杂项目，在企业内部监督部门不能或难以界定责任时，有的企业选择了采取诉讼手段。法院的判决结果是合法有效的，可以作为企业内部划分责任的有效依据。有时候，一些风险迟迟化解不了，又担心上级单位认为不积极履责，或担心被认为与对方沆瀣一气，有的企业就被迫选择了运用司法武器。有人认为，判决结果好坏先不论，反正远比没有起诉更为重要。还有的历史遗留问题，盘根错节难以解开，认为付款给对方符合情理但又没有依据的，有的企业就选择了寻求“法理”，以比较“合规”的付款方式，即通过法院判决执行。

（六）一案了断还是继续合作？

是追求案件的利益最大化，还是追求企业利益的最大化，看似不矛盾，但有时也存在冲突。是将诉讼进行到底，确保我方诉请尽可能得到支持，完全不在意对方感受，还是另有考虑？是双方牵着手去法庭参与庭审，事后协商调解处理好，再继续友好合作，还是就此一刀两断、拜拜再见？对于一锤子买卖，或者不准备再合作的客户，一案了断没有问题。但是对于一些还有很多项目正在合作的，是否有必要搞成仇人，影响正在合作的项目是否划算？另外，对于一些大客户和业务集中度比较高的战略客户，还能采取一案了断的方式吗？赢了案件、丢了客户、没了项目，企业股东、领导能接受吗？在制定诉讼策略之初，应当想清楚这些问题。

（七）紧盯案件还是跳出案件？

商事案件让很多企业感受到“疼痛”，让很多企业陷于案件无法自拔，整天围着案件转，整天想着如何赢得案件。殊不知，有些时候，诉讼不是最优的解决问题的方法和途径，跳出案件或许会豁然开朗。有时候，采取和解谈判、合法威慑、权利转让、权利放弃、寻求监督、举报检举、行政干预等措施，或许比一味诉讼效果要好。例如，一家房地产企业通过招拍挂在县城获取了一块土地，开发后进行了销售，后来因为该土地获取时就有抵押而无法办理房产证。买房人先是围堵项目楼盘，后来到企业静坐，最后选择了群体性诉讼。应对诉讼，是很多人首先想到的，想着一定要打赢案件，把损失降到最低。但有一位领导说，一级市场获得的土地有瑕疵，应该找相关政府部门。后来，经与政府部门沟通，汇报了可能的社会舆情、群众上访等风险，引起了政府部门高度关注，很快就解押了这块土地，顺利地办理了房产证。

第二节 证据管理功夫在纠纷前

有人说，打官司就是打证据，证据是“诉讼之王”。也有人说，所谓“以事实为依据”，其实最终只能落实为“以证据为依据”。由此可见证据对于诉讼案件取胜的重要性。既然证据这么重要，那么我们该怎么管理证据呢？是证据一边产生一边收集，还是待有了案件再一次性收集？是明确主责部门集中收集，还是各个部门各自收集？是所有证据一视同仁地高度重视，还是有所侧重、聚焦重点？下面展开分析。

一、为什么说证据管理在纠纷前

证据，是随着生产经营的过程而形成的，边产生边收集、整理，是比较容易的。案件产生后，当事人能做的主要是收集过去产生的证据，尽可能不遗漏，从而还原有利于己方的事实。由此可见，案件立案前，胜败基本已成定局。决定案件胜败的，重点环节不在法庭上，而在平时的生产经营管理细节中。

（一）友好合作时容易获工作支持

企业在与对方正常合作时，商业往来比较友好，彼此不会斤斤计较，大家都冲着做成项目的目标而奋斗。平时，有些事项需要确认的，或需要开会碰头的，彼此都会友好支持。至于表格签字、接收信件，或写个会议纪要、回复邮件信息，都是为了促进合作项目正常推进。

（二）很多证据容易毁损过期无效

有很多证据，不是一经形成就固定不变的。比如，隐蔽工程的相关证据，很快就会真的隐蔽了。寄送的快件，快递公司信息平台也只会保留一段时间。另外，根据工业和信息化部发布的《通信短信息服务管理规定》以及其他相关规定，短信息服务提供者应当在其服务系统中记录短信息发送和接收时间、发送端和接收端电话号码或者代码、用户订阅和退订情况等信息，保存时间为5个月以上。还有对土壤、水源等污染举证的，都需要及时固定证据。还有一些监控设备录下的视频如果不及时下载保存，也会因为存储空间有限被覆盖清空。

（三）时间过长证据容易遗忘丢失

很多项目前前后后需要经历三五年时间，时间久了，经办人员可能都记不住很多细节，很多证据回想不起来。另外，企业内部人员也会产生很多变动，交接手续要是没办好，也可能损失大量证据。还可能当时留存的一些档案资料，时间长了丢失了，找不到了，等等。

（四）轻信口头承诺难以得到保障

有的业务人员想着早点把项目干完，导致重视业务、轻视资料，先干活、后算账，导致后来说不清楚、算不明白。实践中，重视实体权益，轻视程序约定，忽视资料的时效要求，后补资料现象比较严重。对于一些不确定性的事项，对方口头承诺后，抹不开面子，不好意思再找对方签字确认。一旦产生诉讼案件，没有证据维护己方合法权益。

（五）纠纷后对方不配合形成证据

双方正常合作时，签字盖章、拍照记录都是比较容易的，至少不会被反对、遭拒绝。一旦双方“开火”、对簿公堂，那就是“真刀真枪的火拼”。此时，双方都高度警惕，再往来沟通都会十分小心，邮件、文书、会议都会进行法律风险防范。此时，还想固定一些证据，甚至“制造”一些证据，难度系数会增加很多。

（六）临场慌忙找证据不利于维权

就像考试前临时抱佛脚一样，慌乱之中怎么可能有好的复习效果？等案件来了，就像大难临头，“急得像热锅上的蚂蚁”，“胡子眉毛一把抓”，抓着什么文件、资料、邮件，都想当证据。慌乱之中很容易漏掉核心证据，无法与诉讼策略打好配合。甚至，有的部门预感有过错、怕问责，和法务部门搞证据“捉迷藏”。

二、提升证据管理理念

事实可以分为四种。一是客观事实，当时实实在在发生的事实；二是当事人陈述的事实，当事人彼此可能根据自身利益阐明自己想要的事实；三是证据能够证明的事实，需要靠证据说话；四是法官认定的事实，需要考虑证据的真实性、合法性、关联性。由此来看，从自然的事实到成为法官采信的证据，还有很长一段路要走。证据管理的理念、认识，对指导企业做好证据管理意义重大。

（一）证据管理比“临床手术”更为重要

以事实为依据，在审判过程中可能最终变成“以证据为依据”，可见证据的重要性。如果能形成、收集、整理好大量的证据，就已经是用无声的语言告诉法官“快判我赢”。有了充分、扎实的证据，庭上的辩论技巧就会显得逊色。毫不夸张地说，平时的证据收集整理的过程，就是具体的维护权益的过程。拥有翔实有力的证据，远比开庭时的唇枪舌剑更为重要，还能省去多次开庭、司法鉴定等问题。

（二）企业管理水平左右证据的管理

证据管理，对于企业而言，也是一项管理活动。证据管理，不是孤立于其他企业管理活动的，而是众多企业管理行为的一个侧面。假如一家企业管理不善，管理活动比较随意，是不可能管好证据的。如果一家企业管理良好，日常的管理活动比较规范，比如档案管理规范、信息系统健全，证据管理就是一件比较容易的事情。良好的企业管理工作，是做好证据管理的重要保障。

（三）不能到了案件爆发才收集证据

证据管理工作，不能有懒惰思想，不要认为平时已经够忙了，想着以后有空再来管理证据。不能有侥幸心理，想着不一定会产生案件，收集证据不一定必要。更不能有冒险心理，想着和对方比较熟，应该不会闹翻而诉讼。被动就会挨打！等到案件产生了，再收集证据就晚了、乱了。

（四）法务部门孤军奋战注定会失败

相信有不少人会认为，诉讼案件是法务部门的事情，证据收集更是法务部门的事情，等案件产生后，全权交给法务部门收集、分析证据就好，权责对等、体现专业。有这样的想法，案件注定会失败。证据的产生主体，也就是业务部门应当积极参与进来，与法务部门共同讨论存在哪些证据、哪些证据是有利的、还缺少哪些证据、对方可能掌握哪些对我方不利的证据。证据管理，需要各个部门协同配合、齐心协力。

（五）业务进程就是证据产生的过程

业务活动的流程，就是证据产生的过程。要注重在生产经营全过程发掘、收集、管理证据，而不是零散地、随机地、随意地收集证据。例如，对于施工企业，需要在招标投标、合同签订、合同交底、工程开工、材料进场、具体施工、竣工验收、工程结算等全过程做好各类函件、文件、记录的产生、归档等工作。证据管理也需要流水线作业，与业务流程并轨同行，做到业务进展到哪里，证据管理就跟进到哪里。

（六）全流程收集证据形成完整链条

企业的证据管理应当贯穿于企业经营管理始终，只要与可能发生法律风险相关的材料都应当进行保管和留存。应当做好项目全生命周期证据资料管理，涵盖项目开发、招标投标、合同评审、合同谈判、合同签订、项目实施、项目结算、项目清场、项目清算等全过程。实现项目的货物流、资金流、信息流、人员流“四流合一”，形成互相印证、相互匹配的完整证据链。

（七）分类分级做好日常的证据管理

全面做好证据材料管理工作，并不是不分轻重缓急，而是要根据工作实际，对重要程度不同的证据材料分门别类地做好管理工作。应当有序分类，并且建立好相应的证据材料目录。可以结合过往诉讼案件，分析案件频率较高的诉讼请求、常见争议焦点、我方举证存在的问题、案件败诉的核心问题等，对于需要收集的证据划分等级、区分类别。比如，主张迟延支付工程款的案件，重点收集工程签证、结算资料、催款函件及对方已签收的凭证等证据。

（八）以诉讼视角设计证据管理流程

站在案件可能败诉的终点，审视证据管理应当注重什么。思考假如产生案件，己方提供哪些证据能够赢得案件而不至于败诉。分析常见的诉讼风险有哪些，利用哪些证据能够维护己方合法权益。以案件为终点，以诉讼为视角，拉长距离正确看待和管理证据。比如，超市为了防止寄存柜保管问题产生诉讼案件、败诉案件，在寄存柜上标明的“寄包须知”中明示“本商场实行自助寄包，责任自负”“现金及贵重物品不得寄存”。超市以该证据证明其仅提供自助寄存柜的借用服务，不承诺保管消费者存入自助寄存柜内物品。

三、全员协同管理证据

不仅是业务部门产生证据，企业领导、财务部门等也会产生很多证据。不仅是法务部门收集、分析证据，财务、档案等部门也有管理证据的职责。只要与项目有关联，甚至间接关联的部门，都会形成、产生证据。因此，我们需要树立全员协同管理证据的理念，实行证据管理协同机制。避免谁都说管，但最终沦为无人管理的局面，或各自为政、割裂管理，导致无法形成完整证据链的问题。

（一）企业领导

根据《公司法》的规定，法定代表人以公司名义从事的民事活动，其法律后果由公司承受。法定代表人全权代表公司，接收文件、签署会议纪要等都要慎重。企业领导也经常代表企业签署合同、参与商务谈判、参加封顶仪式等。对于拿不准的疑问，建议其咨询法务部门。企业领导收到投诉或听到“风声”，也应当及时提醒业务部门、法务部门关注。

（二）业务部门

业务部门是业务活动的主要参与者，也是证据生成的主要制造者。应当将业务部门作为证据管理的主管部门，实行责任到人、定人专管，避免无人管理，更要避免多头管理，防止多部门之间“踢皮球”的现象。业务部门应当建立合同履行证据台账，做好编号管理。证据台账载明的内容，包括证据名称、形成时间、待证事实、经办人员等，应做到账实相符。对于履约资料应做到文函编码、分类入盒、规范借阅、分级保管、及时归档。

（三）法务部门

法务部门不能当“甩手掌柜”，想着平时把证据管理工作完全交给业务部门，而是要从后端的处置案件走向前端，超前提供证据管理服务。整理分析过往案件，熟悉易发频发的案件有哪些，争议焦点主要有哪些，败诉是由于证据管理方面的哪些问题，哪些关键证据没有得到采信，哪些关键证据缺失。从而提示业务部门重点加以关注，平时重点收集相关证据。对于发送函件、接收文书等，提供风险防范的指导意见。

（四）财务部门

财务部门掌握了应收账款、应付账款的大量信息，也管理着已付账款、已收账款的大量证据。对于应收账款、应付账款，要按业务进展情况做到一事一记，做到准确、及时、完整。不能轻易向对方提供相关证据，也不能随意自认存在应付账款或已收到账款。对于对方提供的对账单等，需要与业务部门进行核实。对于发票的管理，也应当严谨、谨慎。

（五）档案部门

企业内部形成的证据，大多数会最终归到档案管理部门进行管理。档案管理部门在证据管理中的角色显得尤为重要。应当建立健全合同出借、领用等合同档案管理制度并严格执行，避免出现合同丢失、毁损等情况。同时，通过规范管理档案，方便证据的查找、查询、整理等工作。

（六）其他部门

一旦产生了案件，对方就会想方设法地收集有利证据。有的对方当事人会避开主力，绕道到可能放松警惕的其他部门。若有朋友希望提供企业规章制度、会议纪要、邮件信息，各个部门都要高度警惕，避免为对方在案件中提供“弹药”。不要随意签收文件、接受访谈，或是在一些确认单、询证函上签字。另外，不要透露企业业务信息，避免为对方当事人收集证据指明方向。

四、提高证据管理能力

证据就是权利，证据就是“武器”。证据，就像是企业在法庭这个“战场”上的“兵器”，“兵器”好坏直接关系到一场“战斗”胜败。提高证据管理能力，才能更好发挥证据的作用。

（一）建立证据管理制度

通过制度明确各个部门在证据管理方面的职责。对证据收集作出明确规定，例如，合同证据主要收集证明合同成立、生效事实的资料，证明合同履行情况的资料，证明合同变更事实的资料，证明合同对方当事人违约事实的资料，证明合同解除事实的资料，证明合同终止的资料。对各类合同应当收集的证据作出具体规定，例如，对建设工程总承包合同、劳务分包合同、物资设备合同、租赁合同、承揽合同等分别列出应当收集的证据清单，也可以把这部分以“证据指引”的方式分门别类建立证据管理工作指引。对证据信息作出明确规定，例如，包括证据名称、证明内容、保存单位、保存人员、保存形式、保存时限等，方便后期检索、使用。对证据管理作出明确规定，对保存、借阅、复制、送达、签收、保密、人员交接等进行规定。另外，对监督检查、责任追究等作出具体规定。

（二）实现标准规范管理

证据管理应当做到“八性”。一是真实性，证据是客观存在的事实；二是关联性，收集与项目、案件相关联的事实；三是合法性，保证证据内容和获取方法合法；四是准确性，保证证据具体、明确，能够量化；五是及时性，及时收集、提供证据；六是规范性，按照相关法律法规、司法解释要求收集、管理、提供证据；七是体系性，实现全过程、链条化、闭合化的证据管理；八是技巧性，配合诉讼目的、诉讼策略有效展现证据。

为了做好“八性”证据管理，可以建立纠纷证据指引，分门别类地聚焦项目所涉的重点环节、合同类型、常见争议，建立证据清单。例如，施工单位可以对建设工程需要提供证据的合同主体、合同效力、工程价款、工程价款优先受偿权、工期延误与索赔、工程质量与保修等，逐一规定应当收集的证据清单，方便业务人员实践操作。

（三）宣传收集证据技巧

《民事诉讼法》第66条规定，证据包括：（1）当事人的陈述；（2）书证；（3）物证；（4）视听资料；（5）电子数据；（6）证人证言；（7）鉴定意见；（8）勘验笔录。

每类证据的收集都存在很多技巧，专业性较强。收集证据，对于业务人员甚至法务人员而言，都存在一定难度。建议制定《证据收集保存工作手册》。关于书证，保留所有原件，提前对重要债权凭证复印件进行公证，避免采用传真、电子邮件方式签订重要合同。关于物证，注意物证与待证事实之间的关联性，对易灭失物证进行拍照、录像、公证。关于视听资料，不要将文件拷贝后删除原件，对录制的视频不做任何后期处理，录音录像时表明身份、时间、地点等信息。关于电子证据，保留发送短信的原始设备，使用合同、名片记载的号码发送传真、邮件，使用“回复功能”发送邮件而不是单独发送一份新主题邮件，不要随意清理微信、QQ文件，如此等等。

（四）关注频发重大争议

挨过打要引起重视，频繁挨打更要引起高度重视。对于企业频繁爆发案件、经常产生重大案件，案件处置效果不佳、诉讼请求没有得到采纳、举证质证感觉费力的，都应当引起高度关注。这些都是日常证据收集、管理的重点所在。可以通过企业案件的大数据展开分析，寻找易发频发高发的案件有哪些，诉讼请求是什么，经常产生的争议焦点是什么，举证质证需要运用哪些证据，法官观点主要采信什么证据，以便平时重点关注，从细节上全面收集相关证据。

（五）做好项目证据交底

在项目开始前，可以由法务人员向项目现场管理人员进行证据交底，有意识地针对该项目容易出现争议及诉讼案件的风险点，提出具体的法律建议，提醒做好相关的证据收集。例如，某大型建筑央企在施工合同履约证据及其管理方面，制定了百余项合同履约证据清单，值得学习推广。在合同履行出现争议事项时，及时指导项目现场管理人员做好相关的证据收集、固定，实现项目现场管理人员对于证据的专业化管理。

（六）对照合同留存证据

合同是双方共同遵守的业务操作指南，也是后期解决争议的重要依据。收集证据也应当严格根据合同的约定，避免证据收集“一场空”。关于人员，注意核对其是否为法定代表人，若不是则应当要求其提供授权委托书；收货验货、接收资料的人员是否为合同约定的联系人。关于联系方式，联系地址、电话、邮箱是否为合同约定的。关于收付款，收款人名称、银行账号是否为合同约定的。当对方更换技术人员时，查看合同是否约定应当具备一定资质证书。当货物数量、质量、交货期、价格等不符合合同约定时，留存相关凭证。总之，应当基于合同履行全过程考虑留存证据，实现货物流、资金流、信息流、人员流“四流合一”。

（七）警惕签收文书风险

接收文书、文件、信函、表单，有时候是对方形成证据的一个行为，例如，为了实现诉讼时效的中断，为了收集我方违约证据，为了告知对方债权债务的转移，为了方便行使撤销权，等等。需要引起高度重视，避免“祸”从收文开始。对于收到的文件资料做好收文记录，及时报告业务部门负责人，视情况咨询法务人员。对于收到的催告函等，咨询法务部门后再签收。对于收到的起诉状、传票、开庭通知、仲裁通知、判决书、裁决书、协助执行通知书等法律文件，应第一时间通知法务部门做好应对。对于需要我方签字、盖章确认的，为我方设定义务的一些承诺函、催告单等，经办前征求法务部门意见。

（八）规范送达证据留存

规范形成书面材料。书面材料的落款、签字、盖章、捺印等务必工整、清晰、可辨。多页书面材料，确保都有签名或者加盖骑缝章。

发出材料有效送达。按照合同约定的地址和联系人发出。若对方联系人产生变化，同时送达对方企业法定代表人。若对方地址发生变化，同时邮寄到变更后的地址和企业住所地。

实现快递信息说话。采用 EMS 等挂号邮寄方式投递，并在快递单内容详情上注明内件的内容及份数，还要在投递完成后向邮局索取送达证明。如果对方退件，应向邮政部门索要退件回执，并保留好退件原件，不要拆开。

（九）规范档案资料管理

规范文件材料的形成与归档。分类规定各类档案的归档时限，对归档形式作出要求。工作中产生的资料在处理完毕后及时移交档案管理部门集中保管。

做好档案的保管及库房管理。档案管理人员对接收到的档案分门别类进行系统整理、登记和安全管理。档案管理人员变动时，做好移交手续。

做好档案的密级设定和保密。密级档案完善档案查阅手续，借阅行为在机要室进行。不得多制密级档案。

严格规范档案的借阅和利用。员工查阅限于本人工作形成的档案，查阅本部门档案须经部门负责人同意。查阅档案时不得随意转借传阅，不能翻印。外单位来查阅档案的，尤其要严格履行程序。

（十）建强信息系统留痕

建议积极发挥企业信息系统的作用。将平时大量的证据随着工作流程留存在信息系统之中，也方便后期回忆、查询。工作中产生的原始数据、信息，比后期形成的证据更容易被采信。另外，也能够与其他证据形成关联，形成证明力更强的证据链。例如，把合同管理系统、资产管理系统、项目建设系统、财务管理系统互联互通，全方位、全过程留存项目进程中的各类证据，形成有力的证据链条。

第三节 挽回损失别等胜诉执行

一些法务人员经常抱怨，企业领导不重视法务工作。经常“吐苦水”说，审核了几百份、几千份合同，领导却没一点感觉；预防了那么多的风险，却很难举出防住了风险的案例；介入了很多存在争议的事情，虽然避免了商事案件的发生，但很难量化法务的工作价值。法务人员发挥价值、展现价值的地方，很大程度上还是在商事案件中。商事案件，不论很多法务人员承认与否，这就是法务部的重点工作和“主要战场”。同时，通过案件挽回损失、避免损失，又是法务部价值创造的重要体现。挽回经济损失远远比预防风险更加具有显性价值，能实实在在体现法务人员能力和水平。

一、剖析案件挽损错误做法

随着经济形势变化，一些企业经营状况不断恶化，引发诉讼案件连锁反应。很多案件法律关系简单，争议事实清晰，拿到生效判决容易，但执行回款困难。很多案件，一边立案庭审搞得热热闹闹，一边眼看着资产不断恶化，可能破产比判决书还要先来。还有很多案件，对方当事人希望减免利息马上付款，但我方担心涉嫌国有资产流失，在依法推进执行过程中，对方资产不断恶化，最后落得分文不得。应当坚决杜绝“形式上结案”代替“经营上挽损”，摒弃这种不作为的“躺平”现象。另外，不要固执于全部挽回损失，而是要及时锁定财产权益，因为可能“冰棒化了”，资产贬值了。

（一）“撕破脸面”可能不是保护权益最优方式

在维护企业合法权益方面，不怕事是必要的，但尽量也不要惹事，不要有“好斗”的心理，认为“人活一口气”。诉讼案件，不是“逞英雄”

的地方。企业做生意，讲究和气生财，不到万不得已不要通过诉讼方式解决问题。除了“真刀真枪火拼”，还有很多解决问题的办法，成本都要比诉讼案件低，效果还更好于诉讼维权。在争议初期、出现小问题时，通过协商谈判、新增项目合作都能解决问题。如果对方财产状态大体稳定，也愿意谈判，最好不要直接选择极端的诉讼维权方式。否则，破坏了良好的商业合作关系，影响了现有的项目合作，耗费了大量时间、精力、费用在诉讼案件上，也无法取得“双赢”的最终结果。

（二）坚持“将案件进行到底”可能错失和解良机

判决书与和解书，怎么选？有人认为，和解必然存在谈判空间、存在利益让渡，因此一味追求生效判决，不敢、不愿和解谈判。有时，对方可能就与其他债权人和解，将仅有的一点财产先付款给其他债权人了。有的案件，一审判决支持我方本金但未支持违约金。有的工作人员会认为应当穷尽维权手段，不敢接受一审判决，而是提起二审、再审。有时，明明对方拿出了友好态度，愿意全额支付本金，但我方人员担心免除利息、违约金涉嫌国有资产流失，怕事后追责，选择将案件执行到底，反而错过了和解时机。我们应当清楚，胜诉的生效判决书不是我们追求的目的，挽回损失才是。不要让一纸判决书“障目”而不见“泰山”，损害企业利益。

（三）“不屈不挠浴血奋战”有时经济损失更大

有的应诉案件，法务人员一经分析，就知道法律规定明确、对方证据充分，我方必败无疑。此时，就应当理性地作出选择，及时和解了事，而不是负隅顽抗。千万不要内心认为，主动付款可能会被同事说闲话，甚至被说是向对方输送利益。但只要做到分析科学、论证充分，就不要有过多顾虑。其实，主动和解付款，是及时“止血”的需要。假如，一个诉讼案件持续两三年，利息、违约金可能都占本金的一半了，所以不要“死要面子活受罪”，顽强反抗可能让企业承担更大的案件损失。及时和解、调解，想办法减少违约金、罚息支付，也是为企业止损。

（四）不掌握对方财产状况谈执行只能是“盲人摸象”

有的企业对于案件执行很积极，频繁地找法院执行局，要求推动执行、快速执行。但是，有时企业并不了解对方财产状况，纯有一番热情是难达到执行回款的效果的。有时，对方愿意和解谈判，我方是接受还是拒绝？这都依赖掌握对方财产的情况。如果对方资金充足、实力雄厚、未来可期，我方还需要做出让步、减免利息吗？假如对方逐渐走向破产的边缘，我方又没有掌握核心资产的担保权，建议还是积极谈判，争取快速拿回一些资产，实现落袋为安。案件执行必须知己知彼，才能更好挽回损失。

（五）坚持“颗粒归仓”最后可能“颗粒无收”

“颗粒归仓”，对于保护企业财产权益，这种精神是值得“点赞”的。但是，凡事不要理想化，诉讼案件维权需要考虑双方财产价值浮动情况等，刻意追求全额挽损有时会“竹篮打水一场空”。我方人员的心态，有时是想更多挽回损失，一分不让、“颗粒归仓”。但需要考虑一个现实条件，就是对方财产状况、经营状况如何。如果财产价值稳定、生产经营“热火朝天”，必须据理力争、一分不让。但是，如果对方财产、经营状况每况愈下，游走在破产边缘，建议还是理性地选择谈判，作出适当的让步。

（六）个人合规与企业挽损对立矛盾只能“损失惨重”

随着合规性要求越来越高，员工履职安全意识也越来越强。有人为了证明自己是在积极维权，没有利益输送，而对友好协商视而不见、听而不闻。宁愿要合法合规的司法文书，哪怕晚一些也不要紧；谈和解协议色变，怕被扣上“让渡企业利益”的“帽子”。有的人把企业利益与个人履职安全对立起来，在和解回款与避免问责之间，坚定地选择了后者，这对企业利益是极大的损害。当然，企业需要建立免责容错机制，为广大员工争取企业利益最大化，营造宽松环境，让大家放心大胆、理直气壮地追求企业利益的最大化。

二、理性看待案件挽回损失

（一）不一味要判决执行文书

判决书、执行通知书，都是案件处置的过程，而不是目的。千万不要为了追求司法文书，而忘记了诉讼案件的目的。只要对方愿意支付款项，可以随时接受和解调解，还可以主动争取谈判机会。不能为了片面追求合规，而把“履职合规”与“企业利益”对立起来。

（二）站在终点倒推立案审理

应当站在最终挽回损失的角度，思考如何立案，如何起草起诉状，如何准备证据，如何准备法庭辩论。如果对方财产不充裕，或可能转移财产，就应当先进行诉前财产保全，再进行法院立案。股权纠纷案件中，若看好对方企业未来发展，诉讼请求就是股权变更登记而不是返还投资款。以终为始，更有利于案件执行，更有利于企业利益最大化。

（三）站在当下综合研判挽损

应当站在案件执行的当下，科学、理性分析判断对方财产的价值。不要一边想着和解接受资产，一边又担心这些资产未来是否会大幅贬值。不要一边想着推动司法拍卖，一边又担心可能现在卖低了不利于全部挽损。应当立足当下，综合研判对方财产价值，做到问心无愧即可。

（四）适当预判对方未来变化

站在当下，不是说不考虑未来。对于未来较为确定的财产价值走势，必须引起关注。一是研判财产价值未来趋势。例如，对于采矿权，若预测未来大宗商品价格走高，可以选择接受以物抵债。二是研判对方企业未来生产经营情况。例如，对方的一项科技发明即将量产的，可以不选择“大打折扣”和解。是现在让渡利益、接受资产，还是等未来收回现金，既要考虑当下，也要适当预判未来情况。

（五）有时需要等待恰好时机

案件执行，不是单纯靠我方努力就能顺利实现的，有时也有一定的机遇。有时，一腔热情想着及时执行回款，可能“颗粒无收”，或把对方逼向破产“共同灭亡”。有时，对方迎来一些机会时，就是执行的好时机。例如，对方即将被收购时，或即将上市时，都是案件执行的绝佳时机。可见，案件执行，有时需要“等风来”，要时刻关注对方的好消息。

（六）抓准时机进行执行和解

案件执行回款，不能“捡了芝麻丢了西瓜”，不能因为固执地“要么全要，要么不要”，而错失了执行回款的大好机会。例如，在对方经营状况本来就不好，恰好有一笔货物回款时，宁可集体决策后免除利息，也要主动和解抓紧回款本金。

（七）不能影响更大商业合作

案件挽回损失，挽回的是这一个案件的经济损失。这个案件的金额与正在合作的项目或未来合作的项目的金额相比，孰大孰小？假如因为一个案件而导致双方商业合作关系破裂，影响了大量的项目合作，即使这个案件挽回损失了，其实也是失败了。要把单个案件挽回损失，放到企业商业合作的框架内进行思考，从而实现企业利益的最大化。

笔者认为，案件挽损是运用法律武器的商业活动，不能为了追求个人合规而损失企业利益，也不能为了“争一口气”而贻误最佳和解机会，更不能因为案件挽损行为而破坏更大的商业合作。要把案件处置当作一个商业活动，可以谈判和解，可以适当放弃利益，积极抓住商机，争取“双赢”合作。

三、做好案件挽回损失之道

真正要做好案件挽回损失工作，就不能有了案件才开始考虑如何挽回损失，而是要做到“三个坚持”。一是坚持溯源管理。从挑选合作客户就开始防范可能产生案件的风险。二是坚持全过程管理。不是说签了合同就完事了，这样的“高枕无忧”只会等来惊吓，而是要坚持履约全过程防范风险。三是坚持“画龙点睛”。管好“最后一公里”，把案件执行工作做到最优。

（一）选好合作客户

就像结婚前谈朋友一样，大家都希望挑选一个品德、能力等都还不错的，避免婚后才发现不能接受的重大问题而过得不幸福。商业合作也是一样，为了减少“结婚”合作后才发现一些重大问题，就应当选好合作客户，做好资信审查。应当查看合作伙伴的财务状况，留存其银行征信报告、财务审计报告，掌握其大额的应收账款、应付账款、对外担保、重大资产等情况。一方面，是为了挑选好的合作客户，减少合作风险；另一方面，还可以为案件中的财产保全、财产执行提供线索。

（二）规范合同签订

合同签订时，要做到“四个约定”。一是约定风险控制措施。针对法律审核、尽职调查中发现的一些风险，要求对方提供担保等增信措施，约定我方的单方终止合同权利等。二是约定权利义务。让合同像一份项目操作指南，把双方该干什么、如何配合，写得清清楚楚，避免后期产生争议。三是约定违约责任。把什么情况属于违约，以及违约了承担什么具体责任都约定清楚，方便事后维权。四是约定争议解决条款。对于诉讼还是仲裁约定清楚，把管辖地、联系人、联系电话、邮寄地址等都写清楚，方便及时高效维权。

（三）防范履约风险

“大数据统计，大部分合同风险来自执行环节，而不是签订环节约定的合同条款。合同风险管理，不能停留在签订环节的合同版本。由于行业政策、市场环境、客户资信等不断变化，紧盯着签订盖章的纸质合同防范风险，无异于刻舟求剑。加强合同履约环节的风险识别、预警、处置，是防范合同法律风险的关键所在。”① 防范履约风险，应当围绕合同履约的全过程，不遗漏任何环节；应当坚持动态防控，根据实际情况对防控措施作出调整。

（四）及时化解风险

当出现一些项目进度较慢、回款较慢时，要及时排查是否出现一些风险“苗头”。早期可能花一块钱的成本就能解决问题，等到问题恶化后，可能要花一百块钱的成本和更多的精力。因此，要尽量大事化小、小事化了，避免凡事都“点火药桶”变成案件。另外，及时发现一些苗头风险，也便于判断是否可能演变为案件，提前做好财产保全等准备工作。同时，鼓励通过商业谈判、第三人调解、专业机构调解等方式，实现多元化解争议。

（五）管好过程证据

证据管理，功夫在平时。不要等到收到法院文书后，才开始着急忙慌地到处找证据。项目推进过程就是证据产生过程，业务部门应做好日常证据固定。为了防范后期产生争议，必要时需主动与对方形成一些证据。详见本书证据管理一文，此处不展开论述。

（六）科学制定策略

好的“兵法”才可能提高“打赢胜仗”的概率。好的诉讼策略，也才能提高案件胜诉以及挽回损失的可能性。不然，连案件都赢不了，何谈案件执行？关于如何制定案件诉讼策略，详见本书诉讼策略一文。

（七）激发代理热情

积极推行律师风险代理。对于委托律师代理的案件，让律师把企业案件当作自己的案件，认真负责办理，在案件办理过程中实现“双赢”。积极引导律师调查财产线索，根据挽回损失效果支付相应的律师费用，提高律

---

① 曾靳：《成就卓越法务：50个价值成长秘诀》，中国法制出版社2023年版，第333页。

师费用的性价比。开展律师代理案件评价工作，推动律师提升办案质量。

广泛开展员工代理案件。引导法律专业人才、公司律师亲自代理商事案件，全程参与重大案件化解工作，在实践中提升实战能力。对于法务人员代理案件，且代理效果好的，实行激励机制，激发员工自主代理案件的热情。

（八）做好案件执行

案件执行，就是案件挽回损失的“临门一脚”，需要有一种“行百里者半九十”的心态，绝对不能“松口气”。具体的案件执行工作，广大律师都有丰富的经验，包括如何查询财产、冻结财产、司法拍卖等。

下面，笔者从“术”的角度略谈一些想法。

四、做好案件挽回损失之术

（一）加大与法院沟通力度

案件执行，与法院的沟通可谓一门技术，也是一门艺术。企业案件经办工作人员应对案件有充分的了解，包括案件性质、执行标的、执行进展等，以便在沟通中准确表达诉求和疑问。应当准备好与案件相关的证据材料、法律文书等，以便在沟通时提供给法院执行局参考。尽量通过书面方式与执行局沟通，如提交申请书、情况说明等，以确保信息准确且可追溯。在沟通过程中，尽量使用专业术语，避免使用过于口语化或情绪化的表达。定期与执行局沟通案件执行进展，了解执行过程中遇到的问题，并提出合理的解决方案。如在执行过程中发现新的情况或问题，应及时向执行局反馈并提供相关证据材料，以便执行局能够及时调整执行策略并采取相应的执行措施。

（二）加强与被执行人的沟通

企业作为胜诉方，在沟通前应明确自己的目的，如了解被执行人的财产状况、协商还款计划、催促执行等。沟通时应保持冷静、理智的态度，尊重被执行人的权利和感受，避免使用过激或侮辱性的语言。在条件允许的情况下，可以选择与被执行人进行面对面的口头沟通，以便更直接地了解对方的想法和态度。如果双方沟通存在困难，可以考虑通过法院执行局、调解机构或律师等第三方进行协助沟通。在沟通过程中，应耐心倾听被执行人的意见和困难，理解其立场和处境，这有助于建立信任和理解的基础。在沟通过程中，应根据被执行人的态度和反应灵活调整沟通策略，避免僵化和固执。总之，要争取通过协商和解的方式快速解决纠纷，以减少执行成本和风险。

（三）穷尽各类财产线索

摸排前期合作线索。资信审查情况对于查找财产线索十分重要。可以对前期收集的对方征信报告、财务报表、审计报告，以及重大资产、大额应收账款、大额应付账款、重大投资信息进行核查摸排，寻找有用的财产信息。

尽早做好财产保全。根据案件研判情况，通过多方渠道掌握对方财产信息，积极向法院提供财产线索，做好诉前、诉中财产保全，防止“打赢官司输了钱”。

集中调动多方力量。针对我方胜诉正在执行中的案件，要综合运用官方平台大数据、舆情媒体、代理律师、执行法院等多方力量，做到摸清底数、应查尽查、全面统计。案件执行完结前，要定期摸排财产线索，并更新案件财产线索台账，建立并完善案件财产线索动态管理的长效机制。

（四）选择有效执行措施

企业可以根据相关法律法规的规定，选择符合案件实际情况的执行措施。根据《民事诉讼法》等法律的规定，企业可以采取以下执行措施：

查询、冻结、划拨被执行人的存款。通过银行、证券、保险等金融机构查询被执行人的账户信息，对发现的存款进行冻结或划拨。

扣留、提取被执行人的收入。对被执行人的工资、奖金、租金等收入进行扣留或提取。

查封、扣押、拍卖、变卖被执行人的财产。对被执行人的不动产、动产、第三方债权等财产进行查封、扣押，并依法进行拍卖或变卖以清偿债务。

搜查被执行人隐匿的财产。对于隐匿财产的被执行人，可以申请法院出具搜查令，依法搜查其办公或经营场所，发现并强制其执行相关财物。

限制被执行人高消费。申请法院限制被执行人的高消费行为，如限制其乘坐飞机、高铁等交通工具，以及入住高档酒店、购买奢侈品等。

纳入失信被执行人名单。将被执行人纳入失信被执行人名单，通过信用惩戒手段迫使其履行义务。

（五）综合研判主动和解

主动和解，很多时候比法院强制执行效果会更好，更节省时间和成本，还能防范一些不确定的风险变化。区分作为主诉方和应诉方，根据案件地位、财产情况、生产经营情况、双方需求等，综合做好和解工作。例如，作为申请执行人，在和解前，企业应对被执行人的财产状况、经营状况、信誉记录等进行全面了解。这有助于企业评估被执行人的履行能力，从而制订更加合理的和解方案。和解方案应充分考虑双方的利益和实际情况，既要保障企业的合法权益，又要考虑被执行人的履行能力。方案可以包括分期付款、减免部分债务、提供担保等方式，以减轻被执行人的压力并增加其履行意愿。企业可以了解被执行人的想法和困难，从而调整和解方案以更好地满足双方的需求。同时，企业应向被执行人释明和解的利弊和法律后果，引导其积极履行和解协议。

（六）积极推动司法拍卖

详细整理案件资料，包括判决书、执行通知书等，及时与法院明确可进行司法拍卖的财产种类、数量及价值。根据财产实际情况设定合理的拍卖目标，如期望成交价格、拍卖时间等。定期向执行局了解案件进展，特别是涉及司法拍卖的相关事项，确保对执行局推进案件情况有全面了解。根据执行局的要求，提供必要的文件、证据和财产信息，协助执行局完成拍卖前的准备工作。定期询问执行局拍卖工作的进展情况，确保拍卖工作按照既定计划有序进行。根据市场情况和财产特点向执行局提出合理的拍卖建议，如拍卖方式、拍卖平台选择等。在拍卖前，企业可以配合评估机构对拍卖财产进行评估，确保评估结果公正合理。企业可以协助执行局通过媒体、网络等渠道宣传拍卖信息，吸引更多潜在买家参与竞拍。

（七）防止对方转移财产

一是诉前保全。在提起诉讼之前，如果企业认为情况紧急，不立即申请保全将会使其合法权益受到难以弥补的损害，可以向被保全财产所在地法院、被申请人住所地法院或对案件有管辖权的法院申请诉前财产保全。

二是诉中保全。在法院受理案件之后、判决生效之前，如果对方当事人的行为或其他原因使判决难以执行或造成其他损失，企业可以主动申请或者推动法院依职权进行诉中财产保全。

三是执行前财产保全。法律文书生效后，进入执行程序前，企业因对方当事人转移财产等紧急情况，可以向执行法院申请采取保全措施。

四是行使撤销权。如果企业发现对方通过放弃债权、放弃债权担保、无偿转让财产或以明显不合理的低价转让财产等方式转移资产，且这些行为影响了企业债权实现，则企业可以请求人民法院依法撤销前述行为。

五是行使债权人代位权。企业可以通过大数据检索被执行人是否有作为债权人的情况，如被执行人存在怠于行权行为，要及时行使债权人代位权，将第三方债权纳入回款范围。

（八）阻止贱卖我方财产

企业作为败诉方时，应与胜诉方保持沟通，了解其诉求和期望，尝试通过协商达成双方都能接受的解决方案。如果双方能够达成一致，可以签订书面协议，明确财产的处置方式、价格等关键条款。如果胜诉方在处置财产过程中存在违法行为，如贱卖、低价处置等，可以向执行法院提出异议，要求法院对执行过程进行监督。如果法院同意我方提供担保以解除财产保全措施，企业可以考虑提供合适的担保物或担保人，亦可花费较低费用通过保险公司提供保函置换已被保全的财物。关注我方所持有的财产在市场上的价值变化，以便在协商或诉讼过程中提供合理的价格依据。可以请专业的评估机构对财产进行评估，以获取更准确的市场价值信息。总之，要坚决防止对方恶意通过司法拍卖、变卖等行为，低价获取我方资产。

（九）综合测算执行成本

案件执行，对于主诉方，目的是企业利益最大化；对于应诉方，合理控制执行成本就显得十分重要。对于应诉方而言，主动和解销案、减免利息或违约金、避免查封冻结核心资产等，都是控制案件成本的表现。加强对被诉案件的研判，积极与对方协商谈判，特别是败诉可能性较大的案件，要比较执行前调解与败诉后被执行的优劣，进行综合考量，算好“经济账”。针对难以在被执行阶段实现避损的被诉执行案件，要综合考虑案件应对的成本支出、可能承担的利息罚息，如确实缺乏法律、事实的支撑，应尽早履行生效法律文书的确定义务，实质性减少经济损失。

第三篇
要素保障

PART 03

06 第六章

案件支持系统

第一节　领导听懂案件汇报才敢决策

各位法务人员是否遇到过这样的情况，一个商事案件向企业领导汇报了很多次，领导不给具体意见，而是让再研究论证、要防范风险、一定要胜诉；案件汇报会上，大家激烈讨论、各抒己见，但没有结论性意见，会议结束了就没下文了；甚至，由于集团法务部门和子公司意见不同，对于采取什么诉讼策略，多次向集团领导汇报后案件仍然没有理想进展。可见，如果案件汇报工作没处理好，就很难得到领导支持，案件处置就很难顺利推进。

一、汇报案件的主要作用

（一）实现案件信息对称

如果企业领导对案件不了解，他就很难放心案件处置工作，更难有效决策、予以支持。案件汇报工作，首先就是实现信息对称，让企业领导与法务部门都能掌握案件主要信息。千万不要让企业领导频繁询问案件处置情况，被问就代表法务部门工作被动，被问就代表企业领导对案件还不放心，被问就代表企业领导对案件处置工作还有顾虑。

（二）合理划分案件责任

企业领导掌握的案件信息，有时只是冰山一角，是业务部门愿意、主动让企业领导了解的部分信息。若企业领导没有掌握案件全貌，据此决策案件处置的责任划分和工作分工，有时不够科学，也不利于案件处置工作。向企业领导做好案件汇报，就是让企业领导全面掌握案件实情，了解产生案件的根源，知道业务部门的顾虑，清楚项目前期的背景信息，以便在案件处置工作中科学划分业务部门与法务部门的责任，准确区分前任经办人员和现任接手人员的具体责任。能够让法务部门准确定位职责，科学发挥自身作用。

（三）充分揭示案件风险

让领导不能接受的案件结果，不是一个好的案件处置工作。虽然，很多案件不可能取得理想效果，但不要让企业领导感到意外。如果企业领导经常对案件处置结果感到意外，必然会将法务部门“置之门外”，听不进法务部门的意见和方案。对于案件处置过程中存在的一些风险，包括采取诉讼策略可能出现的风险，都需要及时、全面向企业领导汇报清楚。这样做的目的，一是让企业领导理解案件处置工作，二是避免企业领导对案件结果无法接受。

（四）争取各类资源支持

案件处置工作涉及主体多，牵扯利益复杂，更加需要协调多方资源予以支持。企业领导往往比法务部门掌握更多的资源，法务部门有必要通过案件汇报赢得企业领导的支持。特别是需要业务部门全面提供证据，或需要与对方谈判沟通时，企业领导的出面支持必不可少。案件经办费用、人员调度等方面，也都需要企业领导的大力支持。

（五）提交领导及时决策

案件处置工作，基于企业管理需要或是合规管理规定，都需要企业领导决策后才能推进。如果企业领导对案件不了解、不理解，就不能全面深入思考案件处置工作，更谈不上决策拍板。案件汇报工作，就是让企业领导听懂案件这个“故事”，要通俗易懂地讲清楚案件是怎么回事、目前处境如何、准备怎么干。然后，获得企业领导一句话，“同意”。

（六）推动取得更好效果

企业领导的视野往往比法务部门更加开阔，掌握的各类信息也更加全面，经历和法务人员也不相同。有效的案件汇报工作，往往能够形成一些思想碰撞，产生更多案件处置的智慧，优化案件的处置策略。有时，企业领导会提出“激烈对战”之外的思路和方法，比如运用一些商业方式、行政介入等方法，让案件问题迎刃而解。企业领导的见识广、资源多、思路活，能够推进案件取得更好的效果。此外，也方便做好案件的后续工作安排。

二、汇报案件的常见问题

案件汇报工作中，常见的主要问题就是企业领导没听懂。法务人员提前几天准备了一堆资料，口若悬河讲了半天，企业领导却听得云里雾里，导致企业领导听得不耐烦、有情绪，内心抵触、产生排斥，不敢决策拍板，更谈不上提供资源支持。

（一）盲目自信认为很熟悉案件

事前，法务人员为了做好案件汇报工作，花费了大量的时间，准备了一堆材料，甚至认为都可以把案件背下来了。自信满满地向企业领导汇报案件情况时，却被问得一个细节都答不上来。法务人员自认为企业领导会关心的案件信息并没有被提问，反而是其他方面，特别是项目信息、财务信息等可能被问得比较多，但其根本答不上来。

（二）听者云里雾里而不敢决策

有的商事案件涉及的主体多、时间长，法律关系复杂，信息量很大。有的法务人员没有注意汇报技巧，没有按照一定的逻辑和有效的呈现方式汇报。一会儿按时间顺序讲，一会儿又“切换频道”按涉案主体讲，导致企业领导也需要不断切换思维，追赶着汇报人的汇报内容。一旦案件信息量大，企业领导脑海里的信息就会过载，就会感觉“烧脑”。企业领导对案件汇报听得很疲惫，不仅听不懂，更不敢对案件处置措施进行决策。

（三）“胡子眉毛一把抓”没有重点

有的法务人员不知道企业领导的关注重点，自己也不清楚案件的重点工作，想到哪儿汇报到哪儿。像记流水账一样，从最开始项目接洽开始汇报，凡事都一点一滴地报告，“陈芝麻烂谷子”的事情都要讲，生怕漏了半点信息。讲了半天，结果企业领导还没听到想听的重点内容。这时，企业领导往往就会不耐烦，打断汇报进程，严重影响汇报效果。

（四）开局不利让后续听不进去

有的法务人员想尽快让企业领导掌握案件情况，甚至想把案件信息一下子全部“倾倒”到领导脑海里。结果，往往事与愿违，导致开局不利。在案件汇报的前3分钟，若法务人员没能吸引企业领导的注意力，很可能他们的大脑就自动屏蔽其后面汇报的内容。他们的大脑会产生抵触，会对汇报内容产生“逃避心理”。甚至企业领导就直接离场，不再继续听下去了。

（五）措施无说服力而各执一词

法务人员若对案件处置的意见考虑得不够全面、细致，论证得不够严密，对风险控制得不够到位，就会把案件汇报会变成案件“讨论会”。要是参加汇报的人员多，涉及不同利益或想法，那就会变成“各抒己见”“各显神通”的会议。大家各自站在自己立场想问题、谈风险、提建议，激烈争论，场面热闹非凡。这样，案件汇报就无法达成一致意见，甚至就变成了“甩锅”会，完全达不到案件汇报想要的效果。

（六）汇报完了却没有得到支持

有时法务人员汇报案件，感觉很理想，自认为达到了汇报效果，但会后再联系业务部门时依然得不到支持配合。其在会上想着不揭示业务部门前期项目进展中的问题，点到为止，相信业务部门会后会自觉支持，但是业务部门却还是不愿意协调合作客户提供证据资料。有的业务部门在会上答应了给予支持，但过了几天还是不愿意提供证据、资料。

三、汇报案件的基本原则

（一）准确客观

法务人员千万不要先入为主、预设结论，不要带着自己想要的主观效果去牵领导的“鼻子”，不要带着主观感情色彩，避免非常强烈的情绪化输出。而是要客观公正地反映案件情况，让企业领导知道正确的案件信息，才能信任汇报内容并做出决策支持。

（二）精炼简洁

案件汇报工作不能追求贪大求全，不要想着一次性交代所有案件事实。否则，很多重点信息会淹没在浩如烟海的信息之中。法务人员要做一个案件信息的“加工者”，就像雕刻一件艺术品一样，把自己当作一个“雕刻大师”，把不需要的信息去掉，展现一个美好的案件内容，这样听者才能“赏心悦目”。总之，要做到突出重点，不面面俱到。

（三）逻辑清晰

案件汇报工作，需要事前写好剧本，提前排练，绝对不能临场发挥，更不能信马由缰地想到哪儿汇报到哪儿。这个剧本，一定是逻辑自洽、思路清晰的剧本。这样听众才能听得懂，才能“欣赏”这台“话剧”。汇报顺序可以从整体到细节、从类型到具体、从一般到特殊、从框架到枝干。既要避免出现观点等内容相互矛盾、冲突的情况，又要避免事实和观点混淆的情况。

（四）通俗易懂

汇报不是读稿子，不是像写文章一样追求专业、书面化。若事先准备了汇报材料，建议自己一定要读一读，对读得不通顺、拗口的地方进行修改。把案件汇报当作讲述案件故事，用口语，用大家容易听得懂的话。多用短句、简单句、主动句，少用转折、长句，减轻听众的负担。语速不要过快，会听得疲惫而难以接收完整信息。语速也不要过慢，否则会让人难以集中精力，容易走神。对方主体多、企业名称相近时，可以简化用指代方式，避免混淆。

（五）抓住时机

案件信息对称很重要，第一时间实现信息对称更重要。最好不要等到企业领导过问再去汇报，而要主动汇报、及时汇报。对于收到司法文书的重大案件，要及时告知企业领导。开庭完，在回单位路上时，可以电话、微信先简短汇报，再找机会当面详细汇报。收到判决文书后，也要第一时间做好汇报。很多时候，领导可能在开会、调研，可以编辑微信、短信，把案件的突发情况、最新进展的核心信息，及时提炼出来告知企业领导。总的来说，要抓住六个时机，即案件刚发生时、有进展时、有困难时、需要支持时、需要拍板时、有规定要求时。

（六）保护秘密

案件汇报也要注意场合和参加人员。案件处置策略涉及企业商业秘密。有时，案件策略泄露会导致本来可以胜诉的案件变成败诉的案件。因此，最好适当控制会议范围、参会人员。对于一些案件策略或思路、想法，可以口头汇报，不形成书面文字材料，更不要分发给所有与会人员。对于参会人员较多的案件汇报会议，可以主要汇报案件进展情况，少谈下一步计划安排。

四、汇报案件的方法技巧

（一）做好汇报前准备工作

1. 明确汇报主要目标

案件汇报前，一定要想清楚为什么要汇报，汇报想达到什么目的。不然，案件汇报工作就会没有方向，准备起来也没有针对性。案件汇报的目标大致分为以下几种：一是还原案件全貌，合理划分各个部门、人员之间责任；二是报告阶段性进展；三是让领导提供资源支持；四是适当揭示风险，避免结果引起惊吓；五是让领导决策拍板。

2. 熟悉项目案件情况

案件汇报前，一定要熟悉两方面详细情况。一是项目情况，二是案件情况。很多时候，汇报不理想不是因为对案件不了解，而是对项目不够熟悉。对于项目情况，要熟悉项目背景、商务谈判情况、合同签订情况、价格、数量、质量、标准以及履约的最新情况等。对于其中的重要数据一定要清楚掌握。对于案件情况，要准备案件概述、关键事实、法律依据、证据材料、诉讼请求、答辩意见、法官意见、未来可能走向、庭后工作安排等材料。

3. 提前了解身份场景

每次汇报前，要清楚听汇报的有哪些人，还有哪些人参会。比如，除了企业领导，还有哪些业务部门，是否有鉴定机构、咨询专家、集团法务部。分析他们对案件的熟悉程度如何，关注点或问题会是什么。比如，如果有资产评估机构参与，就需要重点关注司法鉴定、司法拍卖等事项，并提前做好准备。根据会场主持人风格，准备文字材料、PPT，调整汇报内容和顺序等。对于汇报是在个人办公室、大型会议室，还是在密闭的公务车上，汇报方式、风格将大不相同，要提前有个心理准备。

4. 学会做好换位思考

听者关注什么，就重点汇报什么。法务人员需要将自己置于听众的地位，思考怎样讲述能够便于听众快速消化案件。分析听众的过往经历，根据他的职责分工，以及性格、脾气、讲话风格等，进行换位思考。思考一下，假如你是这位听众，大概会关注哪些方面，可能存在什么疑问，主要担心什么事项，想要解决什么问题。

5. 明确汇报重点内容

由于时间不同、案件进展不同、听者掌握信息不同，每次汇报的重点内容都不可能一样。不能抱有一个汇报稿用数年的想法。当案件刚发生时，要重点汇报项目信息和争议产生的原因；当准备起诉时，要重点汇报诉讼策略；当准备应诉时，要重点报告案件可能存在的风险；当案件有进展时，要重点汇报成效和下一步的计划；当案件长时间没有进展时，要重点汇报存在的困难和原因；当提供证据时，要重点汇报需要业务部门提供的资源支持；当需要领导决策时，要重点汇报为什么要进行决策以及风险如何防控。

6. 合理使用辅助工具

案件汇报时最好不要给企业领导一大堆材料，避免企业领导还没听就愣住了。需要学会提炼案件中的核心信息，运用可视化的工具予以合理的完整呈现。一是大事记，准备两个版本大事记时间轴，简单的版本给领导，详细版本自己留存参考，以免遗忘或提问备用。二是股权结构图，对于股权交易、项目合作等涉及主体比较多的，一定要提供股权结构图。不然，企业领导只能自己在脑海里“画地图”，汇报效果会不理想。三是法律关系图，展现双方的法律关系，涉及的主要合同条款以及违约责任的承担、主要证据、法律条款等。形式上，可以运用PPT、思维导图、表格等工具。

（二）汇报时做好临场发挥

1. 概述案件基本情况

汇报时要用口语，一定不要读材料！在汇报开端，用简单的几句话概括事实框架和案件信息，奠定“故事”基调，必要时先抛出核心争议。比如，“这是一起因股权交易产生的纠纷，因为对方没有按时支付股权款而起诉，目前已经进展到法院二审环节。困难点主要在于对方没有支付能力”。然后简要介绍案由、争议焦点、案件标的额、当事人法律地位、案件阶段、管辖等基本信息。

2. 陈述项目主要信息

让企业领导知道了案件大概情况后，不要马上详细汇报案件情况，而要介绍项目情况。不然会导致企业领导频频打断汇报，询问项目信息。可以用大事记的方式和工具，将主要事实按照时间顺序进行陈述，勾勒事实的基本框架，先讲述项目如何承接、合同签订时间、项目目前进展情况、履行过程争议事项、双方往来函件、目前对企业的影响等。

3. 汇报当前案件进展

汇报当前案件进展，是为了立足当下，群策群力，商议下一步该如何推进案件。根据案件所处的不同阶段，是准备立案、一审庭审、一审判决、二审庭审还是案件执行，汇报诉讼请求、我方掌握的证据、对方提供的证据、双方运用的法律规定、法院的观点等。当收到起诉状、财产保全、法院开庭、司法鉴定、资产评估等重要节点时，都要汇报当前案件进展。

4. 分析存在困难问题

所谓有困难不回避、不隐藏。对于案件推进过程中遇到的困难、问题，不要存在侥幸心理，也不要怕给领导心里“添堵”而不汇报。有句话讲，找准问题就是找到了一半的答案。正视困难，理性分析案件存在的问题，才有利于案件沿着理想的方向前进。如果案件对于企业生产经营、品牌声誉有重大影响，一定要及时、准确汇报，避免危机事件产生后，领导受到意外的惊吓。

5. 提出处理措施建议

在提出措施前，要再次阐明汇报人理解的案件目标，以便确认是否正确、是否需要校正。根据法律规定、合同条款、掌握证据等，深入分析案件存在的风险，理性评估胜诉的可能性，有理有据地提出案件处置的措施建议。建议引用相关法律法规、判例或专家意见来增强措施建议的说服力，提供具体的数据、案例和证据来予以支持。对于措施建议，让企业领导做选择题，列出方案一、方案二供其挑选，而不是论述题，否则就会陷入无休无止的讨论之中。

6. 提请决策寻求资源

汇报要达到想要的效果，毕竟汇报不是为了表演，不是为了在领导面前露个面。在汇报最后，要明确提出需要领导协调的资源。对于业务部门该做哪些支持，一定要明确地提出来，及时做好会议纪要；对于经费预算、人员调配、决策授权等，都要鲜明地提出来，领导同意了就马上实施。

（三）做好汇报后复盘精进

1. 复盘剖析汇报存在的问题

案件汇报往往不止一次，很多案件后续还会有多次汇报。因此，要做好案件汇报的复盘。汇报后，要反思汇报时有哪些问题。比如，领导关注的项目信息答不上来，领导认为措施建议不够合理，业务部门提供了不掌握的信息搞得手忙脚乱，等等。针对这些问题，反思该如何改进汇报工作，做到一事不二错。

2. 固化决策事项推动案件

对于汇报时领导决策同意的事项，该形成会议纪要的要马上起草，该发起签报流程的要抓紧进行，该聘请律师的赶紧履行程序，该请领导出面的要及时约领导时间。总之，决策事项要尽快落地实施，资源支持要尽快沟通实现。

3. 优化改进案件处置策略

案件汇报时，或多或少都会产生一些灵感，要及时运用到案件策略优化上。另外，汇报讨论时也会暴露前期的案件处置措施方面的瑕疵，应当抓紧予以修改、完善。要实现以案件汇报推动案件策略优化，进而取得更好结果的正向推动。

4. 及时报告案件后续进展

案件汇报后，针对汇报时领导关心的问题、大家的顾虑、担心的风险、讨论的措施，建议在案件进展过程中，定期再向领导汇报最新情况。在案件汇报后实现能够及时予以反馈，既能同步案件最新信息，也能报告如何落实领导所提要求。这样能够让企业领导对法务部门案件处置工作放心，也是寻求进一步的资源支持和指导意见。

第二节　做好员工代理关键在激励

很多企业都在鼓励倡导企业员工代理商事案件，认为可以节省律师费用，减少沟通成本，等等。其实，企业员工特别是法务人员代理案件的意义不仅仅于此，还能摆脱对于律师代理案件的依赖，不被律师“牵着鼻子走”。对于办理案件的进度如何控制，办案效果如何管控，如何通过案件处置实现企业目的，如何实现以案促管、优化经营管理，这些只有企业自己人亲自“下场作战”，才能真正拥有话语权，掌握案件处置的主导权。

一、员工代理与律师代理的区别

（一）身份关系不同

员工代理，其身份是企业的员工，与企业签订有劳动合同，与企业是劳动合同关系。律师代理，其身份是委托代理，接受企业的委托，为企业代理纠纷案件。

（二）资格要求不同

律师代理案件，其前提是通过法律职业资格考试并依法取得律师执业证书，具备专业的法律知识和执业资格。员工代理，并不要求企业员工必须通过法律职业资格考试，也不要求取得律师执业证书。

（三）管控程度不同

员工代理，员工是企业的劳动者，代理行为是劳动关系中的具体工作，受企业意志制约的程度很深。员工不仅仅从事代理案件这一件工作，其他工作都要接受企业的管理。律师只是在这个案件中接受企业的委托，独立性更强。其对于企业的一些想法、措施，不一定完全采纳。

（四）经验能力不同

律师的主要业务就是诉讼代理，因代理过大量案件，对于诉讼程序往往十分精通，积累了更丰富成熟的诉讼技巧。其与法院打交道多，与法官接触多，也会更加熟悉案件办理流程。企业员工一般代理案件少，平时还有审核合同、制度、决策等各类事项，代理案件所占精力往往不如律师那么多，因此诉讼经验较为欠缺。

（五）动力来源不同

企业员工代理案件，往往将代理案件当作日常工作的一部分，其目的也是希望得到领导认可，完成正常工作，获得长远发展。企业员工对企业的感情，往往比律师要深厚，内心更希望企业有好的发展。律师代理案件，主要是为了获得代理费用，想法比较简单、直接。其能获得的代理费用多，代理案件的积极性就更高，办案过程就更加负责。

二、为什么要鼓励员工代理案件

实行员工代理案件，最核心的目的就是把案件处置的主导权掌握在自己人手里，更好掌控案件办理的进度和效果，更好地按照企业意志和想要实现的目的来办理案件。还能改进办案过程中暴露的企业经营管理问题，实现闭环管理，提升企业的经营管理水平。

（一）节约律师费用

相比聘请外部律师，员工代理案件可以节省大量的律师费用，降低企业的法律管理成本。即使对员工代理案件有奖励，往往也比请律师的费用要少得多。

（二）锻炼员工能力

通过代理案件，能够提升员工在法律分析、文书写作、法庭辩论等方面的综合素质和工作能力，更加有利于对照案件做好合同审核、风险防范等具体工作。

（三）“反哺”风险管理

员工代理案件过程中，能够发现暴露出的经营管理方面的问题。比如，合同条款的约定不够严密，规章制度存在漏洞，履约签证没有及时办理。在风险管理工作中，企业可以针对案件暴露的问题加以防范，提升风险管理水平。

（四）熟悉项目业务

对于一些专业性比较强、创新性的业务，企业员工可能比律师更加熟悉。而熟悉业务，往往也是办理案件的一个优势所在。熟悉业务，熟悉商业运行逻辑，就能清晰地发现对方当事人存在的问题，有效地提供证据，更好地做好质证、辩论等环节工作，提升胜诉的概率。

（五）沟通效率更高

在代理案件时，需要与企业内部的其他部门密切合作，共同收集证据、制定策略。由于企业员工长期在企业内部工作，熟悉企业内部情况，能够快速响应企业的法律需求，及时收集证据、准备材料，提高案件处理的效率。

（六）配合程度更高

企业员工代理案件是日常工作之一，同样接受企业的管理，按企业的要求办事，与企业领导、部门的配合程度自然就更高。其可以按照企业要求，全身心地投入相关案件。律师可能同时办理不同委托人的不同案件，也不排除受到一些干扰。

（七）保护商业秘密

企业是不希望一些案件的细节被外人所知的，特别是企业竞争中涉及的一些商业秘密。如果把案件交给员工办理，就能够更好地保护企业的商业秘密和敏感信息，有效防范商业秘密泄露的风险。

（八）提高维权效果

由于企业员工对项目业务熟悉，内部沟通效率更高，各部门配合程度更高，接受企业意志的效果更好，往往能够让案件办理效率更高、效果更好。

三、推行员工代理常见问题表现

企业推行员工代理，最重要的问题是激励不到位，导致员工代理案件没有动力，甚至承担败诉后的非议、问责。

（一）时间精力难以保障

绝大多数企业没有专门的纠纷案件管理部门，法务部门即使把案件处置作为主要工作，也还有其他工作占用时间精力。法务人员代理案件的同时还需要处理合同审核、规章制度审核、重要决策审核等其他工作，会认为代理案件属于额外增加工作量，让其更加疲于应付本来就繁忙的工作。

（二）办案决策权限不明

员工代理案件的自由度往往没有律师那么高。代理案件也像在战场前线，有时候难免“将在外，君命有所不受”。但一些企业对于员工代理案件的决策权限不明，导致员工代理案件过程中产生顾虑，凡事都要请示汇报，导致案件办理响应不快。如果没有汇报而自行决策，可能又面临决策合规性的考验。这导致员工在快速响应效率与保证决策合规方面，左右为难。

（三）没有激励制度机制

一些企业认为员工代理案件是本职工作，和其他工作一样。企业已经支付工资薪酬，员工代理案件就不应当再额外奖励。但实际上，代理案件是一个主观能动性很强的工作，是否积极负责对于案件结果影响很大。还有一些企业考虑过建立激励制度机制，但认为标准、程序难以明确，最后不了了之，甚至只是在案件胜诉后表扬一句“干得不错，辛苦了”。

（四）奖励措施难以兑现

有的企业建立了奖励制度，实属不易。但如果没按照制度进行激励，还不如没有奖励制度。有的企业在胜诉回款后没有主动奖励，代理员工碍于情面又不好意思主动提起。由于每个案件情形不同，难易程度、时间进度等各不相同，有时企业领导会认为这个案件比较简单，奖励是不是该打个折扣，奖励金额大了是否有审批签字的风险等。导致一些奖励措施打了折扣，甚至“打了水漂”。

（五）奖励业务而非法务

很多企业把项目业绩与业务人员的绩效奖金紧密挂钩。有的案件，在没有挽损回款时，业务人员是没有绩效奖金的。但案件胜诉挽损后，项目也回款了，业务人员自然就能够得到相应的绩效奖金。但是，经办案件的法务人员并没有额外获得绩效奖金，而且案件胜诉挽损还是法务人员一手经办的。这时，经办法务人员往往心里就会产生落差，代理案件的积极性会受挫。

（六）接受奖励遭受非议

一些企业会兑现员工代理案件的奖励，但本部门的其他法务人员会私下议论，不干本职工作，跑去代理案件，把合同审核等工作都推给其他人。其他部门的人会认为，代理案件本来就是法务人员的本职工作，纪委也办理案件，财务人员也处理账务，为什么法务人员代理案件要搞特殊奖励。面对非议、“眼红”、私下议论，代理人员难免会内心难受，甚至担心在这样的舆论氛围下会被审计调查，担心奖励会被扣回。

（七）败诉案件压力巨大

有的企业可能管理比较严格，要求比较高，对于案件没有胜诉的，会过问原因，甚至开展结案后评估，对案件办理情况进行评价。代理案件的员工在案件败诉后往往会承受较大的心理压力，担心被问责，甚至需要向企业领导解释败诉原因。若纪委、审计等机构询问案件情况，法务人员的压力会更大。

四、如何激励员工尽心代理案件

（一）建立激励制度

员工代理案件有激励制度保障，才能让员工吃下“定心丸”。激励分为物质激励和精神激励。对于物质激励，一定要在制度里写得明明白白，减少自由裁量的空间，把奖励的标准、程序、分配写得清清楚楚，否则奖励就没有统一的衡量尺度。对于精神激励，可以是通报表扬、评先评优、发展机会等，还可以加入优先参加疗养、调研考察、学习培训等激励措施。

（二）做好内部沟通

在制定奖励制度前，一定要与企业纪委、审计部、人力资源部等做好沟通解释，争取理解和支持。起草的激励制度，一定要提交纪委、审计部进行制度廉洁性评估，必要的话请其出具书面意见。另外，与人力资源部做好沟通，把奖励金额纳入工资总额，否则就难以有效施行。与相关部门的企业分管领导做好沟通解释，争取大家的理解支持。

（三）提供培训锻炼

员工刚开始代理案件，需要有一个熟悉案件、参与案件的过程。“直接扔下水游泳难免呛水。”建议把参与办案当作独立代理案件前的培训。可以让员工先跟着代理律师，参与企业有关案件办理过程。这样参与几件案件，就能够熟练掌握立案、保全、举证、质证、辩论等具体流程。另外，还可以提供一些法律知识培训、模拟法庭练习等培训锻炼机会。

（四）给予办案保障

一是经费保障。对于办案产生的交通费、伙食补助费、住宿费、资料打印费等全额报销。对于经办案件所产生的诉讼费、保全费、公证费、保险费、执行费等费用，给予全部报销。二是时间保障。充分保障代理人员的时间、精力，不与日常其他工作时间冲突，全身心投入到案件代理过程中。

（五）提供资源支持

员工代理案件后，企业领导、部门不能当甩手掌柜。企业要帮忙协调资源，领导要出面根据需要与对方当事人谈判沟通。对于业务部门提供证据、信息、出庭有困难的，企业领导也应当出面协调解决。对于办案人员人手不足的，企业领导、部门也应当给予人力资源支持，做好配合工作。对于一些法律数据库、专家咨询、后勤保障，企业也应当做好资源支持。

（六）组建代理团队

法务人员代理案件，团队作战往往比孤军奋战要好。团队成员在各自擅长的领域发挥专业优势，相互补充，共同解决复杂问题。通过集体讨论和集思广益，可以提出更全面的诉讼策略，提高商事案件的胜诉率。团队成员之间可以相互学习和交流办案经验，提升个人专业素养和业务能力。作为企业，应当鼓励法务人员组建代理团队，发挥团队作战的优势。

（七）落实激励政策

有制度不执行，比没有制度还要坏。有了员工代理案件奖励制度，就一定要不折不扣地严格执行。该奖励多少就奖励多少，该奖励给谁就奖励给谁，该何时奖励就何时奖励。员工代理案件奖励，不能变成人人有份的福利，企业领导也不能认为奖励拿得多了、容易了，而想着打折扣、搞拖延，更不要担心承担签字审批责任而不予奖励。要通过落实奖励制度，让代理案件的员工看到企业的决心，这样其内心才会充满信心，办案时才会更有恒心。

（八）营造宽容环境

即使案件办理效果不理想，也不能让“战场上的士兵流血又流泪”。对于代理案件效果不及预期的，可以分析办案过程，做好复盘。但是，不能贸然批评代理案件的法务人员，更不能请纪委、审计部来过问、追责。只有让法务人员没有后顾之忧，才会心无旁骛、一心一意地做好案件代理工作。“拿着刀抵在后背”，或“头上悬着利剑”，是无法专心、尽心地代理案件的。

五、员工代理激励制度的深度思考

（一）常态化激励还是偶发性激励更合适

奖励，应当是一件确定性的事情，这样员工才会更加愿意代理案件。若奖励或有或无，一般案件得不到奖励，大的案件才可能得到奖励，那代理案件就会在员工心中产生一种负担，其可能不愿意为不确定性的事情做出努力。虽然，偶发性的奖励对企业管理者来说比较容易管控，有了特别重大的办案成就则颁发总经理奖等，但是，没有把办案与奖励直接挂钩，反而会挫伤员工代理案件的积极性。建议还是建立常态化的奖励制度，这远比偶发性的专项奖励更有激励的确定性，也更能激发办案积极性。

（二）奖励员工代理案件是否包括业务人员

关于业务人员代理案件能否给予奖励，涉及企业推行员工代理案件的目的是什么。根据前面的分析，建议主要还是由法务人员代理企业案件。处置案件是法务人员的主业，但不是业务人员的主业。法务人员学了几年的法律知识，日常也从事法律工作，经办案件也相对专业，胜诉维权的效果往往也会更好。另外，业务人员参与案件，往往是因为此案所涉项目与他有关。某种程度上说，是前期项目没有选好合作客户，或日常没有做好项目管理，或与客户沟通出了问题。因此，再奖励业务人员，涉嫌鼓励他们把项目搞砸后拿奖励。

（三）奖励由部门支配还是直接给办案人员

奖励给谁，主要分为两种。一种是直接给法务部门，再由法务部门负责人进行再次分配。另一种就是谁代理就直接奖励给谁。前一种的好处是，法务部门负责人能够更好协调、管理案件代理过程，从部门角度看待案件，部门其他法务人员意见也会较小，毕竟代理案件是从部门利益而不是个人利益出发的。后一种的好处是，奖励很直接，多劳多得，但其他法务人员可能“眼红”，在工作方面可能配合度不高。有的企业选择了折中，一半奖励直接给代理的法务人员，另一半由法务部支配。这或许是一个好办法，虽然对两种奖励方式进行了折中，但或许利大于弊。

（四）员工挑选案件还是企业指定案件经办人员

是由法务人员挑选经办什么案件，还是由企业指定法务人员经办什么案件，这涉及案件管理问题。为了增强企业案件管理水平，实现对于不同法务人员、不同案件的匹配，建议还是由企业指定案件经办人员。企业要根据案件难易程度，法务人员繁忙程度、能力和专业程度，办案配合程度等进行调配，同时结合法务人员办案意愿。这样也能够避免法务人员的道德风险，避免风险防范不够仔细认真。

（五）参与案件就奖励还是必须全程独立代理

对于只要参与代理就奖励，还是必须全程代理才奖励，笔者建议后者。若只要参与代理就奖励，就会产生“搭便车”的现象。有的法务人员能力不强、不愿投入时间精力，可能挂个名、报个到就想领取奖励，这样很不合适。这样会导致企业把案件再次委托给律师办理，也达不到节约律师费用的效果。只有法务人员全程独立代理案件，办案的责任和激励才对等，这样也能提高办案的效率，办案质量也更能够得到保障。

（六）奖励是否剔除案件金额没有争议部分

有人会说，有的案件哪怕没人代理，法院缺席审判可能都不会判全部败诉。对于没有争议的、能够得到法院支持的涉案金额，应当纳入奖励范畴，还是应当予以剔除？笔者认为，说起来有理，操作起来难做。请问究竟多少金额是没有争议，评判的标准是什么，有什么理由认为一定能够得到法院支持？如果非要人为划定一个没有争议的涉案金额，准备在后面奖励时予以剔除，万一这部分也没得到法院支持，责任由谁承担？再者，如此人为划分，代理案件的法务人员是否还有动力为此部分据理力争？案件是一个整体，人为地把案件切割成几个部分不够科学，也不利于责任划分和激励办案。另外，员工代理奖励金额往往不多，远不如律师代理费用。再想精打细算，空间也不是很大。案件管理确实需要精细化，但不宜把一个整体案件切分成几个部分，否则增加了管理成本，办案效果还不一定就真的更好。

（七）是否对现金资产等设置不同奖励系数

把挽回损失的形态予以区分，是对挽回损失效果的高度关注，也是对企业负责。现实中，往往要回真金白银最为困难，但拿回应收账款或抵债车辆等，相对较为容易一点。另外，对于企业而言，肯定是希望现金回款更好，这样又可以投入生产经营之中。若要回一栋房产，可能还需要考虑如何处置变现，这不是企业直接想要的。既然对代理案件有了奖励，那么就可以通过奖励办法引导代理人员拿回企业更想要的现金。有的企业对于不同形态的资产设置了不同的奖励系数，形成了奖励的鲜明导向。例如，以现金方式挽回的，系数为1；以物抵债方式挽回的，系数为0.8；以债转股、受让股权等重组方式挽回的，系数为0.5。

（八）是否根据增信措施设置不同案件难易系数

案涉项目是否办理了增信控制措施（抵押、质押、回购等），直接关系到挽回损失的难易程度。如果前期办理了房产抵押、股权质押，那么挽回损失就会更容易一些。而那些没有增信控制措施的案件，必须考虑财产保全和案件执行的难度。从企业奖励办案的性价比来说，难以挽回损失的案件，奖励系数自然应当高于比较容易挽回损失的案件。有的企业规定，对于主动起诉的案件，有增信措施情况的，系数为1；没有增信措施情况的，系数为1.2。

（九）是否对谈判让步设置不同难易系数

很多案件往往涉及违约责任的承担。那么，对于拖延了很久的案件，对利息和违约金，败诉方往往不愿意照单全收。有的案件和解比判决效果要更好，最终挽回的损失可能还更多。基于这样的情况，有的案件选择了和解，对利息、罚息作出一定让步，更好更快挽回损失，更有利于企业利益。当然，这样也适当降低了办案的难度。于是，有的企业对于是否有谈判让步设置了不同的奖励系数。例如，无利息罚息减免的，系数为1.2；减免罚息的，系数为1；减免利息的，系数为0.8。

（十）是否针对挽回损失周期设置奖励系数

挽回案件损失，早点要回来钱无疑对企业更为有利。有的案件，时间久了可能就“黄了”，对方当事人可能就破产了，或者起诉的债权人越来越多，降低了挽回损失的可能性。为了实现“早日落袋为安”，应当更好发挥案件奖励的导向作用。对于早日挽回损失的，给予更多的奖励。有的企业在回款周期方面设置了不同的奖励系数。例如，回款周期小于6个月的，系数为1.2；6个月（含）至12个月的，系数为1.1；12个月（含）至18个月的，系数为1；18个月（含）至24个月的，系数为0.9；24个月（含）以上的，系数为0.8。按回款周期对应的系数，每笔回款单独计算奖励。

（十一）疑难积案是否允许突破常规奖励规定

奖励的标准考虑了大多数案件的规律，但没有也无法顾及特别复杂的疑难案件或陈年积案。对于历史遗留的复杂案件，按照正常的奖励标准，可能法务人员没有积极性。法务人员会认为，案件办理十分复杂，很可能无法胜诉挽损。制度规定的奖励标准也无法激发其斗志。对于这些案件，即使交由律师代理，可能也会要求提高代理费用的标准。对于复杂的疑难案件，应当允许一案一议，经决策后提高奖励的标准，这也是实事求是。可以让法务人员与律师一同竞争，由几位律师分别报价，分析判断奖励标准如何确定。

（十二）奖励标准参照什么依据才有说服力

既然说到员工代理案件能够节省律师费用，那么大家就会关注究竟是否能够节省律师费用，能够节省的比例或金额究竟有多少。口说无凭，必须拿出相应的官方标准才更有说服力。比如，可以《关于进一步规范律师服务收费的意见》或当地的收费标准作为参考。该意见规定，标的额不足人民币 100 万元的部分，不得超过标的额的 18%；标的额在人民币 100 万元以上不足 500 万元的部分，不得超过标的额的 15%；标的额在人民币 500 万元以上不足 1000 万元的部分，不得超过标的额的 12%；标的额在人民币 1000 万元以上不足 5000 万元的部分，不得超过标的额的 9%；标的额在人民币 5000 万元以上的部分，不得超过标的额的 6%。可以通过列表的方式，直观地展示不同标的的案件，员工代理较律师代理节省了多少律师费用。

（十三）法务人员离开岗位后是否继续奖励

法务人员离开法务岗位或离开本企业后，代理的案件挽回损失后是否应当奖励，这不是说仅仅做给那些离开的法务人员看的，更是做给现任的法务人员看的。若法务人员准备离职，而离职后又得不到案件奖励，可以想想法务人员还会尽心尽力地办理案件吗？可以参考一些项目的绩效奖励模式。比如，在办案人员离职前，其案件处置工作已使企业实际取得相关利益或避免损失的，仍按制度规定给予办案激励。办案人员离职后，企业又花费人力物力才取得相关利益或避免损失的，则不再发放办案激励。

附：员工代理案件管理办法

员工代理案件管理办法

第一章　总　　则

第一条　为进一步规范××××集团有限公司（以下简称集团公司）

法律纠纷案件管理工作，提升案件处置能力和质效，激发员工代理案件的积极性，根据国务院国有资产监督管理委员会《中央企业法律纠纷案件管理办法》和集团公司《法律纠纷案件管理办法》等相关规定，结合集团公司实际，制定本办法。

第二条　本办法适用于集团公司范围内发生的员工代理案件管理工作。除特别说明外，本办法所称“集团”和“公司”均包含集团公司及所属各子公司，“子公司”是指集团公司所属全资子公司、控股子公司和集团公司实际控制的其他经营主体的统称。

第三条　本办法所称员工代理，是指公司员工在法律纠纷案件处置过程中，拟订案件处理方案，经公司授权独立作为代理人参与案件处置，采取相应具体措施，最大化维护公司合法权益的行为。

在案件处置过程中，负责主要实施上述行为的公司员工被称为办案人员。

第四条　在本办法中，员工代理的案件主要是商事领域的诉讼、仲裁及执行案件。

本办法主要对员工代理的诉讼案件管理进行规定，员工代理的仲裁及执行案件除另有明确规定外，参照本办法关于诉讼案件管理的规定执行。

第二章　案 件 类 型

第五条　根据公司在诉讼中所处的诉讼地位，涉及公司的案件主要可分为以下类型：

（一）主诉案件，是指公司作为原告主动发起诉讼程序的案件；

（二）应诉案件，是指公司作为被告参与到诉讼程序中的案件；

（三）第三人案件，是指公司作为第三人参与到诉讼程序中的案件，根据对案件争议的诉讼标的是否有独立的请求权，第三人案件又可分为有独立请求权的第三人案件和无独立请求权的第三人案件；

（四）其他涉及公司的案件。

第六条　根据参与案件的阶段及程序的不同，员工代理案件包括但不限于参加一审、二审、再审、执行、仲裁等阶段、程序。

第七条 公司鼓励员工代理符合以下情形之一的商事诉讼、仲裁及执行案件：

（一）案涉事实与公司经营的主要业务相关；

（二）在案件处置中预估的法律风险相对可控；

（三）员工具备案件办理所需的专业知识或具有多次类似领域案件的处理经验。

第三章　办案人员

第八条 基于案件的法律问题处理具有较强的专业性，为保证办案质效，切实维护公司合法权益，办案人员原则上为法律事务机构工作人员。

第九条 公司鼓励具备案件办理知识、经验的员工，尤其是持有公司律师证或法律职业资格证的员工担任办案人员。

第十条 办案人员的选择方式为法律事务机构推荐与公司员工个人自荐相结合。

第四章　办案程序

第十一条 公司法律事务机构根据案件标的额、案情复杂程度，综合自荐或经推荐的公司员工的个人专业能力、业务熟悉程度、相关法律审核或案件处理经验等因素，确定法律纠纷案件的办案人员。

第十二条 确认办案人员后，办案人员应按照集团相关规定，草拟诉讼方案。公司法律事务机构根据案件情况，在诉讼方案中确定是否给予办案人员激励，并完成相关制度规定的公司领导决策审批程序。办案人员根据决策内容，准备相关法律文书，启动案件办理工作。

第十三条 办案人员可根据案件情况，要求涉案单位和其他相关职能部门配合搜集、提供或固定相关证据材料，涉案单位和其他相关职能部门应努力协助办案人员。

第十四条 在主诉案件或有独立请求权的第三人案件中，办案人员应根据办案需要，尽可能地搜集对方当事人的财产线索，向人民法院申请财产保全。

第十五条　公司向办案人员出具授权委托书，应列明代理人信息、授权事项、授权期限及授权权限等内容。授权委托书原则上为一般授权，如有确需处理公司实体权利的特殊情况，经公司相关决策审批后可给予特别授权，但不允许转授权。

第十六条　办案人员应根据开庭传票等法律文书确定的开庭时间、地点及形式等要求，参加庭审及法院组织的相关程序。

第十七条　办案人员在接收到案件相关法律文书后，应在二十四小时内向法律事务机构报告，并按相关规定及时进行案件处置工作。

第十八条　对办案人员的其他办案程序要求参照集团公司《法律纠纷案件管理办法》对代理人的有关要求执行。

第五章　办 案 质 量

第十九条　办案人员在办理案件过程中，应当遵守职业道德，勤勉尽职，按照法律法规规定参与案件处理流程，注重办案效率和质量，最大化维护公司合法权益。

第二十条　法律事务机构有权从以下方面对办案人员的办案质量进行管控：

（一）诉讼前期及过程中的应对方案是否全面、准确，法律文书书写是否规范，对我方有利的法律、政策规定运用是否充分，诉讼权利是否充分行使；

（二）财产线索收集是否齐全，财产保全措施是否合理并起到实效；

（三）证据收集是否全面，证据是否利用充分并按时向法院提交；

（四）是否实时关注案件进展，在情况发生变化时，办案人员是否对情况进行评估，并及时采取应对措施；

（五）案件结果是否达到方案预期，挽回损失或避免损失是否产生实效；

（六）法律事务机构认为合理的其他管控标准。

第二十一条　案件办理过程中，发现以下情形的，法律事务机构有权随时调整或更换办案人员：

（一）诉讼策略失当或诉讼权利行使不充分造成阶段性败诉、法律文书出现较大错误的；

（二）财产保全不及时等重大工作失误导致执行难度增大的；

（三）办案质量导致诉讼阶段性结果不符合预期目标的；

（四）存在其他客观原因，原办案人员继续办案将影响案件办理质量的。

第六章　办 案 保 障

第二十二条　涉案单位和其他相关部门应当与法律事务机构密切配合，履行相应义务，积极协助办案人员，主要包括以下义务：

（一）提供案件涉及的事实情况及证据材料原件；

（二）参与案件处理讨论，对案件情况进行说明；

（三）承担部分案件事务处理工作；

（四）参加与案件对方当事人的商谈和解工作；

（五）委派具体经办人员参与开庭工作；

（六）案件处理需要的其他工作。

第二十三条　由员工代理案件的，公司应确保为办案人员提供必要的费用保障（如交通费、伙食补助费、住宿费等），该费用不包含在办案经费或办案激励中。

因法律纠纷案件处理需要所产生的诉讼费、保全费、公证费、保险费、执行费等费用，由各涉案单位自行承担，具体费用保障工作按照涉案单位的相关费用管理办法履行程序。

第二十四条　公司对诉讼标的额5000万元以上（含）的重大案件以及疑难案件提供经费保障。

经费的使用按照财务费用管理办法执行。办案经费仅用于与办案相关的工作，不含中介机构的代理服务费，不属于对办案人员的个人激励。

第七章　办 案 激 励

第二十五条　公司员工处理法律纠纷案件产生成效的，公司对办案人员及办案人员所在部门给予办案激励。

第二十六条　办案激励分为精神激励和物质激励。

（一）精神激励是指对办案人员及办案人员所在部门进行通报表扬、评先评优等。

（二）物质激励是指计入员工个人工资的奖励等。

第二十七条　精神激励由涉案单位法律事务机构发起，经履行相关审批程序后，公司发文通报表扬，可同时授予“办案能手”“法治工作先进个人”“法治工作先进集体”等荣誉称号。对多次受到表扬的部门，可在集团内部评优评先中适当给予倾斜。

第二十八条　物质激励由涉案单位法律事务机构填写《员工代理法律纠纷案件激励申请表》，在履行相应决策审批程序后，发放给激励对象。

第二十九条　公司根据不同案件情况，给予激励：

（一）对于诉讼请求涉及财产关系的案件，根据挽回损失或避免损失情况，按照一定的标准向办案人员及所在部门员工发放物质激励，物质激励的具体分配可由办案人员所在部门根据实际情况及自行制定的实施细则确定。

（二）对于诉讼请求不涉及财产关系的案件，无独立请求权的第三人案件或其他标的特殊的案件，涉案单位可根据案件办理复杂程度及其他实际情况，采取一事一议等方式，对办案人员及其所在部门进行精神激励。

第三十条　对于诉讼请求涉及财产关系的案件，挽回损失或避免损失的金额计算方式如下：

（一）主诉案件：法院立案后，被告实际向我方履行义务，使我方实际取得的资金或资产利益的金额，资产价值可参考司法程序中的相关文件确定。

（二）被诉案件：生效裁判文书或和解协议中我方应履行的金额与诉讼标的额之间的差额。

（三）第三人案件：有独立请求权的第三人案件参照主诉案件的计算方式确定；无独立请求权的第三人案件参照被诉案件的计算方式确定。

（四）反诉等其他情形案件：根据实际情况参照上述方式计算。

第三十一条 根据办理主诉案件挽回损失，在我方实际取得相关利益后，按如下标准以分段累进计算的方式进行激励：

<table>
<tr><td>档次</td><td>一档</td><td>二档</td><td>三档</td><td>四档</td><td>五档</td><td>六档</td></tr>
<tr><td>挽回损失金额</td><td>10 万元（含）及以下部分</td><td>超过 10 万元，不超过 100 万元（含）部分</td><td>超过 100 万元，不超过 500 万元（含）部分</td><td>超过 500 万元，不超过 1000 万元（含）部分</td><td>超过 1000 万元，不超过 5000 万元（含）部分</td><td>超过 5000 万元部分</td></tr>
<tr><td>激励系数</td><td>3%</td><td>2%</td><td>1%</td><td>0.7%</td><td>0.5%</td><td>0.2%</td></tr>
<tr><td>挽回方式的调节系数</td><td colspan="6">根据损失挽回的具体形式：
（1）现金方式挽回的，系数为 1；
（2）以物抵债方式挽回的，系数为 0.8；
（3）重组方式（包括债转股、受让股权等）挽回的，系数为 0.5。
若同一案件中存在多种挽回方式，则按照对应挽回的损失金额的档次分别计算激励金额。</td></tr>
<tr><td>增信措施的调节系数</td><td colspan="6">根据立案前已对被告采取的增信措施（包括抵押、质押、回购等）情况：
（1）有增信措施的，系数为 1；
（2）无增信措施的，系数为 1.2。
若同一案件中存在多种增信措施，则按照对应挽回的损失金额的档次分别计算激励金额。</td></tr>
<tr><td rowspan="2">回款周期对应的时间系数</td><td>回款周期</td><td>小于 6 个月</td><td>6（含）—12 个月</td><td>12（含）—18 个月</td><td>18（含）—24 个月</td><td>24 个月（含）以上</td></tr>
<tr><td>时间系数</td><td>1.2</td><td>1.1</td><td>1</td><td>0.9</td><td>0.8</td></tr>
</table>

回款周期指立案之日至该笔款项收款之日的期间，每一笔收款单独计算回款周期。

主诉案件激励金额 = 挽回损失金额 × 激励系数 × 挽回方式的调节系数 × 增信措施的调节系数 × 时间系数。

第三十二条 通过办理应诉案件避免损失的，按如下标准以累进计算的方式进行激励：

档次	一档	二档	三档	四档	五档	六档
避免损失金额	10万元（含）及以下部分	超过10万元，不超过100万元（含）部分	超过100万元，不超过500万元（含）部分	超过500万元，不超过1000万元（含）部分	超过1000万元，不超过5000万元（含）部分	超过5000万元部分
激励系数	1%	0.7%	0.5%	0.3%	0.2%	0.1%

应诉案件激励金额＝避免损失金额×激励系数。

第三十三条　物质激励一般在我方实际取得相关利益，实现挽损后开始申请。

但对于一系列因同一原因产生的案件，除特殊情况，在该系列案件全部实现挽损后开始申请。

若在主诉重大案件中，被告采用分期付款等方式履行义务，导致我方实际获益的前后时间间隔超过6个月，可在被告应付的相关款项到达公司账户后分批申请或集中申请。

第三十四条　办案人员对于积案或其他法律事务机构认定为重大疑难案件的办理挽回损失或避免损失成绩卓著的，经公司相关审批通过后，可适当提高激励标准。

若案涉相关债务在财务上已作坏账处理，计提坏账准备金达到50%以上，同时符合下列条件之一的，可以认定为积案：

（一）案件处理中对方当事人被吊销营业执照，对方主要负责人员死亡、被捕、逃逸等导致案件无法正常审理或执行的；

（二）执行中对方无任何财产可供执行，由法院出具了执行中止裁定或向我方发放债权凭证的；

（三）案件处理中因其他原因案件超过三年无任何进展的。

第三十五条　对于确认员工代理前已实际完成部分司法程序的案件或更换过办案人员的案件，法律事务机构可依据实际情况，经公司相关审批通过后，适当调整激励标准。

第三十六条　公司负责发放激励的相关部门可根据本部门的业务规范

要求确定给予办案激励的时间及形式。

在办案人员离职前，其案件处置工作已使公司实际取得相关利益或避免损失的，仍按本办法规定给予办案激励。办案人员离职后，公司取得相关利益或避免损失的，则不再发放办案激励。

第八章　监督追责

第三十七条　办案人员应严格按照本办法及其他制度的规定开展工作；法律事务机构根据本办法的规定对办案人员的办案工作进行监督及不定期的检查。凡在检查或日常工作中发现办案人员未按相关规定执行，造成案件处置进展缓慢的，法律事务机构有权根据实际情况更换办案人员，并减少或取消其办案激励。

第三十八条　法律事务机构发现相关单位或者个人有下列违反本办法及其他制度相关规定的情况，造成公司较大经济损失、名誉受损或其他不良后果的，应立即向公司纪检监察机构移交违规违纪违法问题线索；对于涉嫌刑事犯罪的，依法移送司法机关处理：

（一）泄露公司机密，包括案件重大决策、关键行动计划及案件重要证据等；

（二）消极应对导致丧失诉讼权利，或者在庭审时自认不利于公司的事实，致使公司遭受额外损失的；

（三）错过法院通知的开庭时间等相关活动时间，导致公司利益受损的；

（四）由于疏漏丢失重要证据，导致公司利益受损的；

（五）相关部门或人员向对方当事人提供不利于我方的涉案材料或情况，致使公司利益受到损失的；

（六）相关部门或人员提供的材料不准确，需要提供协助而不提供或不及时提供，严重影响法律纠纷案件的办理，致使公司利益遭受损失的；

（七）在办理案件过程中谋取私利、收受回扣的；

（八）其他严重影响案件的办理，导致公司利益受损的。

第九章　附　　则

第三十九条　各子公司可以参照本办法，结合本单位的经营及案件情况制定符合本单位实际的员工代理案件管理制度或根据本办法完善相应的具体实施细则。

第四十条　本办法由集团公司法律事务机构负责解释，自印发之日起施行。

本办法施行时，正在代理中，尚未实现挽损或避损的员工代理案件，适用本办法的规定。

员工代理法律纠纷案件激励申请表

<table>
<tr><td>案件名称</td><td colspan="3"></td></tr>
<tr><td>申请单位</td><td></td><td>申请部门</td><td></td></tr>
<tr><td>申请时间</td><td></td><td>案件类型</td><td>（主诉/应诉/第三人等）</td></tr>
<tr><td>诉讼标的额</td><td></td><td>激励对象</td><td></td></tr>
<tr><td colspan="2">挽回损失额或避免损失额</td><td colspan="2"></td></tr>
<tr><td colspan="4">激励对象基本信息（部门、姓名、联系方式）：</td></tr>
<tr><td colspan="4">申请的物质激励金额（须写明详细计算方法）
示例：
①主诉案件激励金额(以挽回损失金额 10,000 万元为例）=(100,000 ×3% +900,000 ×2% +4,000,000 ×1% +5,000,000 ×0.7% +40,000,000 ×0.5% +50,000,000 ×0.2%）×1(以现金方式回收为例）×1.2(以无增信措施为例）×1.2(以回款周期小于6个月为例）=570,240 元；
②应诉案件激励金额(以避免损失金额 10,000 万元为例）=100,000 ×1% +900,000 ×0.7% +4,000,000 ×0.5% +5,000,000 ×0.3% +40,000,000 ×0.2% +50,000,000 ×0.1% =172,300 元。</td></tr>
<tr><td colspan="4">基本事由：
1. 案件背景：（详细描述案件始末）
2. 前期沟通情况：（纠纷产生后双方的沟通洽谈情况，以及诉求等）
3. 已采取法律措施：（已采取何种法律措施，如发函催告或通知等）
4. 激励分配比例：（存在多个激励对象时需说明其各自所做的工作及分配原因）</td></tr>
</table>

续表

附件	1. 诉讼方案及策略 2. 起诉状或答辩状 3. 判决书、调解书等生效裁判文书 4. 银行回款凭证或付款凭证等
涉案单位/部门意见	
法律事务机构意见	
财务部门意见	
其他相关部门意见	
公司领导审批	

第三节　实行律所风险代理争取“双赢”

风险代理，是指律师事务所接受企业委托时，仅收取基础费用或不收取前期费用，待案件达到约定结果（如胜诉、执行回款或特定商业目标实现）后，再按约定比例或金额收取报酬的收费方式。当前，很多企业基于多种因素的考虑，在商事案件办理过程中，越来越推崇风险代理模式。

一、为什么要积极推行风险代理

（一）引导律师进行深度合作

在风险代理中，企业与律师之间的利益更加紧密相连，有助于增强双方的信任和合作，共同为案件的胜诉努力。风险代理模式下，律师的收入与案件结果直接挂钩，这有助于增强律师的责任感和积极性，促使他们更加认真地处理案件。

（二）提高诉讼案件办理效率

风险代理模式下，律师会把企业的诉讼案件当作自己的案件来办理，响应速度必然会更快。律师代理案件的积极性更高，有动力寻求快速有效的解决方案，从而缩短纠纷处理周期，降低企业的时间成本。

（三）降低案件前期经济负担

有的案件标的金额很大，若不实行风险代理，律师往往会在办案初期，至少在执行回款前，希望企业支付相应的律师费用。但若实行风险代理，则是在案件胜诉并实际回款后再支付律师费，可以有效减轻企业在案件初期的经济压力。

（四）提升律师费用的性价比

在传统代理模式下，无论案件结果如何，企业需要支付固定的律师费用。而在风险代理模式下，企业只需在案件胜诉并执行回款后支付代理费。实现“一分钱买一分货”，根据案件挽回损失的效果支付律师费用，避免了支付了律师费用却没有挽回损失的问题出现。

（五）实现案件取得更好效果

风险代理模式将律师与企业进行利益捆绑，案件胜败、回款对彼此都有影响。这样律师更有动力实现案件胜诉、挽回损失。律师有了办好案件的动力，加上响应更快、办案质量更高，有助于案件取得更好的经济效果。

二、当前风险代理存在什么问题

（一）律师担心和解调解后收费变少

有的案件，根据对方财产状况或快速回款需求，企业希望能够和解调解，适当地作出让步，以便能够及时回款。但是，有时律师认为企业让步，最终案件回款就会变少，按比例支付的风险代理费用就会变少。这是一些律师不希望出现的情况，反而会引导企业将诉讼案件进行到底，希望挽回更多损失。

（二）诉讼费用不合理地增大

在风险代理下，律师收费与挽回损失的结果高度、紧密挂钩。只有挽回损失更多，律师才可能收费更多。于是，有的诉讼策略就会把案件标的金额尽可能写得更大。违约金、罚息等，只要是沾边的，哪怕有1%的胜诉可能性，都将其纳入诉讼请求。结果导致案件标的金额过高，很大部分很难得到法院支持。但是，法院、仲裁机构收取诉讼、仲裁费用是根据标的金额收取的。这样就可能导致诉讼、仲裁费用缴纳的偏高，比理性的诉讼策略情况下缴纳的更高。另外，为了争取一线机会，代理律师更有动力申请保全、保险、评估、司法鉴定等，也会增加企业的办案成本和时间。

（三）代理标准设置不够科学

有的风险代理案件，约定了固定收费标准，但没有考虑时间成本，导致律师在案件执行中被动地等待机会出现，主动出击不够。倘若根据挽回损失的时间设置不同的收费系数，越早收回款项系数越大，律师必然更有积极性尽早挽回损失。还有的几个类似案件，有的案件有增信措施而有的案件没有，风险代理收费标准却相同，导致企业花了一些“冤枉钱”，也让律师对不同案件厚此薄彼。另外，对于收回的现金、应收账款、股权、货物等，有的风险代理合同没有明确约定，导致案件执行后企业与律师之间产生争议。企业认为非现金的挽损部分，支付律师费用时应当打折扣；而律师认为同样价值的挽回损失效果，不应当区别对待。举个例子，有个风险代理的案件，约定的回款现金才给予一定比例的律师费用，对于追回资产没有约定，而对方当事人没有流动资产，结果代理律师对于资产评估、司法拍卖、以物抵债等没有积极性，反而损害了企业挽回损失的效果。

（四）代理费用事先约定不明

有的企业在推行风险代理过程中，主要考虑了法院判决、执行的正常情况，对于一方撤诉、和解、调解的情形下如何支付风险代理费用，没有约定或约定不明。另外，对于执行回转后，风险代理费用是否退回，往往也没有明确约定。总之，如果一些情况没有考虑周全，风险代理合同条款约定得不够清楚的话，就会导致企业与律师之间可能因代理费的计算方式、支付时间等问题产生争议，影响双方的合作关系。

（五）过程管控缺位隐藏风险

现实中，可能有极少数的律师，为了追求更高的代理费而采取不正当手段，如制造伪证、指使当事人规避法律等。如果企业自身对案件没有强有力的管控，对于律师提出的意见没有甄别能力，可能就会违反一些法律规定，也可能对企业的声誉造成负面影响。

（六）代理双方案件目标不一

有时，企业基于战略、经营等考虑，注重商业合作关系，希望和气生财，有时不想闹得太僵，准备撤回起诉。而律师担心案件没了，风险代理费用也没了，可能会提出继续起诉的建议。另外，由于挽回损失的效果与律师费用高度关联，律师会单纯看重挽回损失，过于追求胜诉结果，忽视对案件细节和质量的把控，在履行企业内部程序方面沟通也不够。

三、风险代理应当遵循什么原则

风险代理必须以维护企业合法权益为根本原则，具体来说应当坚持以下原则。

（一）尊重律师

企业不要想着自己是甲方而自居自傲，不要想着其负责掏钱，就比律师高一等。千万不要有居高临下的感觉，否则会影响律师代理案件的进度和效果。企业应当将其与律师视为利益共同体，在具体案件中目标一致、方向一致，彼此合作、同向而行。

（二）利益捆绑

坚持将律师利益与企业利益相捆绑。企业未能实现诉讼目的或诉讼目的的实现与律师无关的，律师不得获取相应律师服务费用。通过案件挽回损失，根据律师努力的效果，按一定比例支付律师费用，实现企业和代理律师的“双赢”。

（三）合法合规

企业推行商事案件律师风险代理必须严格遵守《律师法》《律师服务收费管理办法》等相关法律法规的规定。禁止刑事诉讼案件、行政诉讼案件、国家赔偿案件以及群体性诉讼案件实行风险代理收费。

（四）费效匹配

企业聘请律师代理商事案件的，支出的律师服务费用应与案件处置效果以及企业诉讼目的实现程度相匹配。根据挽回的损失对应支付一定比例的律师费用，而不是看有没有“苦劳”。

（五）评判难易

对于办案难度不同，企业应当区分不同比例的风险代理费用。对于没有增信措施、对方资产状况较差的，可以在范围内提高风险代理费用的比例。反之，则降低比例。“不用一把尺子量”不同的案件，根据难易不同，确定符合实际的风险代理费用比例。

（六）质效兼顾

风险代理要能充分激发律师高效代理企业商事案件的主观能动性，做到既能在代理过程中配合企业各项制度工作要求，又能保证案件代理最终效果。要能实现又好又快办理案件，让律师快速响应，既节省时间成本，又更好挽回损失。

四、如何推行律师风险代理工作

（一）企业主导管理案件处置工作

对于企业而言，即使聘请了律师代理案件，也不能当“甩手掌柜”。而是应当管控案件进度、质量，审查律师提供的诉讼策略，确保诉讼目的符合企业需求。应当引导律师按照企业目标办理案件，既考虑案件挽回损失，也考虑商业合作、品牌声誉等。应当对风险代理案件进行全程监督，确保律师团队按照合同约定的内容和要求开展工作，避免出现违规行为或服务质量问题。另外，应当注意控制诉讼成本，避免不必要的开支和浪费。

（二）建立风险代理管理制度机制

对于案件相对较多的企业，案件风险代理工作最好能形成常态化的规矩。对于风险代理的范围作出界定，确保风险代理工作合法合规。对于风险代理的费用标准作出规定，根据不同的挽回损失金额区间，确定不同的风险代理费用比例。对于撤诉、和解、调解等情形，如何确定风险代理费用，在内部管理上也定好规矩，引导大家做好合同约定。对于风险代理费用如何支付、何时支付等进行规定。另外，对于律师违规收取、使用风险代理费用的，进行监督并予以负面评价。

（三）优先选聘专业律师进行合作

风险代理要取得良好效果，不吝啬花费律师费用是一方面，更重要的一方面是聘请到专业能力强的律师。聘请律师时，不仅要看他们的风险代理费用报价，更要看谁过往办案水平更高，谁诉讼策略更优，从而选择具备丰富诉讼经验、专业能力强的律师，确保选聘的专业律师能够把案件代理好。

（四）合理设置风险代理费用标准

在风险代理费用方面，企业千万不要想着压榨律师劳动成果，不要想着少付一分钱律师费用就是帮企业节省了一分钱。否则，律师代理案件的积极性不高，响应速度不快，诉讼策略不佳，最终受损的是企业。企业可以结合行业内、同类型案件的付费标准，结合对方当事人资产状况、项目增信措施、案件回款周期等，科学设置风险代理费用的系数和比例。

（五）明确约定费用支付方式时间

明确约定风险代理费的支付方式和时间节点，如胜诉后按比例支付、分阶段支付等。例如，对于和解以物抵债的，是签订和解协议后支付，还是产权变更登记后支付。有的和解协议约定分阶段支付项目款项的，风险代理费用是和解协议后一次性支付，还是同样分阶段支付，也需要事先考虑周到。

（六）鼓励律师积极收集有利证据

律师在代理案件过程中，享有一定的调查取证权利。律师可以向有关单位或个人调查与商事案件有关的情况，并可以申请人民法院等司法机关收集、调取证据或通知证人出庭作证。这些权利为律师提供了更多的取证途径和手段。律师办案经验丰富，知晓举证质证需要运用哪些证据，哪些证据更具有说服力。应当积极引导律师调动主观能动性，主动收集各类有利证据。

（七）充分考虑案件办理特殊情形

案件办理过程中往往会出现一些意想不到的情形，如果事先没有考虑到，可能影响风险代理的效果。例如，企业单方想撤诉，风险代理费用如何支付；对方当事人想撤诉，而我方律师认为胜券在握，风险代理费用如何支付；案件双方当事人和解调解，对利息、罚息做出让步，甚至以其他新增项目合作化解该笔纠纷案件，风险代理费用如何支付；商事案件办理到一定阶段，产生了刑事案件，根据先刑后民，挽回损失的时间进度无限拉长，风险代理费用的比例系数是否调整；案件办理到一定阶段，债权人、对方当事人申请破产，风险代理费用比例是否调整，如此等等的诸多特殊情形，最好能够提前考虑、预判。若没有提前考虑到，则要与代理律师进行友好协商沟通。

（八）防止出现两败俱伤被动局面

事前考虑到万一聘请的代理律师办案效率、效果不理想时该怎么办，以免产生争议或造成案件处置被动。可以在代理合同中约定，律师存在工作延误、失职、失误、过错等情形导致企业利益受损的，未经企业同意擅自更换代理律师的，企业有权单方解除代理合同。以此避免万一出现律师办案进度、质量不及预期，企业又无法更换律师的被动局面出现。

（九）严格按照合同约定支付费用

企业应当遵守契约精神，千万不要看到律师将要拿一大笔律师费用而“眼红”，更不要想方设法拖延支付，甚至克扣律师费用。这样会严重挫伤律师风险代理的积极性，后续再有案件合作，律师可能就在怀疑和不确定性的心理状态下代理案件，代理案件的效率、效果可能就大打折扣。

五、关于风险代理的深度思考

（一）哪些案件不适合风险代理

1. 对方当事人请求给予社会保险待遇或者最低生活保障待遇的。

2. 对方当事人请求给付赡养费、抚养费、扶养费、抚恤金、救济金、工伤赔偿的。

3. 对方当事人请求支付劳动报酬的。

4. 案件胜败基本确定，案件结果与律师主观能动性关联不大的案件。

5. 法律、法规和行政规章、规范性文件规定的不得适用风险代理的其他案件。

（二）哪些案件优先采取风险代理

1. 企业作为原告、仲裁申请人、申请执行人，权利请求实现难度较大，或权利请求无担保财产，或担保财产预计不能覆盖、难以变现，且对方当事人已丧失或可能丧失偿债能力的。

2. 企业作为被告、仲裁被申请人、被执行人，因对方当事人起诉极有可能导致我方财产利益受损的。

对于不属于直接涉及财产利益，但涉及企业重大利益的商事案件，如确权之诉、公司解散之诉、股权退出之诉、法定代表人或董事涤除之诉等，鼓励企业采取风险代理，收费标准可参照市场竞争报价。

（三）全风险代理还是半风险代理

全风险代理，是指律师在接受企业委托时，前期不收取任何基础律师服务费用，后期以执行到位财产金额或实际减损金额的全部或部分为基数，按一定比例收取风险律师服务费用。

半风险代理，也称部分风险代理，是指律师在接受企业委托时，前期收取一定基础律师服务费用，后期以减损金额的全部或部分为基数，按一定比例收取风险律师服务费用。

对于案件胜诉及挽回损失难度很大的，建议实行半风险代理，让律师有一个基本的办案费用的保障。对于案件标的金额很大的，也建议实行半风险代理，前期支付的少量的基础律师费用，与律师办案成本差不多为宜。

（四）确定风险代理费用考虑因素

风险代理费用，最好能够实现“一分钱一分货”，提高律师费用的性价比。既不让律师“躺赢”拿律师费用，也不打消律师代理案件的积极性。考虑因素建议如下：

1. 诉讼目的实现的难易程度。
2. 诉讼标的额大小及收费、结算方式。
3. 耗费工作时间长短及时间要求。
4. 诉讼所在地经济发展水平及企业承受能力。
5. 企业可能承担的风险和责任。
6. 律师的社会信誉和工作水平。
7. 其他应当考虑的因素。

（五）如何设定风险代理费用标准

《关于进一步规范律师服务收费的意见》规定，“（六）严格限制风险代理收费金额。律师事务所与当事人约定风险代理收费的，可以按照固定的金额收费，也可以按照当事人最终实现的债权或者减免的债务金额（以下简称‘标的额’）的一定比例收费。律师事务所在风险代理各个环节收取的律师服务费合计最高金额应当符合下列规定：标的额不足人民币100万元的部分，不得超过标的额的18%；标的额在人民币100万元以上不足500万元的部分，不得超过标的额的15%；标的额在人民币500万元以上不足1000万元的部分，不得超过标的额的12%；标的额在人民币1000万元以上不足5000万元的部分，不得超过标的额的9%；标的额在人民币5000万元以上的部分，不得超过标的额的6%”。

建议可以将其作为参考依据，或者以当地的物价部门、司法部门的指导意见作为参考，根据案件难易程度等适当地予以打折。这样，在企业内部，有行业主管部门的指导意见作参考，比较有说服力。律师也更容易接受行业主管部门的收费指导意见。

（六）是否仅将争议金额作为激励标的

建议企业综合诉讼目的及案件处置方案等因素，对诉讼标的额特别是有争议的部分进行区分；对于诉讼双方当事人没有争议的部分，在确定风险代理基数时予以剔除。风险律师服务费优先以争议较大、胜诉较难、执行回款（或被诉减少损失）可能性小的部分为基数进行计算，可适当调高风险代理费率。针对事实清楚、争议不大，且主诉案件中胜诉、执行回款可能性很大的部分，比如经造价确认和双方认可的一些工程款项，建议不作为风险代理基数纳入计算，或者整体计算但适当降低风险代理费率。这样，能够防止律师在风险代理中“躺赢”，对于即使缺席判决都能够避免损失的那一部分金额，能够避免支付律师费用。当然，需要与律师做好充分沟通，取得律师理解。

（七）半风险基础律师费用如何约定

基础律师费用，是为了打消律师代理的顾虑，适当为律师承担办案的成本，降低律师单方承担办案成本的风险。因此，基础律师费用的目的不是激励律师，而是起到基础保障作用。基础律师费用以支付成本为主，不是为了激励，不能够提前大量支付。否则，有的律师可能认为，即使后面的风险代理费用拿不到，基础律师费用也够了，这样的想法很危险。如此，就很难实现企业与律师在案件中利益捆绑的效果。对于比较疑难的案件，胜诉挽回损失可能性很小，怕律师认为其很难拿到风险代理费用，而挫伤代理积极性的，可以支付基础律师费用。对于重大案件，前期花费较多，办案周期比较长的，为了减少律师支付办案费用的负担，可以支付基础律师费用。

（八）是否约束律师对代理费用的使用

企业最好要求律师不得将获取的律师服务费作违法违规用途，避免律师非法使用费用，例如沟通法官、鉴定机构等，给企业造成风险。可以在合同条款中明确约定，要求律师合法合规地使用律师代理费用，以免造成企业伙同律师甚至企业通过律师从事违法违规行为的嫌疑。

07 第七章

案件管理赋能

第一节　搭建信息系统精细管理案件

商事案件很少的企业对于搭建案管系统可能没什么感觉，因为其案件资料比较容易查找，统计起来比较简单，向领导汇报也比较方便。但是，对于很多企业而言，几年下来先后可能有几百上千件商事案件已经处置完毕或正在处置。这么多的案件，怎么发现隐藏其中的规律，如何整体管控这些案件质量、进度，如何统计、分析、展示这些案件不同维度数据？假如没有案件管理系统，哪怕企业安排一个专人统计表格，这样的“表哥”“表姐”不仅会累倒，可能还慢或出错，难以满足企业精细化管理的要求。

一、聚焦案件管理痛点、难点

（一）审批效率偏低

有的企业商事案件管理日常事务工作主要依赖人工，需要投入大量成本和时间。有时，一些案件流程需要找领导签字、审批，而领导往往比法务人员更忙。法务人员抱着一堆材料到处找领导签字，但法院程序不会等企业领导签字。有的案件还比较复杂，参与决策的人员最好都能事前阅读一下案件材料，法务人员把案件材料给每人送去，有时找不到人，还容易泄密。但如果不让大家比较直观地看清案件的发展脉络和主要材料，那诉前的论证和决策必然不够到位。

（二）统计汇总易错

领导今天要一个案件数据，法务人员赶紧发通知让子公司填报。等一周后统计好了，呈报领导时，领导受到启发又问了几个相关的数据。但没有相关数据，又得发通知再统计案件数据。每次发了统计表后，子公司的法务人员就要问怎么算挽回损失，问律师参与的算不算员工代理，如此等等。能问的，还能保证理解、填报一致。有的干脆就按自己的理解进行填报，导致数据异常，又得逐一核查哪里出了问题。数据多，要得急，就容易出错，还难校验，不容易发现错误。

（三）信息更新很快

例如，法务人员6月中旬刚统计了一版案件数据给总法律顾问，7月初企业领导又让做个半年度案件分析报告向企业管理层会议汇报。这又要重新统计数据，但经过半个月的时间，案件数据肯定会有变化。传统的统计方式只会统计重要阶段的情况，比如新增、办结，无法实现商事案件全过程动态统计。例如，企业主要领导某天问起一个重大案件最近挽回损失的情况，但法务部负责人不清楚，就赶紧问子公司，一问才发现，一周前刚执行回来一笔款项。如此种种情况，反映了对于动态变化的案件数据，传统的统计方式难以及时掌握，造成企业案件管理十分被动。

（四）频繁协调心累

对于层级少的企业还比较简单，但对于有四级、五级子公司的集团而言，案件管理的协调工作就会非常麻烦。集团总部的法务人员，很可能不认识三四级子公司的法务人员，对于重大案件的协调、督办、监控，就会耗费很多的时间、精力。有的子公司很可能还不在一个省份，跨区域的协调、督办案件，就会显得力不从心。有时基于案件信息不对称，还得召集在一起当面沟通、协调，沟通效率会非常低。

（五）重要时间易忘

身为法务人员，特别是还自己代理案件的法务人员，有没有“梦里惊醒突坐起”的场景？有时会突然想到，一个案件的诉讼时效快过了，保全快要到期了，立案费用缴费时间快截止了，或者心里老是惦记着数个案件的办案程序时间，总担心把某个案件重要时间节点错过了。时间长了，会让人很焦虑，甚至紧张到精神恍惚。还有，法务人员可能疏忽了某些时间节点，法务部负责人也不清楚，没能提醒督促。这样就容易产生办案事故，错过一些重要时间节点，再科学的诉讼策略也无济于事。

（六）制度执行困难

有的企业很重视案件管理工作，制定了案件管理的一级制度，以及关于员工代理、律所选聘、风险代理、案件档案、证据管理等二级、三级制度。但是，这么多的案件管理制度以及与此相关的流程，如何有效执行到位呢？是每隔一段时间发个通知提醒大家注意严格执行案件管理制度，还是每年检查、抽查案件资料看是否执行到位？靠人的记忆和自觉，是很难确保制度流程执行到位的。最好的办法，还是把制度流程化、流程表单化、表单信息化。

（七）律所选聘随意

办理案件，律师很关键。若能够选聘到一名专业能力强又极其用心负责的律师，案件胜诉的可能性就能够大大提高。法务人员选聘律所，可能主要考虑常年法律顾问以及日常有联系的几个律师，对于经常发生的一些小案件没什么问题，但是，假如想提高案件的胜诉率，节省案件的代理费用，可能就需要精细化的管理。如果不知道律师办理案件的收费情况、胜诉率，往往就只能“盲人摸象”，靠直觉、靠运气选聘律所。假如就餐是一锤子买卖，其他人不知道你吃过后的评价，餐馆可能就没那么用心在意客户的感受。如果没有共享律师评价结果，一些律师就不会太在意企业的感受，或许就不会用心提供法律服务。

（八）风险防控虚弱

对于争议或对方资信变化，法务部门往往前期不知道、没参与、不了解。对于这些风险也没有提前介入，导致很多小风险变成了大风险、大风险爆发成了案件，形成无法控制的局面。当案件来了，法务人员没有相关资料，只好从零开始，打电话问业务人员，一点点补充案件信息。这样就会十分被动，像从背后被打了一闷棍一样。

（九）优化意见空白

案件处置工作往往就案件谈案件，一次谈一个案件，谈这个案件办理得怎么样，得失在哪里，经验教训是什么。但是，会有一种“不识庐山真面目，只缘身在此山中”的感觉。对于今年哪些类型的案件新增比较多，哪类案件挽回损失更加困难，存量案件主要是哪些类型的，新增案件主要涉及哪些部门、哪类业务类型，案件主要发生在哪些地区、什么层级法院，都不清楚。这样，就发现不了案件的规律所在，就无法运用大数据进行分析，无法提出压存量、控增量、多挽损的意见，就无法“一盘棋”地整体、系统管控大量案件。大量的案件，就像散落一地的珠子，“走过去”只能“摔一跤”。

二、搭建案件管理系统思路

（一）案件流程周期化

案件的全生命周期主要包括十个阶段：事前预防阶段、诉前准备阶段、起诉受理阶段、一审庭前阶段、一审庭审阶段、上诉二审阶段、强制执行阶段、应对再审阶段、结案归档阶段、复盘优化阶段。搭建案件管理系统，需要无遗漏地考虑到所有阶段、各个流程，从而实现对每个案件的全生命周期的规范管理。

（二）案件管理项目化

把每个诉讼案件视为一种特殊类型的项目，应用项目管理的原则、方法和工具来组织、规划、执行、监控和收尾这些案件。按照项目管理的方式方法，管理案件的目标、时间、人员、成本和质量、效益。参照项目管理的流程、表单建立案件管理系统，实现案件的项目化管理。

（三）信息上报规范化

需要先想清楚想要什么信息，什么维度的数据，再对应地把这些信息、数据嵌入流程表单，由填写人填入后汇总。同时，对具体信息、数据做好定义、解释，避免过去发表格时大家频繁咨询的问题。对于上级监管部门要统计的信息，对于企业领导经常过问的信息，对于与法务工作需要检查考核相关的信息，都要全面、规范地列入流程表单。

（四）管理流程科学化

案管系统主要涉及两个大的方面。一是法院的司法程序，法院对此有具体规定，企业只能遵守服从；二是企业的审批程序，需要按照企业的决策权限、职责规定进行审批，按照企业的制度流程办理。两套流程有并行之处，也有数据互相调取、密切衔接的地方。因此，应当尊重两套程序的存在，而非在管理上割裂处理。如此，才能实现案件管理框架更清晰、更易用，让案件管理流程、程序更加科学化。

（五）关键节点预警化

通过搭建案管系统，一定要让经办人员适当解放出来，不再按传统的方式，使其随时惦记、担心有没有忘记一些程序流程。对案件时效性进行管理，支持对管辖权异议截止日期、应诉答辩截止日期、开庭日期、上诉截止期限的时效性提醒，支持定义更多的提醒内容。若经办人员一定时间内没有处置相关程序，系统自动提醒经办人员的上一级领导，更好避免错过重要时间节点。另外，根据系统内外部信息自动分析，实现对案件相对方的风险预警，例如，预警被执行人失信、被申请破产、被行政处罚等重大资信异常情况。

（六）案件信息联动化

案件信息联动要实现外部和内部两个方面的双向联动，实现系统更强大的功能。一是外部联动。根据外部数据信息，确保内部案件数据的及时性、准确性与完整性，避免迟报、漏报的情况发生。对于漏报的案件，系统可自动根据外部数据信息进行回填，形成内部数据信息。二是内部联动。案件管理系统不能形成“信息孤岛”，而是要与企业的其他系统打通，与合同、财务、人力、资产、主数据互联互通，既调取其他系统的数据，也为其他系统提供数据。

（七）统计分析可视化

对每个案件提供独立的“时间轴”可视化展示功能，利用时间轴展示案件大事记。在一份案件档案中，通过陆续添加二审、执行等阶段的方式，实现案件分阶段的管理模式，让管案和阅案工作更为专业、轻松，支撑“案件时间轴”的自动生成。对于需要统计、展示的新增案件、存量案件、挽回损失、律师费用以及案发区域、办结时间、案由分布、一审二审再审占比、不同子公司案件占比，都可以进行可视化展示。

（八）办案资料档案化

案件资料多、跨度周期长、涉及主体多，案件资料的电子化档案就显得十分必要。一是通过关联其他系统，把合同、签证、会议纪要等案件相关资料抓取过来。二是把案件资料按照时间顺序、不同流程，有逻辑、清晰地进行归档，方便随时查询。三是把资料提供者与资料关联起来，方便为案件准备证据材料，提高证据的质量和效率，也方便结案后的案件评价工作。

三、搭建案件管理系统具体流程

（一）需求分析阶段

一是明确系统目标。确定系统要解决的案件管理问题，包括提高案件处理效率、优化资源配置、增强风控水平等。设定系统的预期功能和性能指标。

二是广泛调研需求。法务部门要与管理层及相关业务部门进行深入沟通，了解他们对案件管理系统的具体需求。要聚焦当前案件管理存在的痛点。痛点就是需求，需求就是方向。另外，要与同行业的企业、法律科技公司接触洽谈，调研行业内类似系统的应用情况，借鉴最佳实践。

三是梳理制度流程。搭建系统，离不开健全的案件管理规章制度体系。

梳理目前企业的制度流程，对于案件管理系统建设的具体要求，把制度流程化、流程表单化、表单信息化，把制度流程“翻译”转换为信息系统。

四是编写需求说明。详细记录系统的功能需求、非功能需求（如性能、安全性、易用性等）、数据需求等。同时，明确系统的各类用户的角色及其权限设置。

五是申请预算采购。履行企业的预算申请流程，确保搭建系统的目标、方案能够得到经费支持，而不是被迫“阉割”。根据采购金额及企业规定，履行招标采购程序，选择满意的软件供应商。

（二）系统设计阶段

系统设计阶段，虽然说主要是技术活，但也离不开法务部的紧密配合。法务部门不能当甩手掌柜，需要与软件供应商密切沟通、跟进进展，并提供相关数据、材料。比如，提供律所机构、集团各级法人主体、企业组织架构、全国法院名单、案由明细、全国仲裁机构名单。系统设计的主要内容包括：

一是系统架构设计。设计系统的整体架构，包括前端、后端、数据库等组成部分。确定系统采用的技术栈和开发工具。

二是功能模块设计。根据需求分析结果，设计系统的功能模块，如审批流程、案件查询、监测预警、统计分析、律所管理、经典案例等。根据需要，细化每个模块的具体功能和流程。

三是数据库的设计。设计数据库的逻辑结构和物理结构，包括表结构、字段定义、索引、视图等。根据可视化以及统计分析等需要，确保数据的一致性和完整性。

四是系统界面设计。设计系统的用户界面，确保其简洁、直观、易用。考虑集团领导、集团法务部、子公司领导、子公司法务部等不同用户的使用习惯和权限设置。

（三）系统开发阶段

一是编码实现。按照系统设计和需求规格说明书进行编码工作。遵循代码规范，确保代码的可读性和可维护性。

二是单元测试。对各个功能模块进行单元测试，确保其功能正确性和稳定性。记录测试结果，及时修复发现的问题。

三是集成测试。将各个功能模块集成在一起进行测试，确保系统整体功能的正确性和稳定性。解决集成过程中出现的问题。

（四）测试部署阶段

一是系统测试。进行全面的系统测试，包括功能测试、性能测试、安全测试等。邀请信息技术部门和子公司法务部进行用户验收测试，收集反馈意见。

二是系统优化。根据测试反馈和用户需求进行系统优化和调整，提升系统的性能和用户体验。

三是系统部署。将系统部署到企业的生产环境中，配置相关的服务器、数据库和网络环境。

（五）运维培训阶段

一是系统运维。监控系统的运行状态，及时发现并解决潜在问题。定期备份系统数据，确保系统数据安全。

二是用户培训。制作系统操作手册，对法务人员和其他用户进行系统操作培训。确保用户能够熟练使用系统进行案件管理工作。

三是持续改进。收集用户反馈意见，持续优化系统功能和性能。根据案件管理更加精细化的需求，适时进行系统升级和改造。

四、案件管理系统必备功能

（一）审批流程

一是信息录入流程。为了实现系统的统计分析功能，需要很多数据的支撑。司法程序的很多信息不涉及决策，但也需要及时上传到系统中。例如，争议类，需要把产生争议的信息与合同系统关联，自动调出相关信息；

诉讼类，需要将收到的起诉状、律师函、开庭通知书、裁决书、判决书等司法文书及时上传，增强信息的时效性；中介类，需要把律所、律师的具体信息录入系统，方便选聘、评价；维护类，包括修改信息、删除信息。

二是事项审批流程。立案阶段，如申请起诉审批、应诉策略审批、律师选聘审批；审理阶段，如律师公函出具审批、诉中财产保全审批；裁判阶段，如审理结案审批、上诉审批；执行阶段，如执行案件审批；结案阶段，如结案报告审批。另外，支持扩展其他审批程序。

（二）案件查询

有一些企业对于案件数量的区分，完全按照法院的案号，但这也有弊病，会把案件管理割裂开来。在搭建系统时，需要准确定义“一个案件”。把由仲裁转诉讼，由一审到二审、发回重审、再审等审理过程，全部作为“一份”案件处理。阅案时该份案件分为几个阶段，对每个阶段的进展都可轻松掌握，极大方便案件查询工作。另外，允许精准查询和模糊查询。还有，将人工智能与法务场景相结合，通过类案推送技术，发现相似案件并进行推送，供用户查询类案裁决情况。

（三）证据协查

证据协查，主要是为了提高案件办理质量，准确划分各个部门在案件办理中的责任，增强案件办理的配合程度。通过电子协查单向各部门调取证据并监控进度，协查结果必须上传系统，否则系统将提示不通过或要求说明原因。如果案件败诉，事后评估发现是由于有关部门隐藏、缺失证据而造成的，也能够避免法务部门承担不必要的责任。

（四）监测预警

一是司法程序的预警提醒。提醒办案人员按照司法程序，在规定时间内履行具体程序。避免缴费、财产保全、开庭等错过规定的时间。二是外部监测信息的提醒。结合一些舆情类监测软件，对合作客户进行监测。监测对方资信变化可能产生案件，监测对方财产变化、知识产权变化等对案件的影响，提前做好应对准备。

（五）律所管理

支持集成外部第三方“优质律师资源”数据，根据法院诉讼结案（案件代理人）客观数据展现全量律师的精准画像，或者前期手动先将本企业建立的律所库中的律所、律师的信息标准录入。每次办理案件时，根据律师姓名自动带出相关信息。每次结案后，对律师办案的服务态度、响应速度、办案效果、收费情况等进行综合评价。形成企业对律师的“大众点评”功能，方便后期根据评分情况进行择优选聘律师。

（六）公司律师

对每名公司律师在信息系统中进行建档。展示每名公司律师的学历、专业、法律职业资格证书、公司律师证，以及过往代理案件的具体情况。展示每名公司律师代理案件的胜诉败诉情况、挽回损失情况、办案时间周期情况等。方便开展公司律师自主代理案件奖励工作。

（七）经典案例

建立企业自身的经典案例库，集中展示企业内经典案件以及行业内经典案件。把经典案例库与正在办理的案件进行自动关联，提高当前案件的办理水平。通过经典案例库，把案件当作普法教育的生动公开课。

（八）统计分析

可以根据企业需求制作可视化图表。例如，案件占比表，按案发单位统计本年新增案件数量、金额占比；历年新增案件表，展示过去每年案件新增的数量、金额；案件排行表，按案发单位涉案金额排名统计存量案件；案件挽回损失表，按挽回经济损失进行统计；案件案由表，按案由统计案件数量、金额排名；案件发展趋势表，按时段统计发案结案趋势；当年案件执行情况表，按案件执行情况进行统计；案件结转状态表，按新增未结、结转未结、新增已结、结转已结进行统计；我方所属身份表，按我方在案件中所属身份进行统计；积案销案表，按存量的积案、化解的积案金额进行统计；案件性质及解决方式表，按案件性质、解决方式进行统计；案件裁判结果表，按裁判结果及方式进行统计；律师费用效果表，展示每个案发单位聘请律师代理案件效果情况。

（九）管理建议

为了实现案件闭环管理，案结不能事了。由办案人员对案件中暴露出的资信审查问题、合同签订问题、合同示范文本问题、规章制度执行不到位问题、规章制度缺失问题、合同履约问题、成本管控问题等进行分析，并推送反馈给具体责任部门，由责任部门进行整改，反馈整改结果，避免以后类案反复发生。

五、案件管理系统实现效果

（一）信息报审实时化

实现案件信息数字化填报、案件状态数字化体现。后续填报能够自动带出相关案件信息，能联动关联案件。人员交接时，也能够实现案件资料直接分享。能够随时在线查询、审批，让“找不到领导”不再成为“瓶颈”。

（二）费效管理精细化

提供标准的费用分类管理，在裁判、执行等各个阶段提出的付款申请（或付款登记）数据，均可汇总展示到独立的“费用分类汇总”功能栏目。支持与财务共享系统集成，实现费用管理由事后登记转换为事前申请的模式。以此可实时、准确反映每个案件相关费用的构成情况。每个案件的办案周期、诉讼费用、律师费用、挽回损失都能够精准计量，还可以此开展优秀案件评选工作。

（三）中介管理正规化

有了案件管理系统，选聘、使用、管理、评价律师就变得相对容易。

每办理一个案件，就有一条评价记录，案件多了，就形成了律师办案的“五星好评”。还可以通过案件大数据，分析每个案件花了多少律师费，挽回了多少损失。挽回损失与律师费用的系数也一目了然，每个律师的性价比也很清楚。这样选聘律师，依据更充分，办案效果更有保障。

（四）数据分析智能化

实现多角度、不同规则的数据分析统计功能，直观展示组织案件管理的状态，通过一键导出及自定义导出与查询，辅助科学决策。系统自动计算，实时更新，实现统计分析可视化。能自行灵活设计统计表格，解决了那些只能在建设系统时才能设计表格展示的弊端。根据填报数据及计算规则自动计算，实时更新相关数据。数据标准统一，也有利于企业的数据治理。

（五）辅助决策科学化

支持集成外部第三方“类案推送”数据，类案推送算法、推送结果与全国法院使用的“类案推送”功能同出一源。集团及子公司都能可视化查看、分析数据，清晰看待各地区、各单位涉案标的额，可以对重点地区、单位进行监管、考核。从集团监管角度来看，能够从根本上解决下属单位诉讼案件漏报、瞒报的情况，保障集团诉讼数据的准确性、及时性。通过大模型 AI 智能问答辅助分析，让决策不再“拍脑袋”。

（六）各类系统连通化

一是实现内部系统联通。与合同、财务、人力、资产等系统打通，与相关合同、案件、应收账款、应付账款等关联。与主数据系统打通，通过运行灵活插件模式进行接口部署，实现员工档案、客户档案信息共享。二是与外部系统打通。与司法大数据连接，从法院获取“我方涉案数据”，将原有的诉讼数据录入模式，转变为“诉讼案件司法程序待办处理”模式。与企查查、天眼查、企业预警通等第三方平台打通，实现合作客户资信情况的在线监测。

（七）队伍建设规范化

明确各级填报人、法务部正副职、法务分管领导的权限，有效提高案件管理的工作效率，降低人员成本。科学直观地展现法务人员在案件管理方面的工作量，与同类案件律师代理的办案周期、收费情况、挽回损失等进行直观对比，展示法务人员代理案件的直接效果。另外，让法务人员从事务性工作走向管理性工作，从“盲人摸象”走向鸟瞰全局，从处置案件走向辅助决策，让法务队伍得到更好锻炼，更有存在感、价值感。

（八）风险管理前置化

通过对案件的重要节点、企业风险智能提醒，有效防范办案风险。通过案件管理系统，可以采集“立案数据”加工为“风险实际发生数据”，采集“案件裁判数据”加工为“风险造成后果数据”，通过数据汇总及反馈趋势分析对风险进行预判分析，增强风险分析研判水平。通过分析研判案件爆发规律、经营管理问题，有效增强事前预防风险的效果。

六、案件管理系统的深度思考

（一）企业管理水平关系案管系统建成效果

搭建案件管理系统，主要还是靠企业自身，充分依赖于企业管理水平。只有企业领导重视案件管理，才会给予经费保障。只有企业权责分明、分工明确，才能理顺案件管理体制机制，实现各部门高效配合办理案件。企业的各类信息系统、档案管理水平、规章制度体系建设情况、内控流程管理情况，都会直接影响案件管理系统建设效果。另外，法务管理水平与法务队伍意识、能力，都紧密关系着案件管理系统建设效果。

（二）司法程序和审批流程需要并轨衔接好

司法程序是现实存在、绕不过去的。审批流程又是企业管理规定的，必须遵守的。两者既并轨运行，又交叉衔接。在搭建案件管理系统时，需要充分考虑司法程序和审批流程的关系，实现既不割裂两个管理线条，又能自动调用、抓取两者的数据，让案件管理框架更清晰、更易用。企图将两者糅在一起，可能显得杂乱，反而达不到案件管理的效果。

（三）企业数字生态能够放大案管系统功能

单纯建立一个案件管理系统，其就只能是“一座孤岛”，或是沙漠里的一栋高楼。信息系统是一个“生态系统”，高度依赖于企业的数字生态系统。只有在企业的合同系统、财务系统、人力系统、资产系统和主数据系统等都搭建得比较完善的情况下，才能互联互通更好实现案件管理系统的功能。这些系统之间相辅相成、互相成就。

（四）制度流程是搭建案管系统的依据支撑

假如一家企业没有案件管理的制度，又想搭建一个良好的案件管理系统，或多或少是有些乐观了。数字化只是搭建系统的工具，制度才是内核。只有企业建立健全了一套案件管理规章制度，甚至法务管理制度体系，才有具体的流程、表单。系统搭建才有具体的路径，流程、表单才有合法的“准生证”。没有制度而“平地起高楼”地搭建系统，各类审批流程的合法性存疑，使用者也对创设的流程感到生疏、抵触。

（五）方便使用才能提高案管系统的生命力

让人抵触的系统是没有生命力的。系统必须聚焦痛点，解决日常法务人员案件管理中遇到的问题。一些系统往往由于过度增加企业法务人员的负担或者系统不好用等原因，导致信息录入不及时、不全面，而使效果大打折扣。案件管理系统搭建，既要考虑领导的查阅方便，也要考虑法务人员的填报方便。既要考虑集团总部的查看、考核方便，更要考虑子公司的使用需求。否则，就只能行政命令式地定期通知、强调、要求大家准确、及时填报。

（六）数据呈现效果是用户体验的评价关键

填报的大量数据是数据呈现的基础。填报的数据，根据需要可以适当把颗粒度细化，避免后续数据需求多了再搞“二期开发”。案件管理系统中可视化的表格、图表、自动生成的报告，将直观地冲击用户的视觉。用户对于系统的评价好坏，特别是管理层对系统的评价，很大程度上来自“数据驾驶舱”。因此，可视化呈现的图表，一定要按管理层的思维、视野进行设计，不要太拘泥于一些小细节、小数字。

（七）案件管理应当全生命周期全过程管理

案件管理要实现全生命周期管理，系统就必须根据案件的全生命周期进行设计搭建。前面提到了案件全生命周期管理的十个阶段，系统搭建一定要围绕案件的全生命周期展开设计。从最前端到最末端，都要纳入系统，否则信息就有遗漏，数据就不完整，就无法有效加工分析。

（八）选好法律科技公司是建好系统的保障

若选择软件供应商时疏忽大意，要么后期法务人员配合得很累，要么就是企业放弃理想的系统建设。很多软件供应商写程序代码是一流的，但对于案件管理一窍不通，涉及系统的各项流程、背后的数据之间的逻辑关系、司法程序的具体要求等，都完全依赖于法务人员。说得严重一点，一些软件供应商对于案件管理系统，主要作用就是写代码，其他的工作都需要法务人员发挥独立自主的创造作用。因此，选择一家懂得司法程序、案件管理的软件供应商是十分必要的。有的软件供应商，比如幂律智能[①]自身就有大量法务人员，也帮很多大型央企、国企、上市公司搭建过很多智能合同管理系统、案件管理系统。对于企业而言，选择像幂律智能这样的法律科技公司，只需要做“选择题”，从中选择符合需求的方案即可，不用逐字逐句地做复杂的“论述题”。

---

① 幂律智能，北京幂律智能科技有限责任公司的简称，是一家专注于合同管理智能化领域的人工智能公司，致力于利用先进的人工智能技术为法律服务行业赋能，通过自然语言处理、数据挖掘等技术，提供智能合同审查、合同全生命周期管理系统、案件管理系统和法律咨询等产品和服务。

第二节 案件考核不能困住管理手脚

近年来，随着一些企业商事案件规模逐年增大，案件胜败对企业利益影响也越来越大。有的企业将案件管理纳入考核范围，甚至作为重点考核内容。本文主要基于集团对子公司的视角，也适用于企业对法务部或国资监管机构对企业，探讨如何科学做好案件管理考核工作。

一、为什么要进行案件管理考核

（一）近年案件易发频发规模越来越大

从人民法院公布的新收案件数量来看，最近几年全国诉讼案件大体呈现上升趋势。对于大多数企业而言，案件数量、标的也呈现出规模越来越大的态势。案件数量越来越多，标的金额越来越大，自然引发企业更加关注、重视案件管理工作。

（二）案件管理成效事关企业重大利益

有的重大案件，可能对生产经营构成巨大影响，也可能造成公司治理僵局，可谓是事关企业“生死存亡”。另外，企业的案件管控水平很大程度上会影响到企业的所有者权益，也就是股东的利益。作为控股股东，自然会重视股东利益，将案件管理成效作为保障股东利益的重要途径、方法。

（三）案件管理集中检验法治建设水平

企业治理水平高不高，法治建设水平好不好，通过案件管理就能够直观地反映出来。假如新增案件多，在某种程度上代表风控不到位、合同管理不到位、重大决策审核不到位。假如案件经常败诉，在某种程度上代表企业法治建设水平不高，法务队伍能力较弱。

（四）案件管理的主观能动性影响很大

虽然案件管理的很多程序由法院、仲裁机构主导，但其仍与法务团队作为与否关系很大。假如法务团队积极作为，选聘高质量的律师代理，积极与法院推动诉讼进程，时刻关注对方当事人财产状况并做好谈判，案件最终效果是大不一样的。总的来说，对案件管理工作而言，抓和不抓的结果差别很大。

（五）案件管理成效显性展现法务价值

法务人员经常抱怨企业领导对法务工作的重视不够，不断压缩法务工作预算，法务队伍晋升发展缓慢。其主要原因，就是没有让企业领导看到法务工作的显性价值。而案件管理就是一个很好的可以用数据说话的工作。案件管理能够直观地展现法务工作的成效，更好让法务工作在企业展现价值和树立形象。

（六）倒逼企业溯源治理强化合规经营

案件管理能够发现企业经营管理中存在的一些“短板”、漏洞，这也是案件处置完后的“剩余价值”所在。然而，法务部门“只能张口，没有牙齿”，想推动业务部门整改经营管理问题，往往困难重重，需要借助一定的外力帮助法务部门推动一下，引起企业领导对整改经营管理问题的重视，从根源上预防案件发生。

二、案件管理考核秉持什么原则

（一）鼓励预防风险

案件管理，不是为了把数字盘得大大的，更不是为了“养案件”，不是为了在企业利益的“或将损失”中显示法务工作的价值。应当引导法务部门乃至企业积极预防风险，做好事前风险预防，而不是当“救火英雄”。

（二）量化考核为主

考核若想要科学，就应当坚持用数据说话，尽量通过定量的方式进行考核。案件事关企业真金白银，必须精准测量，展现案件管理成效的好坏。另外，量化考核也更能让考核对象心服口服，而不是想着怎么与考核者做好沟通解释的工作。

（三）尊重企业实际

一些重大案件的产生不以企业和法务人员的意志为转移。设置考核指标时需要考虑这些“基因突变”的重大案件，不能一味要求新增案件金额必须比去年低。当企业鼓励营业收入增长时，片面追求新增案件下降难度会变大。当经济形势变化、行业风险变大时，想让所在企业独善其身，想让新增案件下降、挽回损失增长，有时是不切实际的。因此，在设置案件指标时，需要考虑行业、企业过往的案件规律和企业当下的实际情况。

（四）激发工作动力

既然主观能动性对案件管理的成效影响很大，就需要通过考核激发法务团队的案件管理积极性。有了案件管理考核，法务团队才会有压力。当然，不是让法务团队“压力山大”喘不过气来而“躺平”，而是通过考核，让法务团队把压力变为动力，充分调动工作积极性，拼尽全力让案件管理取得更好成效。对于通过努力也改变不了结果的，不纳入考核范畴。对于轻松完成任务的，不作为“躺平式”考核的指标。

（五）维护企业利益

案件管理考核，是为了让案件管理取得更好效果。案件管理主要目的就是维护企业利益，那么，案件管理考核工作自然要围绕企业利益而行动。不能为了审结案件而放弃企业合法权益，更不能为了完成当年挽回损失任务而无理由放弃企业利益。

三、如何挂钩经济效益谋划考核

案件管理，本质上是企业管理。案件管理需要考虑企业的经济效益，学会聚焦企业经济效益，用好管理思维、管理方法、管理指标。

（一）资产效率

案件管理要考虑到企业的资产质量、效率。案件标的规模占企业净资产的比例，能够很直观地检验企业的抗风险能力。案件标的规模占企业总资产的比例，能够很直接地检验企业的资产管理能力。

（二）投入效率

案件管理也需要考虑资源投入的性价比，需要考虑成本费用管控，对诉讼费用、律师费用等精打细算。类比企业的研发投入强度，可以思考对于法务人员的配置是否合理，思考法务人员自主代理案件的数量、效果如何。类比企业的劳动生产率，可以思考案件标的金额的规模与法务人员数量的比值，思考平均每名法务人员管理多少案值的案件更加科学。

（三）生产效率

企业需要考虑营业收入、新签合同额等数据。对于案件管理而言，可以思考新增案件标的占营业收入多少比例比较合适，哪怕当年新增案件不一定是当年新签项目计提的营业收入。也可以将前几年的营业收入与本年度的新增案件挂钩，检验企业生产效率或运营风险。

（四）资金效率

从企业的应收账款、应付账款可以一定程度上看出资金使用效率。而应收账款、应付账款的多少与案件产生往往存在正相关的关系。应收账款越多，主动起诉就可能越多；应付账款越多，被动应诉就可能越多。

（五）产出效率

企业的投资需要考虑产出效率，案件管理也是一样。在案件管理中，可以考虑花了多少诉讼费用、律师费用等，对应挽回了多少经济损失，从而测算费用支出的性价比。考虑案件的办案周期，结案花费了多少时间、费用。鼓励运用费用更少、时间更短的多元化解纠纷的方式解决问题。

（六）收益效率

假如把净利润作为企业增加的“产出物”的话，案件处置造成的损失就是其中的“杂质”，这些“杂质”是需要从中被剔除的。若把案件造成的损失与企业的净利润、利润总额进行关联比较，也能够检验企业收益效率的高低。

四、案件管理考核针对哪些指标

前面分析了案件与企业经济效益如何挂钩，如何按照追求经济效益的导向来管理案件，为设置案件考核指标提供了具体思路。对于考核案件数据的绝对值还是比例值，是否区别重大案件和一般案件，是否区别主动起诉和被动应诉案件，对于和解、调解、撤诉案件是否纳入统计范围，可以结合案件考核指标具体考量。

（一）新增案件

新增案件往往受到企业的高度重视，对此如何量化考核呢？有人认为，主动起诉是业绩，应该鼓励，不应该作负面评价；但也有人认为，如果风险预防得好，很多主动起诉案件也是可以避免的。有的企业不单纯考核新增案件的数量，而是要求当年新增案件必须在当年一定比例的结案。也就是说，不过多地考虑新增案件的风险控制，而是重点关注案件产生后，法务部门有没有努力推动案件的化解。有的企业考核本年度新增案件与去年或前几年均值的绝对值变化，增长了就给予负面评价。还有的企业考核新增案件标的金额占当年营业收入的比率，或占当年利润总额的比率，高于去年或前几年均值的，给予负面评价。大家可以参照这些，结合企业实际选择新增案件的考核方法。

（二）案件结案

关于结案，要先考虑其定义。有的企业关注案件是否审理完结；有的企业更加关注案件是否执行完结；还有的企业两者皆关注，分段都纳入考核。有的企业考核结案的绝对值，要求今年结案的数据必须高于往年，才能体现出法务部门的努力工作。但也有人会质疑，说新增案件都下降了，结案数据必然是下降的。于是，有的企业采取了比例值的考核方式，根据上年度存量案件的规模，分析往年结案的比例，参照制定本年度结案的比例或绝对值。还有的企业以存量规模的思维考核结案情况，要求本年度结案金额必须大于年度新增金额，这样的导向就是要求案件存量规模逐年下降。

（三）案件存量

案件的存量体现了一个时间节点的案件规模。有的企业关注整体的案件存量规模，包含尚未审理完结和进入执行环节但尚未执行完结的案件规模。但也有企业认为，进入执行环节尚未执行完结的这些案件，主导权主要在法院，企业的主观能动性偏弱，不宜纳入考核范畴。有的企业实行分段考核，把尚未审理完结和进入执行环节但尚未执行完结的案件进行分别考核。实行存量案件的精细化管理，希望法务部门在案件的每个阶段都要积极推动。也有的企业按照风险承受度的思维考核存量案件，考核存量案件占企业总资产或净资产的比例，要求该占比下降。

（四）挽回损失

先谈谈案件挽回损失的定义。有的企业把真金白银的现金回款算作挽回损失。有的企业将拿回资产算作挽回损失。也有企业区分主动起诉和被动应诉分别计算挽回损失，把主动起诉的现金回款以及资产变更登记到企业名下等都算挽回损失，把被动应诉的对方主张的金额减去法院最终判决支持对方的金额作为挽回损失，两者相加作为整体案件的挽回损失金额。还有的企业跳出案件的范畴统计挽回损失，对于达到一定年限的应收账款，通过和解、调解，哪怕是起诉后又撤案，甚至通过发送律师函没有形成案件就回款的，都列入挽回损失。

关于挽回损失的考核，有的企业单纯考核挽回损失的绝对值，在制订挽回损失指标时自然希望年年增长，但增长往往会有极限，也会有波峰波谷。有的企业选取一个参照物考核挽回损失的比例，例如挽回损失占净利润的比例，或挽回损失占所有案件存量规模的比例。还有的企业仅考核挽回损失占进入执行环节但尚未执行完结案件的比例，这个指标会相对科学一点。现实中，有的案件会进行和解，分阶段收回现金或资产，是统一将其计入当年的挽回损失，还是根据实际到账后纳入统计范畴，企业在实事求是和调动法务部门积极性之间需要作出判断。是仅仅统计产生案件的挽回损失，还是把出现风险后和解调解、以打促谈，没有产生案件就回款的也纳入统计范畴，这涉及是关注企业利益还是办案效果的考量。

（五）维权成本

既然企业追求经济效益，在案件考核时也需要考虑维权成本。有的企业考核所有办案费用，包括诉讼费用、律师费用、保全费用、专家费用等。有的企业主要考核律师费用，认为诉讼费用不可控制，保全费用等都是该花应花的钱。有的企业单纯考核每年花费的办案费用，从绝对值角度看待，要求实现逐年下降。有的企业考核办案费用的性价比，把办案费用与挽回损失进行比较，希望每花一分钱都能挽回更多的损失，还根据挽回损失除以办案费用设定了效果费用比，要求逐年增长效果费用比。还有的企业把办案费用占案件总标的额或结案标的额的比率，与往年进行比较。

（六）员工代理

有的企业十分鼓励员工自主代理案件，希望逐年提高员工自主代理案件的数量，希望员工自主代理案件占所有案件比率越来越大；有的企业考核员工自主代理案件的涉案标的，希望处置的案件标的总金额越来越大；

还有的企业考核员工自主代理案件的效果，希望挽回更多的损失。但有的企业认为，员工自主代理适可而止，毕竟法务团队的精力是有限的，多处置案件就可能少预防风险。也有的企业极力鼓励员工自主代理案件，甚至要求每名法务人员每年至少代理一件案件，但由于激励措施、免责制度没有跟上，效果没有达到预期。

（七）胜诉败诉

有的企业会关注案件的胜诉、败诉，但各家企业对此定义不同。关于胜诉，有的认为全额挽回损失了才是胜诉；有的认为挽回损失超过我方诉求一半的，算作胜诉；还有的认为只要挽回损失了，哪怕是一分钱，就算胜诉；也有的以判决书看我方诉求是否得到支持评判是否胜诉，而不看挽回损失的情况。关于败诉，有的作排除法，把胜诉、和解、调解、撤案等剔除后，剩下的案件算作败诉；有的把挽回损失低于诉求一半或支付款项超过对方诉求一半的，视为败诉；还有的不以案件件数看败诉率，而是以支付给对方的金额占对方诉求金额的比率，或没有挽回损失部分占我方诉求金额的比率，计算败诉率。一些企业会每年统计胜诉率、败诉率，通过与往年比较进行考核。

（八）定性动作

除了前面的定量考核，为了确保案件管理考核效果的顺利实现，有时也需要配套一些定性的考核指标。例如，案件管理制度是否建立健全，是否建立鼓励风险代理的制度机制，是否建立员工代理案件的奖励机制；企业领导是否重视案件工作，企业管理层是否定期听取案件汇报，主要领导是否亲自协调，分管领导是否带队谈判；法律服务中介机构管理是否到位，选聘律所的标准、流程是否合规、合理，结案后对律所评价情况如何，是否实行风险代理；案管系统填报是否及时准确，是否不漏报、不错报、不迟报，重大案件是否按要求备案；是否开展以案促管，是否开展结案后评价工作，结案后是否提出优化企业管理建议；等等。

五、案件管理考核分值如何设置

（一）确定指标赋分权重

企业重点关注什么就重点考核什么，对于重点考核的内容给予更多赋分。比如，企业高度重视案件挽回损失，就提高这方面的赋分权重；想重点解决哪两三个重大案件，就单独赋分进行考核。若要更好的效果，还可以增加这些分值的得分难度，让每一分更能体现主观能动性的努力效果。

（二）运用加分扣分导向

除了正常的百分制得分，还可以另外设置加分项和扣分项，实现激励和否定的双重导向。加分项，可以对超额挽回损失、员工代理案件效果好的进行加分。扣分项，可以对重大案件处置不当造成负面影响或造成重大损失的进行扣分。

（三）鼓励“跳起来摘桃子”

如果一项考核指标能够轻轻松松地被完成，则考核没有意义，相当于在鼓励“躺平”。不能设置不作为就能够完成的指标任务，这样会影响考核的科学性、严肃性。要实现“踮起脚尖”才能完成任务，让大家积极努力地工作，更好地发挥主观能动性，去取得更好的效果。当然也不是说“飞起来”也完不成，否则会严重挫伤法务团队的工作积极性。

（四）拉开差距鼓励争先

如果有几个考核对象，可以适当拉开距离，鼓励大家彼此竞争，实现良性竞争的态势。例如，可以按子公司的案件数据排名从高到低得分，让最好的才能够得到满分，而不是大家都得满分。可以适当把分值拉开，若都得满分或都不得分，则考核没有意义。可以把分值颗粒度变小，比如得分步长0.1分，作为最小得分单元，避免不好区分排名。

（五）通过比较对比赋分

考核一方面是为了取得好效果的绝对值，另一方面也是为了比较，争取更好的效果。可以通过比较，根据对比情况进行赋分。关于案件的很多具体指标，可以考虑是与去年度比还是与过去三年五年均值比，是与过去比还是与本年度互比，是与行业平均值比还是与兄弟企业比。特别是当无法科学设置考核的绝对值时，采用对比、比较的方法更能够调动法务团队的工作积极性。

（六）运用多种计分规则

计分规则有很多种，在此列举一些，方便大家从“工具箱”中挑选。一是赋分法。做到了就得分，否则不得分。二是减分法。没做扣分，做了就不扣分。三是溢分法。每个细项分值相加，会超过该项总分，但得分不能超过该项总分。目的是不把差距拉得过大，但鼓励大家把每个细项都做得更好。四是比例法。用实际完成值除以计划值或标准值，计算出百分比，再乘以指标的权重分数得到实际考核分数。相当于按完成比例得分。五是有无法。对于某些只有两种可能结果的指标，可以采用该法看是否完成某项任务。完成得满分，未完成得零分。六是排名法。根据名次先后得分，不以完成的绝对数值进行评分。此法适用于制定指标时无法确定准确数值的考核指标。

六、案件管理考核实行什么措施

（一）尽早下达任务指标

很多企业年底忙着各种总结、会议，春节过后才开始谋划年度指标任务，到了三四月份才下达任务指标，到了年底要检查前才制订评分细则。这样相当于耽误了几个月的时间，激励的导向性也不够鲜明。类似于，让大家在方向大致正确的情况下，在“迷雾”中前行，激励的精确性不够好。考核方案就像游戏规则，能够引导大家按照规则行事。既然考核的导向性十分明显，就应当尽早地发挥导向作用，而不是每年到了 11 月底，甚至 1 月上旬，才正式出台当年的考核评分标准。这样，考核的作用将大打折扣，即使大家想按照评分规则去努力获得高分，时间上也不允许。因此，一是建议每年元旦后立即下达案件考核的具体指标，清清楚楚、明明白白地告诉大家各项任务指标是如何规定的。二是尽早下达关于考核指标的评分规则，可以与任务指标一同下达。不要让任务指标和评分规则相距七八个月，甚至更长的时间。

（二）任务指标具体明确

任务指标具有可操作性，考核工作才能有效进行。一是不要模棱两可。如果让大家去猜测，会耗费大家的时间精力，甚至让大家学会“玩文字游戏”。比如，考核指标涉及的各项定义、标准，需要明确告诉大家。否则，大家可能会频繁咨询，也可能按照自己的理解，特别是按照有利于完成任务的方向来解释，可能让考核效果打折扣。另外，关于一些时间区间，比如，新增案件是以立案时间为准，还是以收到司法文书、知晓案件发生的时间为准，需要明确界定。二是能够精确计量。考核要科学，数据就必须准确。比如，信息系统没有区分金额、时间，分别统计每笔律师费用支出，那么考核挽回损失与律师费用的比率就会显得特别困难。

（三）评分规则科学透明

好的评分规则大体上具备以下特征。一是明确性。规则应当清晰、具体，无歧义。被考核者能够明确知道哪些行为或成果会被评价，以及评价的标准是什么。这有助于减少误解和争议。二是客观性。评分应基于可观察、可量化的数据和事实，而非主观臆断或个人偏见。使用具体的指标和量化标准，可以提高评价的客观性。三是公正性。评分规则应确保对所有被考核者一视同仁，不偏袒任何一方。规则应公开透明，让所有人了解并接受评价的标准和流程。四是衡量性。评价标准应当是具体可衡量的，以便能够准确地对被考核者的表现进行打分，减少主观判断的干扰，提高评价的准确性和可靠性。五是灵活性。虽然规则需要明确和稳定，但也应具备一定的灵活性，以适应不同情况的变化。例如，新设立的企业没有存量案件，更谈不上当年能够挽回损失；刚重组、并购进来的企业，可能之前都没有统计考核所涉及的基础数据。针对这些情况怎么进行考核，需要灵活处理。

（四）加强过程跟进管控

案件管理考核不是年初“撒网”，到了年底才去“收网”，看结果是“惊喜”还是“惊吓”。考核工作同样要做到过程管控，强化日常监管与督促。一是拆分任务指标。案件指标细化到季度甚至月份，方便过程中查看指标完成情况是否滞后，以便及时提醒、预警。比如，按季研讨优化执行策略、按月跟进督办执行进展、按周瞄定解决执行难点堵点。案件指标细化到岗位、到人头，而不是大家都没有责任，或者最终“法不责众”。二是定期检查抽查。可以把案件数据类似于财务报表一样，通过信息系统定期抓取、分析案件管理“三张报表”。还可以通过月度、季度、半年度的检查、调研，发现案件指标完成过程中存在的问题。三是及时反馈沟通。对检查中发现的问题，要及时进行反馈和跟踪。可以定期通报大家指标任务的完成进度，表扬完成进度较好的单位。甚至，可以组织经验交流，必要时也可以约谈严重滞后的单位。另外，拉长时间维度来看，对于一个案件管理五年规划而言，考核指标需要做到趋严趋紧，越往后越严，每年动态调整指标。

（五）压实企业领导责任

案件考核的指标任务定好后，企业领导就是完成指标任务的关键因素。假如被考核单位的企业领导不重视案件考核，法务团队再努力恐怕也难以完成任务；相反，若企业领导高度重视案件考核，法务团队想“躺平”、不努力，恐怕也是很难的。因此，案件考核工作要牵牢“第一责任人”的“牛鼻子”，实现牵一发而动全身。一是建立工作专班。可以建立类似的柔性组织架构，明确企业领导的责任，引起主要领导的重视。另外，对于重大案件，明确包保责任的领导名单，明确责任到人。二是定期听取汇报。

建立沟通协调机制，由企业领导定期听取案件汇报。例如，对于重大案件执行工作，企业主要领导要亲自研究、部署、推进、落实，盯牢财产线索摸排、还款计划履行、资产评估拍卖、推进案件避损等，确保工作成效。三是带队谈判协调。对于重大案件，业务部门、法务部门沟通谈判后若还不及预期，就需要企业领导带队谈判，体现重视程度，更好协调资源。四是末位约谈表态。对于案件指标完成进度差的，可以对该企业分管领导进行谈心谈话，或在案件管理会议上表态发言，进一步激发工作动力。

（六）充分利用信息系统

案件考核离不开数据，需要及时、准确地掌握各个维度的案件数据。最好的方法就是发挥案管系统的优势作用，对案件考核所涉及的各个维度的数据，实现信息系统能统计、能分析、能展示。根据各个考核指标，自动生成可视化的图表，不需要花费大量的时间、人力定期报送数据，还可以对未达进度的企业实行预警提醒，这样比月度、季度通报效果更好。理想情况下，把各项考核指标以及评分规则都输入信息系统，实现自动评分，可以减少很多量化数据的评分工作量。

（七）严格考核激励奖惩

考核工作之所以引起企业领导重视，除了责任、担当，更是因为与企业领导个人利益息息相关。假如考核结果仅仅是通报一下，红红脸或是感觉不好意思，大家是没有强大的动力去完成指标任务的。考核工作应引入奖惩机制，对绩效优秀的子公司给予表彰和奖励，对绩效不佳的子公司进行约谈和采取相应的改进措施。这有助于激励子公司积极提升绩效水平，同时约束其不良行为。考核工作应与领导薪酬挂钩，对于完成指标任务好的，增加绩效薪酬，相反，则扣减一定绩效薪酬。有的企业甚至将考核结果与企业领导职业发展挂钩，重大案件久久解决不了的，予以调离岗位，或暂缓提拔晋升。

七、案件管理考核深度思考

（一）新增案件多，是风控缺失还是主动作为维权？

我们往往对新增案件考核存在困惑。新增案件多，特别是主动起诉案件多，一定程度上代表了法务部门在积极主动维权，应当鼓励。但是，新增案件多，某种程度上也代表前期风险防控不到位，资信审查、尽职调查、合同签订出现了风险，没有把风险抵挡在“门外”；也可能代表履约过程管控不到位，数量、质量、进度、价格、沟通协调等方面出现了争议。笔者认为，不能单纯、单一地鼓励主动起诉，这样有可能导致鼓励“引入风险”“养大案件”。应当与结案、挽回损失等指标关联起来进行考核，让法务人员适当产生压力，鼓励尽快推动案件进程，并更多挽回损失。

（二）如何避免为了完成控增任务而不主动起诉？

如果一家企业担心控制案件新增的任务完不成，而不主动起诉，那么案件考核方案一定是失败的。可以把案件新增指标作为关注类指标，不列入扣分事项，或对其设置很低的分值，不至于影响考核得分。可以不简单考核新增案件的绝对值，而是考核新增案件规模是否低于当年消化案件的规模，或要求新增案件当年必须审结多少比例，甚至挽回多少比例损失。这样很大程度上能够打消放弃主动起诉的顾虑。

（三）如何避免“鞭打快牛”、成效越好下次任务越重？

有的企业确实希望考核指标年年增长，甚至增幅还要逐年提高。这既不现实，也会打消被考核者的积极性。他们会担心今年超额完成了，明年指标会高得喘不过气来，从而适当隐藏一些业绩，或看着差不多完成任务了就“躺平先休息”。考核指标任务的设计，不能过于理想化地看绝对值，要求年年增长。否则，就容易出现集团拍脑袋定指标、子公司拍大腿骂娘、法务人员拍屁股走人的难堪局面。应当充分尊重企业实际、案件实际，对于案件规模已经下降的，挽回损失的指标任务就应当适当调低。可以结合过往规律或兄弟企业办案规律，以年底的数据为基数，按照一定的比例确定下一年度的指标任务。

（四）为了当年挽损任务指标，放弃利益进行和解？

追求企业利益最大化，是企业的目标，也是案件管理的目标。有的案件，若适当减免利息、违约金，对方当事人是愿意提前还款的。但是，单纯为了完成当年的挽回损失任务而放弃企业利益的做法是不可取的。为了避免类似情况发生，一方面强调不能如此让渡企业利益，另一方面强调涉及违反法律法规或企业制度，会受到相应的惩处。当然，若判断分析后认为，对方财产状况正在恶化，生产经营状况不理想，甚至面临破产风险，抓紧和解要回本金就是保障企业利益最大化的主动作为。

（五）考核指标如何看待处理陈年积案、“僵尸”案件？

一些企业在年初研究确定案件考核指标时，往往会因为一些陈年积案、“僵尸”案件而苦恼。由于这些案件的存在，在按照基数、比例确定一些指标时，子公司往往会诉苦说这些案件明年不可能有好的进展，甚至不会有任何动静，若“一把尺子”统一按比例确定指标，就需要更加努力处理其他案件。如果陈年积案、“僵尸”案件标的很大，再努力处理其他案件也无法完成整体指标。对于这样的情况，建议还是实事求是。首先，鼓励积极推动这些案件，不能对这些案件不闻不问、不管不顾。其次，陈年积案、“僵尸”案件不纳入考核基数，不以此对应的比例确定下一年度指标。也就是说，在确定考核指标时，将陈年积案、“僵尸”案件予以剔除，这样也能够科学制订考核指标。最后，若司法机关、监管机关以及巡视巡察、审计检查需要时，则全量、规范地纳入统计范围。

（六）每个指标都讨价还价，怎么科学设置考核指标？

子公司基于理性思考，自然希望各项指标任务越低越好，这样压力不至于那么大，也不会担心有负面评价。于是，就造成在沟通确定指标任务时，集团与子公司反复地拉锯，最终往往以“行政命令”的方式，由集团决定。这样能让指标任务尽快被确定，但也容易让子公司内心产生不满，甚至不服气。因此，建议还是尽量科学确定指标任务。

一是通过勾稽关系确定各个维度指标。例如，把新增案件、结案、挽回损失、律师费用等关联起来分析，鼓励子公司理性确定案件指标任务。若子公司认为挽回损失指标定得太高，就可以建议子公司控制新增案件规模以及律师费用预算。

二是参考一些规律确定指标任务。比如，对于存量案件，过去这家企业或同行业大体能按照一个比例挽回损失的，可以参照这个比例确定下一年度挽回损失金额。

三是科学设置评分规则鼓励“摸高”。集团可以确定一个案件指标任务的挑战目标、基本目标，让子公司自己来认领。对于认领值大于挑战目标的，超额完成任务时，加分系数可以为1.5；没有完成任务时，扣分系数可以为0.5。对于认领值小于挑战目标但大于基本目标的，超额完成任务时，加分系数为1.0；没有完成任务时，扣分系数可以为0.7。对于认领值小于等于基本目标的，超额完成任务的得满分但不额外加分；没有完成任务时，扣分系数为0.9。总的来说，对于主动“摸高”，完成了任务的，加分幅度更大，扣分幅度更小；对于“摸高”程度小或者只认领基本目标的，即使超额完成任务，加分幅度更小，扣分幅度更大。从而鼓励大家“摸高”确定年度指标任务，“跳起来摘桃子”。

（七）考核指标是越多越细更好，还是抓重点指标？

要抓主要矛盾和矛盾的主要方面，而不是“胡子眉毛一把抓”。否则，既没有突出重点，也让子企业分散精力。对于挽回损失，事关企业利益的，应当作为重点考核指标赋予更多分值权重。还有的企业会在意存量案件的规模、新增案件的风险，可以结合企业关注重点，确定几个主要的考核指标。当然，也有人会认为，案件管理应当精细化，实现立体考核、多维度考核。笔者认为，考核维度应适可而止，而不是多多益善。有的考核指标不一定有多大作用，对维护企业利益不一定有多少好处。另外，考核指标过细，也会增加管理成本，让子公司无所适从，甚至产生抵触情绪。

第四篇
价值升维

PART 04

08

第八章

以案促管提升企业管理水平

如果一家企业的商事案件频繁爆发，则证明企业治理水平肯定是不高的。没有哪家企业的治理水平不高，而案件管理能够独善其身的。换个角度来看，案件管理能够暴露企业治理存在的很多问题。解决案件管理问题本身就能够促进企业治理。除了挽回损失，案件还有剩余价值，能够促进企业管理优化。如果能够形成闭环，把商事案件暴露的企业管理问题加以整改，则更能够提升企业治理水平。通过优化企业管理，也能预防风险、减少案件，提高企业治理水平，更好维护企业合法权益，锁住企业利润。

第一节　通过案件能够发现企业管理哪些问题

一、战略规划问题

曾经有一家工程单位发生大量案件，都是分包单位起诉或是因为分包单位而卷入案件。企业法务部疲于被动应付案件，却看不到尽头。在剖析问题时发现，该工程单位为了壮大规模和效益，默许了外部单位“借用”资质的情况，从中收取一定的“管理费”，增加营业收入。这是企业战略层面出现了问题，远比项目管理问题更为严重。

二、决策失误问题

有一家企业在对外投资时，对方表示能够对业绩作出承诺，并愿意接受对赌。企业在决策时，认为这样即使投资失败，也能够通过兑现对赌条款保障企业利益。但是，投资企业亏损后，这家企业要求其兑现对赌承诺，起诉立案后才发现对方根本没有相应的财务实力，其当时答应对赌时“一穷二白”。

三、薪酬激励问题

有一家金融机构经常发现一类问题，就是在项目离职后发生项目失败、融资款项难以追回的问题。表面上看是尽职调查、风险管理出了问题，但深究才发现，每个项目签约后，企业当月兑现绩效奖金，且金额、比例比较大。企业也没有建立递延支付、奖金扣回制度，导致有的项目人员为了及时获取奖励而愿意冒险。还有的企业频繁发生退货投诉问题，原因是企业售后服务较差，缺乏相应的部门、人员作支撑保障。

四、制度流程问题

一家企业经常发现很多应收账款要不回来，案件庭审中才发现企业制度没有得到严格执行，企业经常超出付款比例供货。一家企业经常因为产品质量问题而案件败诉，很多同事认为是产品质量出了问题，但通过案件分析才发现，很多产品交付后未执行流程规定，未让接收方现场验收并确认产品质量。

五、项目管理问题

一家企业对分包管理不规范，对分包商的选择和管理不严，未进行充分的资质审查，在施工过程中未进行充分的监督，导致分包商出现问题时企业需承担连带责任。还有的企业之所以产生大量案件，是因为原材料供应问题、成本失控问题、仓储物流问题、存货周转问题、进度滞后问题、质量不合格问题、商品销售问题等。

六、合同管理问题

有的企业合同条款约定不规范、不明确或存在漏洞，导致产生大量的争议纠纷。这反映出企业在合同签订和审核过程中的疏忽，以及对法律风险的预见性不足。有的企业在合同履行过程中未能按照约定履行义务，如延迟交货、质量不合格等，反映出企业在合同管理和执行方面的不足。还有的企业在发生合同纠纷时，不能妥善处理，可能导致矛盾激化。

七、财务管理问题

有的企业产生大量应收账款，对于长期无法回款的呆账坏账，又采取诉讼方式讨要款项。有的企业基于各种原因，应付账款迟迟不愿意支付，导致债权人频频起诉企业。还有的企业为上下游企业向银行融资时提供担保，最后导致被银行一并起诉。

八、风险管理问题

有的企业频繁产生一些合作客户诉讼维权的情况，并且还是一些长期合作的客户。这在某种程度上证明企业的客户管理出现了风险。有的企业印章被滥用或私自使用，导致企业未授权的合同被签署而产生案件，证明对于印章风险管理出现了问题。还有的企业因为员工经常在项目上出现安全问题而起诉企业，证明安全风险管理不到位。

第二节　如何在案件中发现企业管理存在的问题

一、通过证据收集发现

通过收集证据，当发现有的证据找不到时，一定程度上证明档案管理存在问题；当发现该有的证据没有让对方签字时，证明项目管理存在一定的问题；当我方人员随意签字确认一些签证、会议纪要时，证明企业风险管理意识存在问题。

二、通过起诉保全发现

当提起诉讼时，发现无法计算违约起算时间，发现合同未约定开工时间的起算点，实际开工后也未让对方进行确认。当准备采取诉前保全措施时，才发现不掌握对方财产状况。调取合同管理系统查看前期的资信审查情况时，才发现未要求对方提供征信报告、财务报告。

三、通过案件讨论发现

通过案件讨论，能够汇集业务部门、法务部门、审计部门、会计师事务所、律师事务所、资产评估机构、投资咨询专家等智慧，也能够从不同视角深度剖析案件的问题，包括企业管理存在的诸多问题。

四、通过对方举证答辩发现

庭审现场往往能够发现对方提供的一些证据是我方不掌握的，至少是法务部门事前不掌握的。这些往往是企业管理的现实问题所在。另外，对方陈述中讲述的一些事实所暴露的问题，可能之前企业内部开会讨论时，业务部门不一定愿意提及。这些都能暴露企业管理存在的问题。

五、通过裁判文书发现

法院的裁判文书能够比较客观、直观地展示企业管理的问题。裁判文书显示了诉讼请求、双方证据、答辩意见，以及法院审理查明的事实和采信的证据，列明了法院引用的法律条文和裁判意见。这些能够白纸黑字地呈现大量信息，包括企业管理存在的问题，业务部门对此也很难辩驳。

六、通过案件执行发现

通过案件执行，特别是一些不太顺利的执行，总能够发现企业管理存在的一些问题。比如，前期超额付款，而对方又没有提供一些增信措施，造成案件执行比较困难。当发现对方无财产可供执行时，才发现前期尽职调查、资信审查不到位，与没有相应资产实力的客户进行了失败的合作。

七、通过律师反馈发现

律师反馈问题时的顾虑往往更少，更能够客观地以第三人视角，结合大量不同企业的案件办理经历，反馈企业管理存在的问题。还有的问题，法务部门碍于情面不方便揭示时，也可以通过律师代理案件的法律意见书、风险提示函等书面方式向企业反馈。

八、通过办案小结发现

案件办理完后，应当做好办案小结，或开展结案后评价。对已经发生的案件进行全面复盘分析，查摆根因、总结教训、提出建议。坚持一案一小结，针对案件办理过程中发现的企业管理问题，既揭示问题，又提出意见。

第三节　如何沟通反馈案件暴露的企业管理问题

一、参与案件处置

业务部门只有亲自参与案件处置，才会真正理解办案的难处，才会对案件办理感同身受。邀请相关部门一同参与案件讨论会，既是讨论诉讼策略，也是让他们自己主动发现管理问题。法务部门还可以开具证据清单，由业务部门提供证据。另外，邀请业务部门参与案件庭审现场，身临其境感受双方举证质证、法庭辩论。这样，可以无声地开展普法教育，业务部门也能够自己发现企业管理存在的问题。

二、找准问题“病根”

以案促改、以案促治，只有找准“病根”，才能“对症下药”。指出问题和整改建议要精准，这样业务部门才会口服、心服、信服。要结合案件办理情况，认真梳理、充分研判，确保问题找得准、落得下、改得了。要深入分析案件发生的根本原因，包括业务模式、合同管理、产品设计、合规审查等方面存在的问题，而不是提那些浮在表面的、细枝末节的问题。

三、健全反馈机制

问题反馈不能太随意，否则难以引起重视，更达不到整改的效果。应当建立案件问题反馈机制，实行重大案件“一案一总结、一案一剖析、一案一反馈”的常态化规范化运行制度，实行一般案件“一案一小结、梳理共性问题、定期通报反馈”的常态化机制。不仅反馈问题，最好也对整改情况建立反馈机制，形成反馈问题—整改问题—评估效果的闭环机制。

四、提前当面沟通

一是提前沟通。梳理问题后，针对重大问题、敏感问题，先与业务部门沟通，而不是给业务部门一个“惊吓”。二是当面沟通。除了言语，人们的面部表情、肢体语言、语调和节奏等非语言信息在沟通中也扮演着重要角色。这些非语言信息有助于理解对方的真实意图和情感状态，当面沟通还可以通过即时反馈和澄清来减少误解的可能性。另外，当面沟通时，双方可以直接针对问题展开讨论，争取彼此理解，更快解决问题。

五、做好书面反馈

一些问题，若仅仅口头沟通，一是难以引起重视，二是难以确定整改责任。针对案件暴露的重大问题，建议通过书面形式进行最终反馈。这样更能够体现法务部门对该问题的重视，更容易得到业务部门对问题整改的重视。针对重大案件，可以在结案后及时编写结案报告，总结经验教训，提出改进建议。

六、形成内心认同

单纯依靠压实责任的“压力式”反馈，容易引发抵触情绪，也难以达到优化企业管理的效果。只有业务部门理解和认同存在相关问题，其才能够主动整改、彻底整改。可以通过举办案件剖析会议、模拟法庭、观摩庭审现场等活动，充分运用典型案件、身边案件，向员工开展商事案件解读。让解读的过程成为员工的普法公开课，让大家身临其境、感同身受地主动发现问题、思考问题、解决问题。

第四节　如何保障优化企业管理工作落到实处

一、健全责任体系

只有企业高度重视风险管理、案件管理，业务部门才会相应地重视。企业应当压实业务部门第一道防线责任，建立“管业务必须管风险”的管理机制和企业文化，提高责任意识，重视风险防范。对于重大问题、共性问题，必要时抄送业务部门的企业分管领导。对于反馈问题后仍然频繁出现同类问题的，开展优化企业管理“回头看”工作。视情况联合有关监督部门开展相关检查、排查工作。

二、完善管理制度

很多企业制定了大量的规章制度，但很多人可能都说不上来与自己相关的有哪些制度，更不提熟悉企业的各项规章制度了。通过案件剖析，应当发现哪些制度执行不到位，理解上出现了偏差；哪些制度还存在漏洞、空白，导致一些事项没能得到规范；哪些制度之间存在规定互相矛盾，互相推卸责任等；哪些制度已经过时，违反了上位规定，需要修改或废止。若发现规章制度管理问题较大，可以开展规章制度“立改废释”工作，系统梳理、排查现行制度存在的问题。

三、优化业务流程

规章制度必须实现流程化。在优化规章制度的同时，积极发现流程方面存在的问题。分析是缺乏相应的流程，还是流程存在“断头路”，抑或流程操作麻烦，分析流程中的延迟点、“瓶颈”和冗余步骤。为重复的任务制定标准化流程和模板，确保一致性和准确性。消除不必要的步骤和审批流程，简化复杂的操作。另外，结合案件剖析，分析现有流程存在的风险点，提高业务操作的规范性和合规性。

四、优化合同模板

通过剖析案件，能够发现合同管理，特别是合同条款存在的问题。通过制订合同模板的方式，解决合同条款不完整、不具体的问题；与最新的法律法规相冲突，或者未能充分考虑到法律法规对合同履行具体要求的问题；合同条款忽略一些关键交易细节的问题；语言表述可能过于模糊，导致双方对合同条款的理解产生分歧的问题；没有合理分配合同双方风险的问题；等等。

五、纳入重点关注

对于案件暴露出来的一些管理问题，除了反馈给业务部门，在合同审核、制度审核、重大决策审核、法律风险排查等工作中，也应当予以重点关注。一是关注业务部门是否重视问题整改，是否采取了整改措施；二是关注业务部门是否真的整改到位，是否还犯同样的错误。

六、开展专项治理

坚持举一反三，检查其他部门、子公司是否也会有同样的问题。如果多个部门、子公司都存在一个问题，那么其他部门、子企业可能不是没有同类问题，而是尚未发现或即将产生。对于案件办理过程中发现的系统性、普遍性问题，开展专项治理，推动全系统深入整改问题。例如，开展合作客户管理、合同履约检查等专项治理，系统性、全面性整改问题。

七、开展案后评估

针对重大案件建立结案后评估机制。在重大案件办结后，通过法务人员、外聘律师开展专项评估工作。既评估案件中存在哪些管理问题，更评估前期反馈的管理问题是否一而再、再而三地出现。通过结案后评估，对以案促管工作形成闭环，检查是否频繁产生同类问题，是否没有整改到位。

八、移交问题线索

纪律是“带电的高压线”，以案促管也要形成相应的规矩。对于反馈问题后还是频繁出错、故意犯错，或毫不在乎、置身事外，或者因过错行为引发商事案件并给企业造成重大经济损失或严重不良影响的，确有必要时向企业的监督部门移交相关的问题线索。

第五节　以案促管的几点体会

一、得到企业领导重视和支持才能保障效果

案件管理工作只有得到企业领导重视，才能够得到资源、确保效果。以案促管工作更要得到企业领导高度重视。只有企业领导重视，业务部门才会正视案件暴露的企业管理问题，才可能沉下心来整改问题。假如企业领导不重视以案促管工作，业务部门对法务部门反馈的问题可能就是“礼貌、热情、一问三不知”，更不会投入精力整改。因此，必须让企业领导看到以案促管的价值所在。

二、摆正法务部门在企业地位避免引起反感

有的法务部门比较强势，发现问题后有点“站在制高点”的感觉，直接给业务部门发整改通知书，要求定期报送整改情况。有的法务部门比较弱势，哪怕发现了企业管理问题，也只是口头说说，说完就算了，怕年底考核业务部门投“反对票”。法务部门过于弱势，不利于开展以案促管工作；过于强势，恐怕也是不现实的幻想。法务部门往往“有口没牙”，要准确定位自己在企业的地位，避免以案促管工作引起业务部门抵触。

三、其他部门理解认同才可能真的整改问题

以案促管工作，最终落脚点是业务部门，责任人是业务部门，采取整改举措的也是业务部门。只有业务部门理解、认同，认为整改问题十分必要，才可能积极、主动整改问题。不然，问题整改工作就可能变成“形式主义”，看起来“热热闹闹”，实则表演给法务部门“观赏”而已。因此，法务部门需要找准问题，注意沟通方式，学会换位思考，争取理解和支持。

四、法务部门积极参与协助其他部门整改工作

以案促管，不是把问题抛给业务部门后，法务部门就可以“到此为止”了。法务部门不能有“隔岸观火”的想法，更不能有“事不关己高高挂起”的心态，不能站在一边“看笑话”；而是要把自己当局内人，对于法务部门相关的问题，主动整改；对于业务部门的问题，积极帮忙出谋划策，提供法律意见，协助业务部门及时整改问题。只有这样，才能打消业务部门的抵触情绪，才能确保以案促管的效果。

五、联动监督部门推动问题整改变压力为动力

法务部门有时抱怨“只有一张口，但是没有牙齿”，反馈了很多问题，但业务部门只听不做、不改。对于这样的情况，除了抱怨，法务部门还需要学会借助组织的力量。可以利用法治建设领导小组会议，通报共性问题。推动以案促改工作开展情况纳入该年度巡视、巡察重点计划，把整改情况纳入监督检查、巡察督查、审计监督重要内容。用好与纪委、巡视、审计部门的联动机制，引起业务部门的高度重视。

六、形成优化企业管理闭环良性循环十分重要

发现企业管理问题，只是以案促管工作的开端。有没有整改问题，整改问题的效果如何，都是以案促管工作需要重点考虑的事项。既要发现问题，更要推动问题整改，还要检查整改效果如何。通过“发现问题—整改问题—检查效果—发现问题”的闭环，才能够让发现的每一个问题都发挥价值。

附 篇
点滴思考感悟

1. 案件管理核心要点100句[①]

一、看透案件本质

1. 案件的大量存在和发展，是矛盾的普遍性和斗争性在法律领域的集中体现。案件包含着各种矛盾和相互矛盾的各个方面。一是主体之间不同利益的矛盾，二是对事实认知的矛盾，三是对规则理解的矛盾。

2. 重点单位和重点案件，是商事案件的主要矛盾和矛盾的主要方面。抓住了这“两个重点”，就抓住了问题的关键，抓住了矛盾运动发展的主要载体。

3. 案件管理的“一二三四五”。“一个目标”：企业高质量发展。“两个端口”：前端抓风险预防，后端抓案后复盘。“三个打破”：一是打破管理层级壁垒，总部法务部参与所属企业重大案件处理；二是打破业务系统壁垒，由法律部门和相关业务部门共同应对；三是打破内外部法律资源壁垒，企业法务和外部律师高效协同。“四个环节”，即坚持案前策划、案中谋划、案后评析、管理优化。“五种方法”，即新发案件重在策划、被诉案件重在反制、群体性案件重在首案、积陈案件重在扫尾、内部纠纷重在协调。

4. 研究企业商事案件管理，不能脱离企业的场景限制，既需结合企业整体的实际情况，又需关注企业案件对优化管理、保障经营的作用，立足于案件管理，但又不止于案件管理。

5. 服务商业目的，最大限度维护企业利益，才是商事案件维权的目的。当产生案件时，应当考虑案件是否具有什么特殊性，是否可能造成负面舆情，是否对产品上市等构成影响。要找准企业的核心利益，分析企业是希望获取经济利益，还是维护品牌声誉；是希望结案越快越好，还是希望拖

① 主要摘自笔者打理的微信公众号“法务共同体”。

延时间争取其他机会；是以打促谈、施加压力，还是为了界定双方责任或是获取证据。

6. 案件的数量、涉案金额，都是表象，并不是案件处置的目的。案件处置，最终还是为了维护企业合法权益。对于主动起诉案件，法务部门应当尽可能为企业挽回损失，是否采取财产保全、司法鉴定等都要围绕能否最大化挽回损失考量。对于被动应诉案件，法务部门应当尽可能为企业减少损失，若能减免利息、罚息，必要时可以和解。为企业挽回的损失，从硬币的另一面来看，就是企业实实在在的净利润。

7. 对于企业而言，诉讼是工具，是手段，但不是企业的目的，胜诉也不是诉讼的唯一追求。案件处置策略需要服务于企业的整体安排，绝对不能喧宾夺主，不顾企业实际目的。企业管理层可能希望以案促谈，或是通过查封冻结或影响声誉等方式，把双方拉回到谈判桌上。有的案件其目的想牵扯对方的精力，延缓对方产品上市，为其他事情拖延或争取一定的时间。有的案件是为了准确界定内部责任，为一些监督工作及时画上句号。假如法务人员片面追求胜诉，没有胜诉不罢休，那在企业领导看来，其是否合格可能都是一个大问号。

8. 挽回损失是案件处置的目的吗？不一定！假如通过一个案件让应收账款回款了，但大客户不再新增合作，大量订单丢失，企业经济损失可能远远大于这一个案件的回款。案件处置是法务管理工作之一，法务管理属于企业管理，需要服务于企业的商业目的。有的案件是为了给对方产生压力，恩威并重地争取更多合作机会。还有的案件，可能是影响对方与潜在客户的可能合作机会，为我方企业争取更多机会。

9. 如果对于案件规模没有正确认识，比如不考虑企业营业收入、利润同比增长的指标要求，单纯要求案件数量、金额要绝对下降，可能会扭曲企业经营决策。高风险、高收益，这是难以打破的商业规律。企业想要发展，必然与风险相伴。科学管理风险，通过风险管理实现更高溢价，反而是很多企业实现发展的重要手段。

10. 审视案件管理成效的三个维度。一是挽损避损效果。考量法律和商业的平衡，制定效益最大化的诉讼策略。二是风险承受程度。不仅要看已裸露的案件，更要看风险资产的情况，评价公司的风险承受程度。三是保障发展质量。评价案件处置工作对于企业融资担保能力、投资并购、业务拓展等的影响。

二、案件管理内涵

11. 案件处置是以案件发生为起点，从案情了解到案件执行、结案归档的全过程。案件管理是从潜在纠纷处理、案件监测、报告应对、裁决执行，以及案后分析评估、反馈管理建议的全过程，其本质是企业内部管理行为。案件管理包含案件处置，其内涵和外延均大于案件处置!

12. 针对具体个案，案件处置工作目标是个案胜诉或者挽回经济损失。案件管理根据企业战略，监测、应对法律风险，提升企业风险管控能力，优化企业经营管理水平，服务企业高质量发展。案件处置的行为和目标是一次性的，而案件管理的行为和目标则是持续性和渐进式的。

13. 案件管理的目标比案件处置更具有全局性。案件处置的目标是个案的胜诉和挽回、避免经济损失，或者在该个案中实现企业利益的最大化。案件管理的目标是为了企业高质量发展。

14. 案件处置只是案件管理的一部分。案件处置前，案件管理还需要做潜在风险监测、多元化解争议风险等。案件处置后，案件管理还需要做结案后评价、优化企业管理等工作。可以说，案件管理既早于案件处置，又不止于案件处置!

15. 案件管理是案件处置在时间轴上的延伸，诉讼程序的终结是案件处置的结束，但并不是案件管理的结束。案件管理是案件处置的延展和升华。

16. 案件处置必然走向案件管理。有的企业案件偶发，关注个案的胜诉及挽回经济损失即可。随着企业的发展壮大，案件数量会增多，案件类型也会多样化。案件对企业发展的影响也会越来越大，促使企业更加关注前端的纠纷风险预防，更加注重案件暴露的企业管理问题的优化改进。企业往往会边处置案件边优化案件管理，呈现一种循环往复、不断优化的状态。

17. 从案件处置到案件管理，应当做到“四个转变”：从事后处置转变为事前预防，从有了案件才被动应对转变为积极主动预防争议纠纷风险；

从应急管理转变为预案管理，从收到司法文书而手忙脚乱转变为提前做好应急预案；从个案处置转变为制度管理，从“一案一议”式的个性化处置转变为依靠制度流程进行规范管理；从依赖经验转变为标准规范，从依靠不同经办人员的个人办案经验转变为有一套标准的操作指引。

三、审视案件处置

18. 案件处置思维，面向过去，关注内在事实和法律规定，解决现有问题。法律审查思维，面向未来，关注实质风险和程序合规，防范不确定性。

19. 对于案件处置，企业常常在客观真实与法律真实、程序正义与实体正义、当事人利己思维与法官居中裁判思维之间进行拉锯、徘徊和挣扎，在多方主体的制衡下努力争取一个相对满意的结果。

20. 商事案件处置，需要在普遍正义与特殊正义、法律真实与客观真实、内在事实与法律规则、正当程序与实体公正、形式理性与价值理性的拉锯之间，努力说服居中裁判的法官做出有利于己方的裁判结果。

21. 案件处置有必要通过提高标准化操作水平，保障案件处置的效率和质量。对于经常处置的案件，有哪些争议焦点，适用哪些法律条文，收集哪些证据，常见处置策略有哪些，如何保障执行效果，其实都是有迹可循，有一定规律的。可以出台类案操作指引，把散见于个人的处置经验上升为企业案件管理制度，提高企业案件管理水平。

22. 在明知会败诉的情况下，有的案件仍要诉讼到底。如在法、理、情冲突的情况下，或为重大案件取得证据，或为界定责任。

23. 案件规模不一定越少越好。不能单纯以案件规模作为案件管理好坏评判依据。案件数量少，可能是风险控制得好。案件数量多，也可能是维权意识强。案件数量只是一个表象，目的还是依法维护企业合法权益。

24. 案件处置不一定越快越好。从辩证法来讲，有时候案件处置的快对企业有利，有时候慢反而有利。案件处置的快，是有前提的，那就是我方合法权益得到有效维护。对于对方不合理的诉求，拖一拖争取少支付则是对企业有利的。

25. 一些重大案件的处置可能要花一百分的精力，但是如果做好前期的风险预防，可能只需要投入一分的精力。很多重大案件，处置起来是十分困难的，牵扯公司生产经营的方方面面，不仅要花费大量的精力和财力，也很难完全弥补企业所遭受的损失和负面影响。

四、剖析管理问题

26. 企业案件管理五大通病：一是把案件当作单纯的法律事件，没有上升到危机管理的高度；二是只谈案件处置，关注案件细节，没有从全局通盘统筹案件管理；三是案件处置随意性比较强，没有程序性、标准化的操作指南；四是就案件谈案件，没有站在服务保障改革发展的高度审视案件，造成有的案件处置与中心工作相背离；五是常常案结事了，没有挖掘案件背后的企业管理问题，以案促管、以管创效做得不够。

27. 有的企业停留在以解决具体案件为目标的阶段，把案件处置当成案件管理的全部内容，主要关注具体案情的研究、相关法律的分析、案件证据的收集、诉讼策略的制定、与司法机关的协调、诉讼律师的选聘等问题。而对如何预防案件风险，如何早期化解争议矛盾，如何提高标准化处置质效，如何堵塞企业管理漏洞，缺乏系统性、全过程的思考。

28. 有的法务部门对案件处置实行“打地鼠”模式，来一个处置一个。以个案处理为中心，在具体案件未发生时，没有加强常规性、制度化的风险防控工作，使案件管理带有明显的事后管理、应急管理和被动管理的特点，无法将案件管理从案件处置上升到案件防控的高度。

29. 有的企业要处理大量的案件，不同案件采取不同的程序和做法，实行个性化处置。从案件管理的整体效果来看，具体办案人员的水平高低直接影响该案处理效果，造成即使批量的同类案件，因为办案人员不同而案件结果差别很大的后果，导致案件结果存在一定的随意性、不确定性，无法保证案件处置的整体质量和效率。

30. 案件败诉是谁的问题？有人说，案件败诉责任在法务部，要么法务人员没有能力，要么没选聘好律所。其实，处置案件，就像是对一个房子进行装修。如果主体工程一开始没建好，装修得再好，工程也可能垮掉。案件爆发有很多原因，与项目洽谈、经营决策、合同签订、合同履约等各个环节都密切相关。

31. 有的企业谈案件处置多，做案件管理少。没有将案件管理纳入企业管理，没有把案件管理作为企业管理的一部分，把案件处置与案件管理割裂开来，把案件管理与企业管理区分开来。没有打通战略管理、人力资源管理、市场营销管理、财务管理、案件管理、企业文化管理等整个管理系统，难以形成有力的组合拳。

32. 当前案件处置存在的五大弊端：一是重视案件处置，忽视前期介入和后期改进；二是案件处置没有形成全过程系统管理链条；三是案件处置随意性强，没有形成标准程序规范；四是运用商业思维、管理思维处置案件少；五是孤立对待个案，缺乏整体协同配合的机制。

33. 案件管理缺乏整体协同配合机制的五大表现：一是法务部门对案件“包圆”，其他业务部门参与少，各个部门职责设置不够科学；二是集团与子公司之间协同配合程度不够，指导、督办等模式没有准确定位；三是企业领导重视参与程度不够，没有给予必要的资源保障；四是与律师配合衔接不够顺畅，法务人员在内部协调助力不够；五是法务部门对案件暴露问题反馈不多，没有推动业务部门整改优化。

34. 案件管理考核评价，不得影响企业维护合法权益，否则就是本末倒置。坚持把维护企业合法权益放在管控案件规模之上，作为更高位阶的追求。应当把维护企业合法权益，看得比控制案件规模更加重要。不能单纯顾虑是否增加了案件数量、金额，而放弃权益或拖延起诉。

五、企业治理影响

35. 商事案件是企业治理水平的一面镜子，内部的管理漏洞很容易外化为各类案件。

36. 案件管理在法务管理工作精力中所占比重多少，是衡量法务管理是否有效的重要标志之一。

37. 没有哪家企业治理水平不高，而案件管理工作能够独善其身的。换个角度来看，案件管理能够暴露企业治理存在的很多问题。作为企业管理的组成部分，解决案件管理问题，提升案件管理水平，能够提升企业治理水平。

38. 企业案件管理是企业经营管理内容和管理过程的一部分。企业管理包括计划管理、流程管理、组织管理、战略管理、文化管理等，不仅决定案件管理的模式，更会影响案件管理的效果。

39. 如果一个企业的管理工作做得不够好，案件管理工作是很难“一枝独秀”的。想脱离企业管理实际搞好案件管理，也是不现实的。反之，如果企业管理工作做得好，权力制衡、风险预防以及部门协同都是相对规范有效的，那么案件管理工作大概率能做得好。

40. 内部纠纷管控代表企业法治建设水平。企业内部纠纷诉讼管理的理想状态是：一是不能出现案件；二是有了争议能坐下来谈判；三是涉及第三人等情况，为了最大化企业利益可以诉讼。

41. 要管住企业内部纠纷必须做到四个方面：一是集团总部要有权威；二是企业制度要有约束；三是财务等职能部门要配合；四是对子公司考核要刚性有效。

42. 集团内部兄弟企业之间产生争议，不仅仅是业务问题或法律问题，背后涉及复杂的企业文化、组织管理、制度管理、考核评价等。集团主要领导的理解支持，是解决内部争议的核心。集团业务分管领导、法务分管领导的主动担当，是解决内部争议的关键。

43. 解决兄弟企业之间争议，核心在集团总部。集团领导高度重视、听取汇报、主动协调、推动解决，能够为调处工作营造环境、搭建平台、健全机制、提供保障，实现矛盾迎刃而解。

六、管理思维逻辑

44. 商事案件管理需要融汇法律思维、商业思维和管理思维。运用法律思维，防范法律风险，科学制定诉讼策略，运用法律武器维护企业合法权益；运用商业思维，锚定争议本质，在成本收益与市场影响间保持动态平衡；运用管理思维，健全治理体系、组织体系、制度体系，通过流程优化、资源整合实现纠纷处置效率最大化。三者交互作用，方能在复杂争议中维护企业核心利益，实现法律效果与商业价值的统一。

45. 全生命周期管理案件，分为小周期和大周期。单个案件是一个小周期的管理，包括信息报送、案情评估、律师选聘、诉前准备、方案制定、庭审应对、诉后执行、结案报告、案卷归档。企业整体案件是一个大周期的管理，需要做好事前预防案件，预防控制增量；做好事中处置案件；还要做好事后优化管理，分析案件呈现问题的规律所在，推动优化企业管理，发挥服务和保障企业发展的价值。

46. 案件全生命周期管理应当坚持“五个转向”：由单兵作战转向协同作战，依靠企业领导、业务部门、法务部门等，一起协同管理；由被动处置案件转向主动管理案件，从个案被动处置转向整体案件的主动管理；由应对案件处置转向全面风险管理，不简单追求案结事了，既管存量更防增量，从扑火转向预防；由解决案件问题转向优化企业管理，在处置案件治标的同时，更治本优化企业管理；由单纯案件维权转向服务企业发展，扫清企业发展的障碍，提升企业管理水平，提高企业的核心竞争力。

47. 全生命周期管理案件要坚持系统性。既从局部着眼，也从全局系统着眼，推动整个管理体系的有机衔接。在纵向上，做好宏观顶层设计、中观机制构建、微观贯彻落实；在横向上，做到管理主体、客体和方法的系统协调。把每个阶段都视为全生命周期中不可分割的一部分，把案件管理的各个阶段看成完整链条，围绕全过程整体设计，进而形成完整、系统、协调一致的案件管理体系。

48. 就企业管理周期角度而言，全生命周期管理需要对公司设立、章程制定、战略制定、业务模式研讨、重大经营决策、规章制度制定、产品生产、营销运营、交货验收、售后服务等全过程进行高维度的风险管控。从项目经营角度而言，全生命周期需要对业务准入、客户选择、合同签订、管辖约定、信件签收、争议纠纷、立案应诉、策略制订、庭审应对、结案执行、复盘优化等全过程进行严密的风险管控。

49. 加强案件全生命周期管理，实行事前风险预防、事中案件处置、事后优化管理。就像医院的健康管理一样，实行预防、治疗、保健于一体的整合型管理。

50. 案件处置工作闭环原则：处理一起事故，总结一次经验，推动一批奖罚，修订一项制度，优化一个流程，修改一类文本，出台一则指引，开展一轮培训，检查一遍问题，消除一批隐患。

51. 一个重大复杂案件的处理，需要有成熟的理论和实用的工具方法支持，管时间进度和费用成本，又管挽回损失的收益，保证案件处理效果和效率。

52. 每一个案件其实就是一个项目，处置一个案件就是运作一个项目。一些企业案件处置经验丰富，但仍存在“四个没有”的现象：一是没有运用时间管理控制案件进度；二是没有运用流程管理规范案件处置过程；三是没有运用成本管理控制案件支出；四是没有运用绩效管理考核外部律师。导致一些企业案件管理工作处于律师当主导、进度不确定、费用常超支、结果不理想的被动局面。

53. 案件处置需要借鉴工程管理思维，每个重大案件成立一个项目组。以“项目制”将企业领导的组织责任、法务部门的专业责任、业务部门的配合责任，通过落实到人的方式予以明确，形成全过程管理的合力。

54. 处置案件需要考虑成本投入。除了考虑律师费用、诉讼费用、保全费用等与实际挽回损失效果的性价比，还需要考虑和解、调解、撤案等对于案件费用、挽回损失的影响，做好全过程的成本管控。从更大的视角、全生命周期角度考虑案件预防和处置的成本，更重要的是考虑风险预防成本、案件处置成本、案件实际损失、案件管理成本等，而不仅仅计算每个案件显性的财务费用成本。

55. 加强案件管理，功夫在案件之外！必须往前端走，只有风险预防到位，才能有效地管控住案件的源头，遏制“火灾”发生；才能够有效地控制住案件规模，让案件管理更加主动。

56. 假如把业务比作一条电缆的话，那么风险预防就应该是外面的“绝缘皮”。哪里有业务，哪里就应该做好风险预防，把业务严严实实地包裹在里面。当有一处破洞的地方，那里就会产生触电风险。预防就是要紧贴业务，全程紧贴、全面紧贴。风险预防要融入企业业务流程中，成为其必要一环，而不是游离于企业经营管理行为之外。

七、多元化解纠纷

57. 多元化解纠纷方案要有合规保障，要符合法律法规规定，又节约时间成本，更维护企业合法权益。可以由律所出具法律意见书，审查多元纠纷化解方案的合法合规性。必要时，充分征求纪委、审计等监督部门意见，做到理由、依据充分又留痕。

58. 企业若要顺利推进多元化解工作，让参与人员能义无反顾地往前冲显得十分重要。不能频繁回头看、停下来观望，不能老是顾虑会不会“秋后算账”。企业有必要为一心为公、敢于担当的人提供制度保障，让干部职工想干事、能干事、干成事，还能不出事。

59. 对于败诉方愿意支付本金但希望减免利息的诉求，很多人不敢答应。个人是合规了，但过后对方破产了，企业利益也受损了。看似合规，但换个角度可能则是“违规”。

60. 多元化解纠纷，保障个人履职合规与维护企业合法权益，既是多选项，也都是必选项。多元化解纠纷，事关让渡企业利益和参与人员履职风险，导致部分企业对运用多元纠纷解决机制存在畏难情绪。应当建立健全以合法合规为底线、以企业利益最大化为出发点的多元纠纷解决机制，引入容错机制，为多元化解纠纷提供制度保障。

61. 有的法务人员不愿意谈和解调解，怕有利益让渡，说不清楚、撇不干净；没有合规依据，怕不合规被追责，不敢仅接受本金。这导致有的案件迟迟无法得到有效的处置，反而增大了很多的不确定性，甚至造成无法挽回的损失。

62. 合规不等于问心无愧！案件经办人员不敢谈判和解，看似合规了，但丧失了和解调解机会，企业利益实则受损了。我们要有效避免这种“合规式”的不作为。要有责任心、使命感，把企业利益看得更重，当作自己利益来维护。既要实现企业维权还要保障个人合规，这依赖体制机制保障。

63. 多元化解纠纷，本意就包括了参与主体的多元性。有时争议纠纷双方想谈成一个彼此都满意的结果比较难，这涉及面子问题、经济利益、信任问题等。必要时，可以请行业协会、行业主管部门、第三方中介机构参与，提供政策解释、执法案例、咨询意见、评估报告、审计报告等，这样的居中调解会更有说服力。

64. 航空界关于飞行安全的“海恩法则”：每一起严重事故的背后必然有29次轻微事故和300起未遂先兆以及1000起事故隐患。可见，事故发生之前，总共错失掉了1329次风险防范的机会！“海恩法则”对案件管理有两点启示：一是商事案件的发生是量的积累的结果；二是再完美的制度不落到实处，就无法防止案件发生。

八、案件处置技巧

65. 证据管理“四有”目标：过程履约有单据，权利义务变更有凭据，计价请款有依据，发生争议有实据。

66. 证据管理功夫在平时。证据管理应当注重平时，与生产经营全过程结合起来，而不是有了案件之后急忙找证据。平时收集留存证据也更加方便，等案发后对方当事人警惕，有些证据就难以形成了。

67. 从法官和当事人不同角度看待案件。从法官的角度，案件裁判有两项主要工作，即事实认定与法律适用。从当事人的角度，案件主要工作也有两项，即证据组织与说服法官。

68. 业务活动的流程，就是证据产生的过程。要注重在生产经营全过程发掘、收集、管理证据，而不是零散、随机、随意地收集证据。证据管理需要流水线作业，与业务流程并轨同行，做到业务进展到哪里，证据管理就跟进到哪里。

69. 对于企业而言，证据管理是一项管理活动。证据管理不是孤立于其他企业管理活动的，而是众多企业管理行为的一个侧面。假如一家企业管理不善，管理活动比较随意，是不可能管好证据的。如果一家企业管理良好，日常管理活动比较规范，比如档案管理规范、信息系统健全，证据管理就是一件比较容易的事情。良好的企业管理，是做好证据管理的重要保障。

70. 证据管理应当做到“八性”：一是真实性，证据是客观存在的事实；二是关联性，证据与项目、案件相关联的事实；三是合法性，证据内容和获取方法合法；四是准确性，做到证据具体、明确，能够量化；五是及时性，确保及时收集、提供证据；六是规范性，按照要求收集、管理、提供证据；七是体系性，全过程、链条化、闭合化的管理证据；八是技巧性，配合诉讼目的、诉讼策略有效展现证据。

71. 制定诉讼策略七问：一问以打促谈还是诉讼到底；二问快速了结还是拖延时间；三问不惜成本还是注重效益；四问赢得名声还是挽回损失；五问追求合规还是维护权益；六问一案了断还是继续合作；七问等待判决还是寻求他解。

72. 做正确的事情比正确的做事情更重要。制定案件诉讼策略，需要先想清楚企业需要什么。除了案件目标，企业还有商业目标，而案件目标是服务于商业目标的，前者的位阶低于后者。有时候赢得案件只是表象，真实目的是维护企业形象，挫败竞争对手，或是营销品牌产品。只有清楚地知道企业想要什么，才能制定出符合企业需求的诉讼策略。

九、激发代理动能

73. 法务人员应当挺直腰板独立自主代理案件，树立“不依赖律师、不回避困难、不比律师差”的“三不”工作理念，把案件庭审现场当作检验前期风险预防成效的战场，当作检验自身法律知识的考场，当作与对方律师比试法律技能的赛场，让法务人员在处理案件方面不再是“温室里的花朵”。

74. 建立法律纠纷案件处置奖励机制十分必要。对于法务人员为企业维权创效的，积极兑现奖励。实现案件处置避免和挽回经济损失与法务人员共享的激励机制，让法务人员更有存在感、价值感。

75. 实行员工代理案件，最核心的目的就是把案件处置的主导权掌握在自己人手里，更好掌控案件办理的进度和效果，更好地按照企业意志和想要实现的目的来办理案件。对于办案过程中暴露的企业经营管理问题心中有数、推动改进，实现闭环管理，提升企业经营管理水平。

76. 有制度不执行，比没有制度更坏。有了员工代理案件奖励制度，就一定要不折不扣地严格执行。该奖励多少就奖励多少，该奖励给谁就奖励给谁，该何时奖励就何时奖励。要通过落实奖励制度，让代理案件的员工看到企业的决心，从而内心充满信心，办案更有恒心。

77. 员工代理案件激励机制十问：常态化激励还是偶发性激励；奖励对象是否包括业务人员；奖金由部门支配还是直接给办案人员；员工挑选案件还是企业指定案件；是否区分现金资产等设置不同奖励系数；是否根据增信措施设置不同难易系数；是否对谈判让步设置不同奖励比例；是否针对回款周期设置奖励系数；疑难积案是否允许突破常规奖励规定；法务人员离开岗位后是否继续奖励。

78. 法务人员不能因为把案件交给了代理律师就当“甩手掌柜”，这样是不负责任的。外部律师可以为赢得案件尽最大努力，但不一定知晓企业在案件中的真实目的。外部律师为了做好风险代理，会努力将案件进行到底，为企业挽回经济损失。而有时，握手言和、加强项目合作，才是更优解。

79. 案件处置过程中，企业应当与外部律师形成利益共同体。实行案件利益捆绑，鼓励风险代理，实现利益“双赢”，让律师把企业案件当作自己案件认真负责。

80. 对代理律师实行管准入、管策略、管进度、管程序、管效果、管费用“六管”原则，将案件处置成效与代理费用挂钩，根据专业能力、服务质量和工作效果合理确定律师费用数额和风险代理费用比例，提高律师费用性价比。

十、维护企业权益

81. 纸面的胜诉判决，不一定能让企业利益最大化，不要追求胜诉这一过程性、阶段性结果。有些利益的维护，不一定是靠裁判结果。被动等待法院判决，可能贻误处置良机。不要把法院判决结果作为衡量案件胜诉败诉的唯一标准，而是考虑企业利益是否最终得到最大化保护。在企业利益面前，不把法务部门的胜诉“颜面”看得那么重，不以胜败论英雄，而是把最大化维护企业利益当英雄。

82. 从四个方面辩证看待案件维权。一是辩证看待当前利益与长远利益，例如不能为了赢得当前案件而丢失了大客户；二是辩证看待部门利益与整体利益，把法务部门、业务部门的利益放在企业整体利益之下考量；三是辩证看待案件利益与企业利益，假如虽然胜诉但对企业品牌价值损害很大，就需要变通处理；四是辩证看待合规利益与最佳利益，既要保障履职人员合规，又要敢于通过谈判和解迅速追回本金。

83. 案件挽回损失应当摒弃六种错误做法：一是“撕破脸面”（可能不是保护权益最优方式）；二是坚持“将案件进行到底”（可能错失和解良机）；三是“不屈不挠浴血奋战”（有时经济损失更大）；四是不掌握对方财产状况谈执行（只能“盲人摸象”）；五是坚持颗粒归仓（最后可能“颗粒无收”）；六是个人合规与企业挽损对立（必定“损失惨重”）。

84. 案件执行回款，不能只看见利息、罚息而忽视本金安全，不能惦记“芝麻”丢了“西瓜”。不能因为“固执”的“要么全要，要么不要”，而错失了执行回款的大好机会。

85. 案件挽回损失，挽回的是这一个案件的经济损失。这个案件的金额与正在合作或未来合作项目的收益相比，孰大孰小？假如因为一个案件而导致双方商业合作关系破裂，影响了大量的项目合作，即使这个案件挽回损失了，其实也是失败了。要把单个案件挽回损失，放到企业商业合作的框架内思考，从而实现企业利益的最大化。

86. 案件挽损是运用法律武器的商业活动。不能为了争一口气而贻误最佳和解机会，更不能因为案件挽损行为而破坏更大的商业合作。把案件处置当作一个商业活动，把案件和解当作商业谈判。可以谈判和解，可以适当放弃利益，积极抓住“商机”，争取“双赢”合作。

87. 案件挽回损失要做到“三个坚持”：一是坚持溯源管理。挑选商业合作客户时选择有财力的。二是坚持全过程管理。在履约全过程关注对方资信状况。三是坚持“画龙点睛”。管好“最后一公里”，把案件执行工作做到最优。

88. 假如把净利润作为企业增加的“产出物”的话，案件处置造成的损失就是其中的“杂质”，这些“杂质”是需要从中剔除的。若把案件造成的损失与企业的净利润、利润总额进行关联比较，能够检验企业收益的质量和效率。

十一、支撑保障优化

89. 如果企业领导对案件不了解，就很难有效决策、予以支持。千万不要让企业领导频繁询问案件处置情况，问就代表企业领导对案件处置工作还有顾虑，问就代表企业领导对案件还不放心，问就代表法务部门工作被动。

90. 让领导受到“惊吓”的案件结果，不是一个好的案件处置工作。虽然有的案件不可能取得理想效果，但不要让企业领导感受到意外。如果企业领导经常对案件处置结果感到意外，必然会将法务部门“置之门外”。对于案件处置过程中存在的一些风险，包括采取诉讼策略可能出现的风险，都需要及时、全面向企业领导汇报清楚。

91. 案件汇报要抓住时机，做到主动汇报、及时汇报，最好不要等到企业领导过问再去汇报。总的来说，抓住六个时机，即案件刚发生时、有进展时、有困难时、需要支持时、需要拍板时、有规定要求时。

92. 案件汇报前，一定要想清楚为什么要汇报，汇报想达到什么目的。案件汇报的目标，大致有五种：一是为了还原案件全貌，合理划分各个部门、人员之间责任；二是为了报告阶段性进展；三是为了让领导提供资源支持；四是为了让领导决策拍板；五是为了适当揭示风险，避免结果引起“惊吓”。

93. 向企业领导汇报案件，要针对不同阶段做到重点突出。当案件刚发生时，重点汇报项目信息和争议产生的原因；当准备起诉时，要重点汇报诉讼策略；当准备应诉时，要重点报告案件可能存在的风险；当案件有进展时，重点汇报成效和下一步计划；当案件长时间没有进展时，要重点汇报存在的困难和原因；当提供证据时，重点汇报需要业务部门提供的资源支持；当需要领导决策时，重点汇报为什么要进行决策以及风险如何防控。

94. 建设案件管理系统应当实现“八化”效果：信息报审实时化、费效管理精细化、中介管理正规化、数据分析智能化、辅助决策科学化、各类系统连通化、队伍建设规范化、风险管理前置化。

95. 企业管理水平事关案件管理信息系统建成效果。搭建案件管理系统，主要还是靠企业自身，主要依赖第三方软件商难以量体裁衣建成符合企业需求的信息系统。企业的各类信息系统、档案管理水平、规章制度体系建设情况、内控流程管理情况，都会直接影响案件管理系统建设效果。

96. 制度流程是搭建案管系统的依据支撑。假如一家企业没有案件管理制度，又想搭建一个良好的案件管理系统，或多或少是有些乐观了。数字化只是搭建系统的工具，制度才是内核。只有建立了一套案件管理规章制度乃至法务管理制度体系，才有具体的流程、表单，系统搭建才有路径，流程、表单才有合法的“准生证”。没有制度而平地起高楼的搭建系统，各类审批流程的合法性存疑，使用者对新设流程也会感到生疏、抵触。

97. 企业任何管理问题，最终都可能以诉讼案件的形式呈现，这对案件管理提出了很高要求。作为法务人员，应当从更高的视角，更大的格局来看待案件管理，把案件管理当作优化企业管理、提高企业治理水平的有效手段。跳出个案分析整体案件，围绕企业管理，分析案件背后所暴露出的企业管理问题。提出优化企业管理的意见建议，提高企业的精细化管理水平。

98. 案件管理应当做到对所有案件整体管理、全过程管控，运用项目管理思维、企业管理思维实现以管理手段管控案件、以案件管理反哺提升企业管理水平的效果。

99. 每一个案件就是一面镜子，值得法务部门复盘，从而看到自身的问题。复盘案件办理过程是否有问题，是没有及时做好财产保全，还是证据准备不充分，或是诉讼策略不够科学等。复盘规章制度管理是否有问题，制度法律合规审核、制度宣贯执行是否存在问题。复盘合同管理是否有问题，合同模板是否缺失，合同法律合规审核是否不到位等。

100. 每一个案件都是一本生动的教科书，都是一个血淋淋的教训。案件办结后不能简单案结事了，还要吃干榨尽案件“剩余价值”，做到以案为鉴。要把每一个案件当作一次打补丁的机会，以案促管、以管创效。开展结案后评价工作，既评估案件办理得好不好，更评估企业经营管理有没有问题。深刻剖析案件成因、风险点及易发高发环节，注重对案件发生背后深层次经营管理问题的挖掘分析，为优化公司法人治理体系和治理能力作出贡献。

2. 案件管理内在逻辑10个心得

笔者结合商事案件管理工作经验，意图通过系统整理而探求其中的内在逻辑，提炼一些带有一定客观性、普遍性、规律性的认识，纯属个人工作心得体会，希望能够抛砖引玉。

一、以终为始思维

案件管理需要站在汲取案件教训和整改问题的终点，思考如何做好前端风险预防工作，站在终点思考如何出发。

目标导向性，以企业高质量发展为目标做好前端风险预防工作。谋划系统性，将目标分解为案件制度建设、组织建设、流程管理等多个相互关联的子目标和任务，各个部分之间相互协调、相互支持、有机统一。思维前瞻性，以未来视角看到更长远的发展路径和可能问题，主动考虑政策变化、市场变化、技术迭代等挑战。逆向推理性，倒推实现目标需要完成的各个中间阶段的目标和任务、资源匹配和工作举措，做好监测预警、多元化解、策略制定、证据管理、保全执行、律所管理等各项工作。行动适应性，根据外界环境变化和企业内部情况，实时调整诉讼策略。

二、项目管理思维

每一个商事案件，就是一个独立的项目，需要按照项目管理理念、方法进行科学管理。

时间管理，考虑是快速结案，还是拖延时间。成本管理，测算诉讼成本、代理成本、人工成本等。质量管理，如何赢得案件以及最大限度挽回、避免经济损失。采购管理，如何选聘专业、高效的律师代理案件。沟通管理，在企业内部，如何让企业领导、法务部门、案发部门及其他业务部门协同配合案件处置工作。风险管理，预防因为案件处置让企业生产经营、品牌价值等遭受负面影响。项目管理理论，要求案件处置工作按照项目管理理念，运用项目管理工具、技术和项目管理方法，更好实现案件处置的目的。

三、主体工程思维

处置案件就像修缮工程项目。若前期建设的主体工程（经营管理）问题不大，则案件处置难度不大，挽回损失相对容易。否则，若主体工程（经营管理）存在严重质量问题，再好的处置技巧也难以取得理想的处置效果。

当一个工程发生火灾了，楼面倾斜了，墙面炸裂了，就产生了“问题”。通过工程抢修，即案件处置，一定能修复这个工程吗？不一定！一个案件能否胜诉和挽回损失，其实在案件发生前，在很大程度上就已经决定了。如果偷工减料、盲赶工期，主体工程产生严重缺陷，后期再怎么修复，也很难保证工程质量。案件也是一样，如果前期风险预防工作失守，生产经营环节出现严重问题，法务部门再怎么努力，也很难取得胜诉和避免损失的效果。反之，如果前期商业合作客户选择较好，经营决策、合同签订、合同履约都比较规范，即使产生问题，也不是大问题，往往能取得较为理想的案件处置效果。

四、全生命周期思维

整个案件管理工作以及每一个案件都有周期性，都要做到全生命周期管理。案件管理工作包含案件处置工作，存在大周期嵌套小周期的关系。

所有案件的管理工作是一个大周期。需要充分结合全生命周期管理特性，做好商事案件管理工作，加强事前预防风险、事中控制处置、事后优化管理。系统性，把案件管理作为企业经营管理的有机组成部分，考虑各类企业管理行为之间的互相影响，以企业高质量发展作为目标指导案件管理工作。整体性，把所有案件涉及的各类主体、客体、信息、成本等要素作为一个整体考虑，不人为割裂各个阶段。连续性，各个阶段进行有效衔接和过渡，每个阶段都是前一个阶段的延续，也是后一个阶段的基础，将后端环节暴露的问题反馈到前端环节加以预防。协同性，企业内部主体及外部主体之间加强协调沟通，互通信息、积极配合，共同发挥协同效应。动态性，根据外部环境、内部情况变化以及局部差异，随时动态调整案件管理工作。

每一个案件处置是一个小周期。需要做好涉案初始信息报送、案情评估、律师选聘、诉前准备、方案制定、庭中应对、诉后执行、结案报告、缺陷分析和管理改进等各个阶段的工作。

五、流水线思维

对于经常发生、大量发生的同类案件可以按照流水线作业，规范处置流程，提高处置效率和质量。

数量规模化，针对大量案件，降低单个案件的处置成本，分摊人工成本、工具成本、代理成本等。分工专业化，明确专人专业从事案件管理工作，甚至明确不同人员管理不同类型案件。工作连续化，案件处置的各个阶段之间紧密相连、互相衔接，控制处置周期。工具专业化，使用法律条文查询、案例检索等专业检索软件，利用资信调查的专业软件，建设使用案件信息系统等。作业标准化，针对类案建立标准化处置工作指引，根据类案规律归纳争议焦点、法律条文、证据收集、处置策略、财产线索，让案件处置工作规范高效。

六、“绝缘皮”效应

绝缘皮对于预防电缆漏电具有十分重要的作用，防范案件发生也需要做好风险绝缘。

绝缘皮包裹在电线外面，风险预防工作应当做在业务工作前面，而不是滞后于业务工作；绝缘皮应全部包裹住电线，风险预防工作应当全过程、环绕式服务业务工作，而不是有空当或“两张皮”；绝缘皮必须很坚固，风险预防措施应当刚性执行，而不是一戳就破、形同虚设；绝缘皮会匹配电线不同耐压等级，对于不同的业务风险点应当采取对应等级的风险预防措施；绝缘皮需要定期检查是否破漏，风险预防工作也需要定期检查并发现潜在风险隐患；绝缘皮出现问题的应及时更换，风险排查发现的问题应及时整改，避免小隐患变成大事故。

七、“头重脚轻”效应

案件管理工作应当在前端预防风险环节投入更多资源，才能让案件处置后端投入相对较少的精力，形成“头重脚轻”的资源匹配格局，实现案件管理工作良性循环。

高度重视前端风险预防工作，在前端投入更多时间、成本、人员，比后端案件处置工作给予更多资源。重心工作前移，不是各个环节平均用力，不是“头疼医头”“脚疼医脚”，也不是在案件处置后端“灭火”环节重点发力，而是在前端风险预防上投入更多时间、人力、经费等各类资源。如此，能够让案件管理工作更加主动。假如前端风险预防投入不足，后期则会疲于应付不断爆发的各类案件，花费相较于预防风险几十倍的精力、成本处置案件，被动形成头轻脚重的局面，也难以保障案件管理的效果。

八、“脓包”效应

案件就像身体上的脓包。处置案件可以消除脓包，而预防脓包产生则需要从内部提升企业管理水平，保持良好生产经营的健康体魄。

身体产生脓包，主要是由于细菌入侵、病毒感染、毛囊堵塞、免疫系统受损等。产生脓包，表面看是皮肤问题，实则可能是体内炎症、免疫系统等问题的呈现。消除脓包，既需要通过外敷消炎（案件处置），也需要内服药物（优化管理），更需要强身健体（生产经营）。若经常产生脓包，则不是简单表面消炎能根治问题。除了消除“脓包”治标，还需要治本，通过内服药物优化企业管理，强身健体拥有健康的企业战略、经营模式和市场竞争力。否则，“脓包”则会不断产生，这个地方消掉案件了，其他地方又会产生很多案件。

九、“蜜蜂”效应

蜂群中蜂王、雄蜂和工蜂，它们分工协作、共同维持群体生活。案件管理不是法务部门一个部门的工作，需要企业领导、业务部门、法务部门、外聘律师等齐心协力、形成合力，才能取得良好效果。

有的企业对于案件处置工作，完全交给法务人员或律师独自处理。法务部门大包大办，而其他业务部门旁边观看，信息互通机制不顺畅；企业领导关心少、指导少、协调少，没有给予案件处置必要的资源保障；甩给律师独立代理，法务部门在内部协调助力不够。这些都将严重影响案件处置的效率和质量。处置案件需要协同，企业领导、法务部门、业务部门共同讨论项目问题，共享各类信息，共同收集证据、确定案件目标、制定诉讼策略等。预防案件需要协同，需要协同财务管理、人力资源管理、知识产权管理、安全生产管理、品牌形象管理等，各个维度防范各类风险。优化管理需要协同，案件暴露的很多问题，往往涉及多个部门，涉及主体多、环节多、周期长，需要明确分工、同向发力、共同使力，一起做好问题整改。

十、相互作用效应

力的作用是相互的，企业管理和案件管理也是相互影响、相互制约、相互作用的关系。

企业管理水平影响案件管理效果。案件管理是企业管理内容和管理过程的一部分，企业计划管理、流程管理、组织管理、战略管理、文化管理等，不仅会决定案件管理的模式，更会影响案件管理的效果。没有哪家企业管理水平不高，而案件管理能够独善其身、一枝独秀的。想脱离于企业管理实际实现案件管理风景独好，也是不现实的。如果企业管理工作做得好，权力制衡、风险预防以及部门协同都是相对规范有效的，那么案件管理工作大概率也是会做得比较好。

案件管理水平“反哺”优化企业管理。如果一家企业纠纷案件频繁爆发，则证明企业管理一定有问题待改进。大量的案件爆发，内部原因主要还是集体决策不规范，会前酝酿审核不认真、会上发表意见不充分、会后执行决策不到位。案件管理能够暴露企业管理在企业战略、组织建设、制度建设、业务流程等方面存在的问题。找准问题就找到了一半的答案。通过发现管理漏洞、流程问题等，推动企业优化管理，进而提升企业管理水平。